現代日本の地域分化

センサス等の市町村別集計に見る
地域変動のダイナミックス

蓮見音彦

東信堂

はしがき

　研究プロジェクトは、その研究を出発させた動機が研究目的となることが一般であろう。しかし、本書の場合には、初発の動機は研究目的となるような高邁なものではなかった。「あとがき」に述べておいたように、退職して暇が出来た機会に、それまで大学の業務に時間をとられて長く放置していた調査資料を活用しようという多分に便宜的で不純な動機であった。序章に述べているような、地域ごとの伝統的な特性の変化と近年の地域格差の先鋭化をとらえて、現代日本社会の地域的な分化を明らかにしようという、この研究の目的は、問題の放置されていた調査資料の整理を進める過程で、後から浮上したものであった。

　グローバリゼーションのもとでの競争の激化がさまざまな場面における格差の拡大を生み、重要な社会問題となっていることは、今日わが国だけの問題ではなく、先進諸国においても、発展途上諸国においても、共通している。そのあらわれ方は、それぞれなりの部分を含みながらも、容易には解決の出来ない問題として深刻さを増している。整理する必要のあった調査資料自体の研究目的は、本来別のものであったが、それを整理することを通じて、今日的な課題である格差問題のあらわれの一つである地域格差の問題に接近することが出来るということに気がついて、あらためて必要な資料を収集し、整理分析を進め、まとめあげたものが本書である。

　日本社会のそれぞれの地域が維持してきた地域的な特性が、都市化と総称される変動によって変容し画一化されていく様相や、競争社会の展開にともなう地域格差の進行などをとらえる場合に、いくつかの重要な特徴をもった地域を選んで行なわれる事例的な調査研究が重要な貢献をなすことはこれまでの研究史が証明するところであるが、国勢調査や農業センサスなどの全国

的な統計調査の結果をもとに、日本全国の状況をとらえることも当然になされるべき作業であろうと思われる。さらに異なる時点でのこれらの資料を利用するならば、地域特性の変化や格差の進行をダイナミックにとらえることができるのではないかと思われる。しかしながら、これまで社会学においては、こうした方法による概観的把握はほとんど行なわれてこなかった。本書は、そのようなこれまであまり省みられなかった手法による研究の試みである。具体的には、1980 年と 2005 年の国勢調査や農業センサスその他の統計にもとづいて、その全国の市町村単位の集計を整理することで、それぞれの時期の日本社会の地域的な分化とその間の推移とを明らかにしようとしたものである。

　2008 年の夏から取り掛かったこの仕事は、気ままに進めたためにほぼ 2 年をかけてしまい、2010 年の秋には原稿としてまとめるところまで到達したのであるが、その後いろいろな事情で書物になるまでに時間が経過した。そして、2011 年 3 月 11 日にあの東日本大震災が発生した。地震と津波の規模と被害のあまりの大きさと原子力発電所の事故による深刻な放射能汚染という未曾有の事態に、日本社会は多くの場面で、従来の路線の見直しが求められ、新たな方向の設定が目指されることになった。学問研究においても、さまざまな領域で、従来の視点の見直しが必要とされ、3.11 以後の視点に立った研究が要請されることとなった。そうした要請は、本書の場合も無縁のことというわけにはいかないが、本書が主として 1980 年と 2005 年の統計資料に依拠するものであるだけに、直ちにその内容を修正することは必要でもないし、また出来ることでもない。そこで具体的には、「はしがき」と、終章の末尾に短い「付記」を加えるだけで、そのまま刊行を進めることとした。

　しかしながら、これだけの重大な出来事に対して、地域社会に関心をもつ社会学研究者のはしくれとして、何の関心ももたないでいることはできない。少なくとも、これから新たな研究プロジェクトを構想し、本書をそのための基礎づくりあるいは準備作業として位置づけることで責めを果たそうと考えることとした。今回の大災害がどれだけの被害をもたらしたのか、そしてそ

こからの復興・再生がどのように進むのか、そうした課題がすぐに思い浮かぶところであり、さらにとりわけ原発事故をうけた今後のエネルギー政策を契機の一つとして、これまでのわが国のあゆみを広く見直して、新たな軌道を目指すべきであるといわれているだけに、今後の日本の地域変動がどのように進んでいくのかを注視していく必要がある。

　こうした課題に取り組む場合に、いくつかの事例を取り上げた詳細な調査研究が貴重であることは当然ではあるが、災害の直接的・間接的な影響がきわめて広範囲に及んでおり、新たな軌道での再生は日本社会全体にかかわる問題であることなどを考えるならば、本書のような全国的な統計資料に基づく地域的な分析の有効性もまた十分に考慮しうるところであろう。本書を前提とするならば、国勢調査などを手がかりにすることとなり、大震災の前年2010年に行なわれた調査の結果を出発点とし、次回2015年に行なわれるであろう調査によって、それまでの復興・再生を含む変化を明らかにするということが、まずは想定される常識的な取り組みであろう。本書で取り上げた2005年の調査は、さらにその前提として位置づけることが出来ようし、本書の分析の吟味によって、新たな時点での収集すべき資料や分析の方法について考察することが出来て、必要な準備作業を用意することが出来よう。かくして、本書はそれ自体として1980年代から21世紀初頭にいたるわが国の地域的分化をとらえようとした試みであるとともに、大震災を契機とした今後のわが国社会の展開の中での復興・再生の過程を概観する新たなプロジェクトの前提的な作業としての位置づけをも担うものとなるのである。

　もっとも、この文章を書いている2012年4月現在、2010年の統計調査については、本書で利用した内容に相当する集計結果はまだほとんど公表されていない。2010年の統計結果を活用した分析が出来るようになるのは、もう1年くらい先のことになるであろう。したがって、2015年の結果は2018年ごろにならないと活用できないのではないかと思われる。新たなプロジェクトに取り掛かることが出来るのは、まだかなり先の話ということになる。すでに傘寿に近い身であるだけに、それまでの余命が許されるのかはわからないし、仮に許されたとしても、資料が得られるようになった時点ま

で、手間のかかるかなり細かい作業をこなして結果を取りまとめるだけの気力と体力が残されているかどうかは疑問である。空疎な夢想に終わる可能性が大きいことではあるが、2020年ごろの成果を目指す新たなプロジェクトの前提の意味を兼ねて、本書を送り出すこととしたい。

2012年4月 　　　　　　　　　　　　　　　　　　　　　　　　蓮見　音彦

現代日本の地域分化
——センサス等の市町村別集計に見る地域変動のダイナミックス——
目　次

はしがき　　i

序　章　地域変動への視角 …………………………………3

1　はじめに——課題　3

2　方法　6

3　背景　12

4　本書の構成　16

第1章　日本社会の地域的構成と変動 ……………………19

1　はじめに　19
　　1-1　1980年時点の資料　21
　　1-2　2005年時点の資料　24

2　市町村の変遷と構成　26

3　都市地域と農村地域　29
　　3-1　都市と農村の定義　29
　　3-2　人口の稠密と疎散　30
　　3-3　農林業と農外産業　33
　　3-4　都市・農村の区分と分布　37
　　　　3-4-1　1980年代前半における都市・農村の区分と分布　37
　　　　3-4-2　21世紀初頭における都市農村の区分と分布　40
　　3-5　社会的交流の結節機関について　44

4　人口にかかわる諸特徴　45
　　4-1　市町村の規模　45
　　4-2　昼間人口と居住人口　46

5　人口の高齢化と家族　49

5-1　高齢化の進行　49
　　　5-2　世帯規模の縮小　52
　　　5-3　家族形態の状況　55

6　人口変動の推移　58
　　　6-1　四半世紀の人口変動　58
　　　6-2　人口移動の時系列的動向　60
　　　6-3　地域人口の膨張と縮小　64
　　　6-4　地域人口の変動パターン　66
　　　6-5　人口の膨張・縮小の上位地域　72

7　地域産業と農業の変貌　75
　　　7-1　産業別人口構成　75
　　　7-2　1980年から2005年への農業の変貌　79
　　　7-3　1980年代における農業の地域構成　83
　　　7-4　21世紀初頭における地域農業の構成　90

8　地方自治体と自治体財政　101
　　　8-1　市町村財政の概観　101
　　　8-2　財政規模の変化　104
　　　8-3　歳入の構成　107
　　　　　8-3-1　歳入の構成要素　107
　　　　　8-3-2　地方税　108
　　　　　8-3-3　地方交付税と依存財源　110
　　　　　8-3-4　住民の税負担と課税所得　113
　　　　　8-3-5　財政力指数　116
　　　8-4　歳出の構成　119
　　　　　8-4-1　人件費　119
　　　　　8-4-2　投資的経費　123

9　諸要因の連関と地域格差　125
　　　9-1　人口変動と諸項目との相関関係　125
　　　9-2　地域条件による分類　128

第2章　地域変動の諸相 ──二つの時点の対比による検討── ……… 137

　　1　はじめに　137

　　2　市町村の人口規模と平成の大合併　140

　　3　高齢化の進行の地域差　145

　　4　産業別人口構成の変動と第三次産業　150

　　5　農業の変化　156

　　6　市町村財政の変化　166

　　7　所得額の地域的分化　175

　　8　市町村の分類　182

附論1　地方自治体とその農業施策 ……… 189

　　1　はじめに　189

　　2　地域農業の将来性と農政の役割　191

　　3　市町村行政における農政の位置　196

　　4　農政にかかわるさまざまな主体　204

　　5　農政における国・県と市町村　209

附論2　農村集落の社会組織 ……… 219

　　1　はじめに　219

　　2　設問と回答の全体的傾向　219

　　3　社会組織指数の様相　222

　　4　社会組織における地域的特色　225

| 終　章 | 要約と展望 | 233 |

　　1　要約　233

　　　　1-1　市町村と平成の大合併　233
　　　　1-2　人口の増減　234
　　　　1-3　都市と農村　237
　　　　1-4　高齢化の進行　239
　　　　1-5　世帯の縮小と単身世帯　240
　　　　1-6　産業別人口の変化　242
　　　　1-7　農業の変化　244
　　　　1-8　市町村の財政　247
　　　　1-9　課税対象所得　249
　　　　1-10　市町村の分類　250

　　2　展望　252

| 附　表 | 第1章9-2における合計点に基づく市町村分類表 | 261 |

　　あとがき　271

　　索引　273

現代日本の地域分化
——センサス等の市町村別集計に見る地域変動のダイナミックス——

序　章
地域変動への視角

Ⅰ　はじめに——課題

　わが国社会が、激しい変動を経過してきたこと、また今日なお大きな変動の過程にあること、などは広く指摘されてきたところである。その変動は、社会の各領域にわたって生じており、それぞれが相互に関連しあってさまざまな社会問題を引き起こしてきていることもまたあらためて指摘するまでもない。そうした中で特に問題とされる必要があるのは、わが国社会に生じている変動が、家族や地域社会などの社会の基礎的な連帯までを揺るがすにいたっているということである。頻発する痛ましい社会問題の背景として、「家族の解体」や「地域社会の崩壊」が、すでに常套句のごとくに用いられ、人々に広く受容される説明となっている。

　しかし、「地域社会はどのように変化したのか」という問に単純に答えることには無理がある。一口に地域社会といっても、抽象的な一般的なレベルと個々の具体的な事例との間には多分に乖離がありうるであろうし、小さい町内や集落を問題にする場合と大都市を考える場合とでは、一様に変化を語ることは容易ではない。何らかの形で、地域社会の多様な姿に目配りをした上でなければ回答を用意することはできないであろう。

　地域社会の多様な姿を考えようとするときに、直ちに問題になるのは、今日の地域社会に生じている変動が、大きくは一つの方向性をもってとらえられるとしても、必ずしも一様の変動を経過しているようにはとらえがたく、相互に矛盾しあうようないくつもの変動の方向を含み、あるいは個別の事例として多様な方向性の変動を例示することも不可能ではないほどに、錯綜した印象を与えるところがあるということである。

　例えば、人口の流出・高齢化が進み存立の限界視される集落がみられる反

面、同じような条件の下で旺盛な地域おこしの活動を繰り広げている活性化した集落も少なくない。個々の世帯が自閉化し近隣関係が脆弱化して相互に没交渉の集団住宅もあれば、個々の世帯の自立を基盤としつつも親密な人間関係を構築している町内もある。それらのいずれか一面だけをとらえることでは、今日の地域変動を明らかにしたことにはならないであろう。

 さらにいうならば、こうした地域社会が多様であるということは、今日の地域変動の中でより一層強化されていることなのか、それとも緩和されて、地域社会やその変動はより一様なものに近づきつつあるのであろうか。この点についても相矛盾する二つの方向を見なければならない。

 一つの見方として、以下のような実感を持つことは一般的なことであろう。すなわち、新幹線にしろ、在来線にしろ、車窓からの景観が昔に比べて変化の乏しいものになったように感じられる。耕地が区画整理されて見た目には同じような風景が広がり、出来秋に稲藁をそれぞれの地域のやり方で乾燥させる景色もほとんどみられなくなった。駅に降り立っても、駅前の商店街の景観も、並んでいる広告の看板も、どこの街でも変わり映えのしないものになり、町並みによって都市を弁別するのが困難に感じられるようになった。それだけどの街でも同じように必要なものが手に入り、サービスが受けられるようになった便利さはあるにしても、地域の個性が感じられなくなってきているのではあるまいか。それは、地域の多様性を減殺する方向の力が働いてきたことをうかがわせることである。

 しかし、他方で今日広く問題にされている事態の一つに「地域格差」の拡大がある。確かに、華やかなショウウインドウが並び、きらびやかな商品が消費者を引き付ける賑やかな街があるすぐ隣に、アーケードの下を歩く人もまばらで、昼日中なのに長くシャッターを下ろしたままの商店が連なる寂しい街もある。農村の疲弊については、農業就業者の高齢化が進み、文字通り崩壊寸前の状況にあるといわれる。市町村の中にも、高層の庁舎を築くところもあれば、財政破綻をいかに食い止めるのかに苦心する地域も少なくない。地域格差の拡大は、地域の多様性を増幅するものであることはいうまでもない。

今日の地域変動のうちには、このような地域の多様性を減殺しようとする方向の力と、格差を拡大し多様性を増幅しようとする方向の力とが、ともに働いている。しかし、それは単に二つの異なった方向での変化が並存しているということではない。地域の多様性を減殺してきた動向は、「都市化」や「開発」による変化としてとらえられてきたものであるが、「地域格差」を深刻化させてきたものもまた「都市化」であり「開発」あるいはこれらと起因を一つにする変化の推進であった。開発が進み、都市化が進むほど、地域の個性が希薄になっていくと同時に、地域格差が拡大していく。地域社会の変動をとらえようとするには、こうした複雑な帰結に注目しなければならず、相矛盾する変化の方向性がどのように現れているのかを見極めなければならない。

　わが国社会が激しい変動を経過してきたことは、広く指摘されているところであるが、1950年代後半からの目覚しい経済発展の過程においても、いくつかの画期が指摘され、変化の激しさも、それによって引き起こされる問題も、それぞれの時期において異なるところがあった。21世紀に入ってすでに10年を経過しているが、今日のわが国の経済・社会は、1990年代以来の「平成大不況」から「リーマンショック」につながる長期にわたる不況の渦中にあり、地域格差を含むさまざまな経済格差が顕在化し、社会の多くの場面で深刻な社会問題が生起している。今日の事態は、1980年代以降に展開した「グローバリゼーション」や、「高度情報化」などを背景にする産業構造の変化に基盤をおくものであり、それまでの経済・社会とは多くの点で様相を異にしているところがある。もちろん、ここで21世紀の経済・社会の構造と変動を直接に問題にすることはできないが、地域の変動において、それまでとは異なったどのような兆候が現れているのか、を明らかにし、その背景とのかかわりについて考察を加えることは、今日の地域研究が果たさなければならない課題であろうと思われる。

　本書が目指すのは、21世紀初頭にいたるわが国地域社会の変動において、1980年代との対比において特に近年顕著になっている様相に注目しつつ（時間的展開）、あるいは地方別に、あるいは地域特性別に、地域的な分化や

格差の進行を明らかにすることを通じて（空間的展開）、今日のわが国の地域変動の特質を示そうとすることである。もちろん、大きな課題であるだけに、本書において示すことができるのは、その一端に過ぎないであろうが、今日の厳しい状況の中で、地域の多様性をめぐる相矛盾する方向性を内包した変動の推進力がどのように作用しているのかを考える一つの手がかりを目指すものである。

2　方法

　わが国における地域社会の現状と変動をとらえようという場合に、これまでの社会学の研究においてとられてきた方法は、多くの場合、全国から代表的と思われるいくつかの地域を取り上げて、その実態調査や既存の報告などに基づいて、見出されるいくつかの特徴を整理し、それを手がかりに全体的な動向を推測しようとするものであった。これらのオリジナルな調査に基づいて、詳細な知見を提供することによって、地域の実態と問題の発見に重要な貢献を積み上げてきたことはあらためていうまでもない。

　それに対して、本書で取り扱うのは、主要には国の行った統計調査の市町村別の集計結果の検討である。国は5年ごとに国勢調査や農業センサスを実施し、全国的な動向とともに、その市町村別の集計結果を公表している。また、市町村財政については、その決算状況が毎年集計されている。その他にも、市町村単位にまとめられた統計情報はかなりの数にのぼっている。これらを活用して地域の現状と変動をとらえようというのが、本書のとった方法である。具体的な方法は後の章に譲るが、ここでは、こうした方法の意義と問題点についてふれておくこととする。

　国の統計調査などを活用しようという方法のもっとも大きなメリットは、それが全国をカバーしており、府県別や地方別等にまとめることで地域間の比較を容易に行うことが可能であり、定期的に調査が繰り返されていて、前回・前々回の結果との対比が可能であるということにある。いわば、時間的にも、空間的にも、比較可能なデータが得られるということである。本書が

目指す、地域変動にかかわる多様性や地域格差の検討といった視点には、多数の地域、できればすべての地域がとらえられる必要があるのであり、国の統計を活用することは、そうした課題の解明にきわめて適合的であるということになる。

　もちろん、国の統計調査は、国の行政活動の一環として、それ自体の目的に基づいて行われるものであり、盛り込まれている調査項目等は本書の分析にとって都合のよいものであるとは限らない。国勢調査や農業センサスは、5年ごとに行うこととされているので、定期的な比較には都合がよいとはいえ、必ずしも変動をとらえる適期に行われるとは限らない。調査項目や調査方法などは、毎回多かれ少なかれ変更が加えられており、時間的な比較が必ずしも保障されているわけではない。これらは既存の調査を活用しようというときに常に問題になることであるが、国の統計調査の活用の場合も、同じように制約があることはいうまでもない。既存の調査報告を活用する場合に、当該の調査の方法が技術的に適切なものであり、その結果を信用することができるものであるのかが問われることは当然のことである。国勢調査等の技術的問題や信憑性については、きわめて大規模な調査であるだけに、ミクロにはさまざまな問題点を指摘することができるであろうが、全体としてきわめて組織的に進められており、基準的な調査として信頼しうるものと考えてよいであろう。

　市町村単位の集計を活用することについての意義と問題点の検討も必要であろう。国勢調査や農業センサスの公表されている集計単位のもっと小さいものが市町村別であることや、その他のいくつかの統計資料も市町村単位に集計されていることが、市町村単位の集計を用いて以下の分析を行おうとする理由の一つであるが、それ以上に、今日の地域社会について考察する上で市町村を取り上げることには積極的な意義がある。市町村は基礎自治体を構成し、地域社会としてのまとまりの上でもきわめて重要な位置を占めている地域単位である。平成の大合併を経て、今日のいくつかの市町村は、地域社会のまとまりという点ではいささか規模を広げすぎた感があるが、今日の住民生活における地方自治体の役割や住民の日常的な行動圏などを考えた場合

に、地方自治体としての組織・機構を伴った市町村が、きわめて重要な地域単位であることはたしかなところであろう。

　以下の分析においては、例えば市町村単位の人口量などを表示して、その市町村単位の分布をとらえて、その多寡や増減などを検討していくことになる。その限り市町村ごとの分布を通じて、いわば間接的に人口量などの推移を語ることになる。したがって、人口量の変化それ自体を直接的にとらえるのではなく、人口量の市町村単位の分布の変化をとらえているに過ぎない。その結果、以下で問題にする人口量の市町村単位の分布の変化と全国の人口量の変化との間には、ずれが生じ、多少とも異なった知見を導くことも起こりうる。この点がここでの方法の問題点ということもできるが、ここでは市町村の動向とその分化や変化をたどろうとするものであり、人口量自体を問題にしようというわけではない。直接的な把握と間接的な把握とは、目的を異にするものである。

　本書において市町村単位の分布という間接的なとらえ方をすることには、以下のような意味もある。すなわち、統計調査一般に指摘されることであるが、例えば、国勢調査においては個々の個人や世帯の状況について、年齢、勤務地、世帯員数などの調査項目についてそれぞれに記載し、個々に集計する。多くの調査項目について数値が示されるが、それぞれが独立した数値として表記される。いくつかのクロス集計もなされてはいるものの、調査項目はそれぞれに分断され、項目相互の関連はごく一部しか把握できない。これは、本来統計調査というものの特質に基づくものであり、項目を厳密に設定し、その限りでの個数や数量を測定することによって統計的把握を目指しているものであるだけに、分断された断片的な側面のみが示されることはやむをえない宿命である。しかしながら、社会的な現実としては、ある中年の個人が、例えば夫婦と子供2人との世帯に生活し、隣接する都市において職についているのに対して、別の高齢の個人は、一人暮らしで自宅だけで過ごしている、というように、それぞれ多様な特質を持つ側面が一体となった形で生活が営まれている。公表される統計数値は、年齢階層別の人数や、世帯員数別の世帯数等々が、個々別々に示されたいわば、無味乾燥なものであり、

序　章　地域変動への視角　9

そこから調査項目ないしは統計数値の相互の関連を組み立てて、一旦分断された統一的な像を再構成して、生き生きした社会的現実を再現することは、天才的な構想力に依拠したとしても、至難な業である。

　個別化された調査項目について得られたデータを再構成して統一された実像に迫ろうという試みは、オリジナルな社会調査の場合には、当然のこととして、これまでもさまざまに取り組まれてきた。この場合には、オリジナルな調査であれば、個々の調査対象の調査個票ないしはそれに相当するデータが手元にあるだけに、個々の調査対象についていくつもの調査項目のデータを組み合わせてとらえることができ、必要なだけのクロス集計を積み上げることもできるであろうし、さまざまな多変量解析といわれる統計分析の手法を駆使して、多数の項目の連関を解析し、調査対象の中に見出されるいくつかの複合的な像を描き出すことも試みることができるであろう。この方法は、個々の調査対象のレベルで分断された調査項目を再構成しようとするものであり、社会学の調査において広く用いられているところであるが、このような形での再構成を試みるには、調査個票ないしはそれに代わるデータが得られることが前提となる。しかし、国勢調査などの国の行う調査の場合に、その個票を入手して再集計を行うことは原則的に不可能であろうと思われる。

　個々の調査対象レベル、あるいは調査個票レベルでの再統合化ができないとするならば、分断された調査項目の再統合を図るのは、公表された集計結果に依拠して行うほかはないということになる。もちろん調査個票によって行うような直接の連関を取り出すことは不可能であろうが、間接的に連関を推定することを試みるほかない。そこで取り上げられるのが、最も小さい集計単位としての市町村単位の集計の活用である。複数の調査項目、さらには別個の調査の調査項目の市町村単位に集計された統計数値を整理し、市町村ごとにまとめた上で、項目相互の関連を検討することによって、その間の関連を明らかにし、できれば市町村を単位として統一的な像をまとめるという方法である。それが本書において取り組もうとする方法であるが、これまでのところ、こうした方法で分析を行った例はきわめて乏しいように思われる。

　国勢調査などの市町村別集計は、すでに以前から公表されていたところで

あるが、これらを活用して全国にわたる地域変動を問題にしようという研究がこれまであまり取り組まれてこなかった理由として、以下の点が考えられる。まず、国勢調査などの全国的な統計調査は、行政上の活用を別として、社会科学のいろいろな分野で参照されてきたが、そのほとんどは表示された統計数値をそのまま個別に参照するというものであった。さらに、社会諸科学の中で、分断された調査項目ごとの数値でなく、統一的な個人や世帯などのトータルな像にとりわけ関心があったのは、社会学であるが、社会学の場合には、従来は全国的な統計は概観を得るための補助的なデータであって、分析の中心は自ら企画し実施するオリジナルな社会調査によって進められてきた。オリジナルな調査に基づいて対象の全体像を描き出すことには、さまざまな工夫が重ねられ成果をあげてきたが、それだけにすでに集計された結果だけが示されている全国統計に多くの手をかける意味は少なかったのである。また、社会学の場合には、オリジナルな調査に比重がおかれていたこともあり、その分析の対象は地域の場合には集落から市町村などの比較的小規模な対象に重点がおかれてきたところであり、全国の動向やその分化・格差などを具体的に把握するという場合でも、個別事例の組み合わせによって、解明を進めることが一般的で、全国的な統計調査を整理し解析しようという志向が生まれにくかったということが考えられる。

しかし、近年そして今後のことを考えると、事情はいささか変わってきているといわざるを得ない。近年の経済・社会の複雑で激しい変化とそれに起因する多様な社会問題に直面して、さまざまな場面において社会学的視点での考察への期待はこれまで以上に高まってきており、個別の視点のみからの考察の限界が強く意識されるようになり、いくつもの分節化された視点から得られた知見を統合してトータルな全体像を求めようという志向は広く求められるようになっている。それに対して、社会学にとって重要な研究方法であったオリジナルな社会調査の遂行が次第に困難なものになりつつあるという問題がある。

さまざまな機関の行う生活実態や市民の意識をとらえようとするアンケート調査を例にとるならば、調査の実施の過程で多くの困難が生じている。従

来、調査対象者の抽出の基本的な手法とされた住民登録台帳の閲覧にも制約が生じている。対象者のサンプル抽出に厳密に取り組んだとしても、戸別訪問調査では門戸を閉ざして対応を拒否される場合が多くなっており、以前には考えられなかったほどの低回収率で満足せざるを得ないことになる。調査を装ったセールスや悪質な訪問販売などへの警戒とプライバシーの尊重など、やむをえない事情があるとはいえ、折角科学的なサンプリングの手法がとられても、サンプルの相当数が調査できないとなれば調査結果の信憑性はきわめて疑わしいものにならざるを得ない。郵送調査や電話調査、あるいはインターネットなどと工夫はされているが、これらの調査法について、本人確認の困難（いわゆる、なりすまし）の問題など、以前から指摘されていた問題点が解決されたわけではない。

　社会調査の実施が困難になった背景には、研究者の側で安易な調査計画を立てて、類似の調査が繰り返されることが災いしたとも言われている。そうだとすれば、研究者間の協力体制を拡大して充実した調査計画に集約し、調査結果を共同で有効に活用するといった打開策を考えることも必要であろう。

　こうしたオリジナルな社会調査の一層の改善工夫と並んで、これまで以上に検討される必要があるのが、既存の調査結果の有効な活用である。すでに、既存の調査の再集計や新たな調査との接合などの試みがみられるところではあるが、今後こうした研究の重要性が増すことは考えられるところであろう。

　ここで取り組んでいる国の実施した調査結果の集約も、オリジナルな社会調査の動向ともかかわる一つの試みである。もちろん国勢調査などの国の行う調査も、近年困難に遭遇していることは、社会調査一般の例外ではなく、調査の精度も若干低下してきているといわれてはいる。しかし、これらが全国にわたって、最も信頼ある基礎的なデータを提供していることは疑問の余地はない。オリジナルな社会調査によって得られる知見はあくまでも、いくつかの事例であり、全国くまなく網羅することはできない。全国の市町村について、国勢調査などの集計結果を整理し、ある種のデータベースを作成して、分析を行うといった取り組みがさらに積み重ねられ、適切な技術的工夫が重ねられることを期待したい。本書の取り組みはその一つの試みである。

ここでは21世紀初頭の地域の状況をとらえるために2005年に行われた国勢調査と農業センサスならびにその周辺の年次のいくつかの統計資料を主として分析の対象とすることとし、全国の市町村のデータの整理を行った。それらの地方別をはじめいくつかの地域類型別の分布を検討することで、21世紀初頭の地域社会の空間的な分化を問題にすることとした。これと対比させて地域社会の時間的変化を明らかにするために、1980年の国勢調査と農業センサスならびに、80年代前半期のいくつかの統計資料について、当時の全国の市町村のほぼ半数について整理した資料が手元にあったので、これをあわせて利用することとした。これら二つの年次の統計資料によって、わが国地域社会の変動とそこに見られる分化・格差を、時間的・空間的に明らかにしようとするものである。

3　背景

　1980年と2005年の国勢調査や農業センサス等によってそれぞれの時期の地域社会の状況と変容とを見ていく場合に、取り上げる1980年とそれから4半世紀を経た2005年とが、どのような時代であったのかを振り返っておくことは必要なことであろう。もちろん、この二つの時点とそれに挟まれた4半世紀のわが国の経済・社会・政治を概観するのは、それ自体きわめて大仕事であり、いくつもの論点・問題点が含まれている。到底まともに取り扱うことのできる事柄ではないので、ここでは、序章の一節として、1980年前後と2005年前後について、ごく重要と思われる点だけを、記憶をよびさます契機という趣旨で列挙するにとどめることとする。

　本書において、1980年と2005年とを取り上げたが、それらが国勢調査などの統計調査が行われた年であるという以外に、ことに特に意味があるわけではない。2005年は最も新しい国勢調査が行われ、資料の得られる最近年ということであり、1980年を取り上げたのは後の章で触れるように84年にアンケート調査を行ったという偶然からに過ぎない。しかしながら、この二つの時点、あるいはこの2点を結ぶ期間は、日本社会にとって、さら

には世界の経済・社会において、きわめて重要な変動を経験してきたところであり、その意味では、二つの時点がとらえられたのは偶然であったが、結果としてきわめて意味のある選択となったといってよいであろう。

　まず、1980年前後の時期は、わが国の経済社会が、後に顕在化する問題をはらみながらも、なお繁栄を示していた時期であった。経済成長を続けてきたわが国経済は、1970年代のニクソンショック、石油ショック、1974〜1975年の不況などによる痛手もやり過ごして、成長を持続させていた。むしろこれらの「外圧」を口実に、企業は減量経営、コストダウンを強力に進め、また情報技術の飛躍的発展に支えられて、コンピュータ関連の産業の展開と電機製品・産業用機械・自動車等多くの工業分野でのコンピュータを取り入れた新製品の開発を進めて、いわゆる集中豪雨的輸出を繰り広げて成果をあげた。1980年はこうした中で、1978年の第二次石油ショックや円高などの影響の残る年であった。もっとも、わが国が1970年代後半以降も経済成長を続けた背景には、1974〜1975年の不況回復を口実にして急速に拡大した国債の大量発行があり、それにともなう国家財政の窮迫があった。政府は1981年を財政再建元年とし、第2次臨調を発足させ行政改革に取り組まなければならなかったが、容易に成果の得られる状況ではなかった。

　1980年代には日本経済はなお成長を持続した。その過程で顕著になったのは、第一に、コンピュータの一層の発展と産業各分野への浸透であり、とりわけ情報通信分野の展開、後のインターネットや携帯電話の飛躍的な普及にいたる情報化の進展の基盤を築き、第三次産業の肥大化などがもたらされた。第二に、乗用車やME機器などの対米輸出が増大し、貿易摩擦が大きな問題となった。これへの対応をも含めて第三に、自動車その他のアメリカをはじめとする先進諸国での現地生産が拡大し、それまでのアジア諸国などでの現地生産を含めて、国内の第二次産業の「空洞化」が広範なものとなった。これらの急速な変化とともに、その後に一層重要な問題を引き起こすのが、金融の自由化と超低金利政策であった。すでに衰退の兆候を顕著にしていたアメリカ経済は、ドル切り下げ・金利切り下げを先進諸国の協調によって進めることで打開を図ろうとし、1985年にプラザ合意がまとめられる。

市場開放を含めてアメリカからのこれらの要請に日本政府は追随し、大幅円高と金利の大幅切り下げによっていわゆる円高不況に見舞われたが、これも短期間に回復した。

　その後1986年前後からは、株価の高騰、地価の高騰を中心とするいわゆるバブル経済を招来する。政府と大企業が、労働者の生活や国民生活の向上を犠牲にしつつ、もっぱら国際競争力の強化を目指して技術革新を進め、その過程で蓄積された企業の膨大な内部資金を低金利政策に支えられて投機的な運用を図ることによって、株価の異常な高騰や東京圏を中心とした都心商業地のオフィスビル需要をはじめ広範な地価の暴騰が引き起こされた。

　バブルはそれが大きいほど、はじけた後の打撃もまた大きいとされているが、1991年にバブルがはじけた後、わが国は長期にわたる不況に陥ることになる。この間、1995～1996年に一時経済成長率が上向いたが、これを景気回復と思い込んだ橋本内閣は、消費税の5％への引き上げなどの措置をとって消費の冷え込みを招き、その後のさらなる危機的な不況に陥ることとなった。しばしば「失われた10年」といわれるように、政府は不況の脱出に向けた有効な対策を講じることができず、21世紀にまで不況が持続し、ようやく回復の曙光が見えた頃の2008年にリーマンショックがおこりさらにきびしい世界的な不況に陥ることになるのである。不況脱出のためには、長く経済成長を支えてきた政策から、国民生活水準を高め福祉の向上を図る方向に転換することが必要であったが、依然として大企業の利益をまもり輸出振興を図る政策から脱却できなかった。

　1982年に出発した中曽根政権は、財政再建を進めるという趣旨で、民間活力の活用・規制緩和・市場原理競争原理の導入など、いわゆる新自由主義的な政策の推進を図ったが、財政再建が進むどころか国債の更なる累積を招くことになった。ここで取り上げられた新自由主義的な政策の方向は、最終的に小泉政権によるいわゆる小泉改革にまで展開されることになる。世界経済にしめる地位を低下させる中で次々に身勝手な要求をつきつけるアメリカに追随しつつ、新自由主義的な競争原理を強調し、バブル後の混乱の中で、大銀行の不良債権処理など、大企業を優遇しつつ、労働条件の切り下げ、福

祉の切り下げや格差の拡大などの問題を深刻化させたのであった。こうした中で、雇用労働者のうち雇用関係の不安定なパート・アルバイト・派遣労働者などの非正規労働者の正規の職員・従業員に対する割合は急増し、1995年には正規3780万、非正規1001万と正規の26％であったのに対して、2005年には正規3374万、非正規1633万と48％にまで達していた。その後の派遣切りなどの社会問題の深刻化する土壌が作られていたのである。2005年はこうした長期にわたる不況の渦中にあった時期であり、小泉首相が郵政民営化の是非を国民に問うとして国会を解散しいわゆる「郵政選挙」を行った年であった。

　政府がうたった財政再建は失敗に終わり、相次ぐ不況への対応として、積極的な政策の転換を先送りして一時しのぎの対応を繰り返す中で、新たな国債の発行が続けられ、国の財政赤字は累増の一途をたどった。地方自治体の財政もこの間に窮乏を強めたが、それには、高度成長期以来の都市再開発やリゾート開発などの地域開発が、歴代の政府によって、少しずつ形を変えながら続けられ、特に1980年代以降には、民間活力に期待するという趣旨が謳われるようになり、広範な地域の土地投機による地価の高騰の誘い水になるとともに、計画通りの進展が見られずに地方財政の悪化を招くことが繰り返された。地方財政の窮迫化する中で、「平成の大合併」といわれる大規模な市町村合併が、1999年から2010年までの間に進められた。2005年はその途上にある年であった。

　なお、2005年は、わが国の人口の推移の中で二つの点で特記すべき年であった。その一つは、1970年代から進行してきた少子化にかかわることであるが、一人の女性が生涯に産む子どもの数である「合計特殊出生率」が、2005年に1.26となった。この数値はそれまでで最低のものであるばかりでなく、2006年以降には若干上向いており、2008年まででは最低の数値を記録した年である。もう一つは、総務省統計局が国勢調査人口をもとに出生・死亡等の人口動態にかかわる数値を加味して推計する「推計人口」において、戦後初めて前年を下回って、総人口の減少が見られた年であった。

　このようにして1980年前後にはなお成長の展望されたわが国であったが、

2005年には見通しのつかない閉塞状態にあったといわざるを得ないのである。

4 本書の構成

ここで本書の構成について簡単に説明しておくこととする。本書は二つの章と二つの附論によって構成されており、それに本序章と終章を加えた構成である。

第1章と第2章は、最近の統計資料によって、全国の市町村単位の地域的な特性を検討し、それに過去の時点の統計資料の検討を加えることによって、今日のわが国の地域の変動について、地域間の差異や過去の時点と最近の状況との乖離を、具体的な数値として確かめようとするものである。

このうち、第1章で取り上げるのは、2005年の国勢調査・農業センサス等を中心とする最近の統計調査の市町村単位の集計を活用したデータの検討であり、それを1980年代前半の地域の状況をとらえた国勢調査・農業センサス等の統計資料と対比するものである。こうした検討を通じて、二つの時期の差異をたどり、この間の四半世紀における主要な変化の方向を確認するとともに、21世紀初頭の日本社会の地域構成とそこにみられるいくつかの特質を、1980年代前半のそれとの対比の中で明らかにしようとする試みである。この章では、それぞれの年次の市町村別の集計結果を地方別やその他の地域特性別に分析し、二つの時期の差異をとらえようとしている。

いずれの年次についても、市町村単位の集計を整理し、その比較を行うものであるが、2005年については、いわゆる平成の大合併といわれる大規模な市町村合併の渦中にあったことから、それが大方一段落した2007年の市町村の構成にしたがって、全国のすべての市町村に東京特別区を加えた地域について、人口・産業・市町村財政などの資料を整理した。一方、1980年代前半については、当時の市町村のほぼ半数に近い市町村について、同様に1980年の国勢調査・農業センサス等を中心とするデータを市町村単位に集計して結果を整理した。これは、1984年にわれわれが当時の全国の市町村

農政担当部局を対象として行ったアンケート調査に回答のあった市町村について、別途資料整理を行ったものであり、そのデータを活用したものである。

　第1章の検討の結果、この間のほぼ4半世紀におけるわが国の社会的な変動、とりわけ地域変動の概観を得ることができたのであるが、より詳しく変動の過程にふれ、地域間の差異にかかわる地域的な条件などを解明しようとするならば、単に市町村単位の集計結果を対照するだけでなしに、個々の市町村について二つの時点における数値を対比し、その間の異同をとらえて、地域の変動にかかわる条件を考察していくことが望まれる。そのため、第2章においては、第1章で用いた1980年前後と2005年前後のデータを市町村ごとに接合して、その変化をたどることを試みた。この場合、望ましくは、2007年時点のすべての市町村について、1980年当時のデータを整理し、接合することが求められるのであるが、現実にはそれを行うことは困難であった。この間に大規模な市町村合併が行われ、25年前のデータを単純には接合できなくなった。さらに、1980年当時のデータとして手元にあるものは、当時の市町村のほぼ半数に近い数のものであったから、これらを新しい市町村の範域に合体させることもできないことであった。そこで、第2章においては、1980年当時の資料のある市町村のうちで、いわゆる平成の大合併の際に合併を行わず、市町村の区域の変更をみなかったものについてだけ、二つの時点のデータを接合し、その間の変動を個別にとらえて、この4半世紀にわたる期間の地域変動の過程を浮き彫りにしようと試みている。

　二つの章でとりあげるデータの詳細とその処理の方法については、それぞれの章に示しているので、ここでは立ち入らない。二つの章で用いるデータは、基本的には同一のものであるが、取り扱う市町村の範囲と、処理の方法とを異にするものであり、両者をあわせてここでの統計資料の分析となるものである。

　二つの補論は、東京学芸大学社会学研究室におかれた現代農村研究会（東京学芸大学教授　蓮見音彦、東京女子大学教授　山本英治、東京農工大学教授　高橋明善　いずれも当時の肩書き）が1984年に行ったアンケート調査「地方自治体の農業政策に関する実態調査」の報告である。第1章と第2章で利

用した 1980 年前後の統計調査の資料は、もともとこのアンケート調査の集計分析に利用する目的で整理を行ったものである。その意味で、本書の研究の契機になったアンケート調査であることから、ここに附論として掲載することとしたものである。附論 1 は、アンケート調査の主題である市町村の農業政策についての調査項目に対する回答を整理したものである。また、附論 2 は、このアンケート調査の一部ではあるが、各市町村における農業集落に見られる社会組織・社会関係等の変化についての調査結果の整理である。調査の方法や回収状況等については、第 1 章と附論 1 に記載したので、ここでは立ち入らない。

　最後に終章として、二つの章と附論を含めた本書全体についての要旨を簡略に示すとともに、ここで取り上げた既存統計の活用等について、若干の所感を述べて全体のまとめとすることとした。

第1章
日本社会の地域的構成と変動

1　はじめに

　日本社会が経済発展によって、あるいはバブル経済やその崩壊によって、さらには人口構成の変化によって、そのほかの多くの要因によって、幅広く急速な変化を示していることはしばしば指摘されている。しかし、その変化は全国一様に起こっているわけではない。変化を経て一層の繁栄を見せている地域もあれば、荒廃に向かう地域もある。そうした様相を明らかにするためには、日本社会全体を対象としながら、それを構成する諸地域についての分析と、時間をおいた複数の時点における実態の比較に基づく検討、とをあわせて行う必要がある。そうした空間的・時間的な視点を持った日本社会の地域構成の分析の一つの方法として、最近の統計資料によって、全国の市町村単位の地域的な構成を検討するとともに、過去の時点の地域構成にかかわる統計資料の整理と検討を通じて、地域間の差異や過去の時点と最近の状況との乖離を確かめることが考えられる。わが国では、国勢調査や農業センサスが5年ごとに行われ、その集計結果が公表されており、それらの整理を通じてこうした課題に応えることができるのではないかと思われる。

　もちろん国勢調査や農業センサスなどの、年次ごとの変化についての分析は、これまでも数多く行われているが、そのほとんどは全国集計についての比較であり、せいぜい都道府県別の集計の分析にとどまっている。しかしながら、国勢調査や農業センサスは、全国や府県別の集計以外に、各府県の統計書という形で市町村単位の集計が公表されている。また地方自治体の財政についても、市町村別の財政の概要がまとめられている。これらを活用することによって、わが国地域社会の地域的構成に接近することができるのではないかと思われる。もちろん、全国レベルでの市町村別の集計の分析は、手

数もかかることであり、取り組まれることは少ない。しかしながら、それぞれの地域で生じている変化は、単純に全国一律の傾向だけでとらえきれるものではないし、都道府県単位の集計でも地域的特質が薄められる印象が強い。公表されている限りでのもっとも小さい集計単位である市町村単位までのデータによる、よりきめの細かい分析が求められるところである。

　本章で取り上げるのは、2005年の国勢調査・農業センサス等を中心とする最近の統計調査の市町村単位の集計を活用したデータの検討であり、それを1980年代前半の地域の状況をとらえた統計資料と対比するものである。こうした検討を通じて、二つの時期の差異をたどり、この間の四半世紀における主要な変化の方向を確認するとともに、21世紀初頭の日本社会の地域構成とそこに見られるいくつかの特質を、1980年代前半のそれとの対比の中で明らかにしようとする試みである。

　よく言われるように、それぞれの統計にはそれぞれの概念規定や手法の違いがあり、また統計調査の実施時期にも、例えば国勢調査と農業センサスは5年おきに同じ年に行われているとはいえ、前者は10月1日現在、後者は2月1日現在で調査が行われるというように、それぞれに差異があり、同一年次の資料が得られない場合もある。したがって、異なる統計の結果を接合することは安易に行い難いところがあるが、市町村別の状況を把握する別途の適切な方法も考えられないことから、相互に若干の食い違いがあることによって生じる誤差があることには目をつぶって、これらのデータを接合して地域像を描くこととしたい。

　市町村単位の集計結果に基づいて、地域の構成を検討することには、当然問題も含まれる。とりわけ平成の大合併によって、市町村の規模にはこれまで以上に大きな差が生じることとなり、また都道府県別の市町村数のバランスも大きく異なるものとなった。広範な地域を合併した場合には、市域内に多様な性格の地域を含むようになり、地域特性を曖昧なものにしたと思われる。さらに、以下の整理において市町村単位に統計データをとらえ、その特性別に市町村数の分布を問題にする場合に、小規模なままにとどまった町村の比重が過大に表現されたり、合併が強力に進められた府県の数値が矮小化

される恐れがあるものと思われる。これらの問題点を考慮すると、例えば旧町村の地域などの、市町村別とは異なる、より適切な地域単位に基づく分析が望まれることになるのではあるが、公表されているデータとして、全国を斉一に把握できるものとしては、市町村別しかない。

しかしここで市町村別の集計を分析するのは、それしかデータが得られないという消極的な理由からではない。むしろそれ以上に、市町村を単位とすることによって、人口や経済などのデータとともに、市町村財政に関する資料をあわせて利用することが可能になり、今日の地域社会において重要な位置を占めている地方自治体としての市町村の特性を明らかにすることができるという積極的な意義があるからに他ならない。

1-1　1980年時点の資料

検討に用いるデータについて、説明しておく必要があろう。まず、1980年代前半の地域の状況をとらえる資料としてここで用いるのは、1984（昭和59）年に、東京学芸大学社会学研究室におかれた現代農村研究会（東京学芸大学教授　蓮見音彦、東京女子大学教授　山本英治、東京農工大学教授　高橋明善　いずれも当時の肩書き）によって企画され、「地方自治体の農業政策に関する実態調査」として実施されたアンケート調査に関連して整理した統計資料である。なお、このアンケート調査の内容と調査結果の概要は、本書に附論として掲載している。

アンケート調査は、市町村における農業政策の状況について、全国の市町村に調査票を送付して回答を求めるものである。このアンケート調査の実施にあたって、対象とする市町村の特性をとらえる必要から、アンケートとは別に市町村単位に集計されたセンサスなどの統計資料を整理して、人口や農業など、分析に必要と思われる項目を取りまとめた。これらの項目については、アンケート用紙にフェースシートとして加えて、調査対象の市町村の担当者に記入を求めることもできるが、その場合にはそれぞれの対象者によって参照される資料等が相違し、年次が不揃いになるなどの恐れがあり、またこれらを調査対象者が調べて記入することが煩瑣なことから回答率の低下を

招くことも懸念されるので、別途われわれの手許で統計資料を整理することとしたものである。取り上げたのは、人口・世帯数・産業別構成・人口増減率・財政（前年度の決算）関係の諸指標や歳入歳出額、農家戸数、専兼業別、農業就業人口、耕地面積、農業粗生産額、などである。これらはアンケートへの回答とあわせて集計することが主要な目的であったから、統計資料の整理は、分析に必要な限りで行うということで、回答のあった市町村についてのみ行った。その結果この当時の市町村のほぼ半数に近い部分について、農業関係を中心とした資料が整理された。これらのデータの一部は、アンケート結果の検討に用いたところであるが、それとは別に、これらの統計データを集計することによって、この当時の日本社会の特質やその地域的分化の様相をうかがい知ることもできると思われるので、これによって1980年代前半の時期における日本社会の地域構成を概観しようとするものである。

　アンケート調査は、1984年当時の市町村のすべてに対して調査票を郵送して行われた。農業施策を問うものではあるが、農業の比重がきわめて低いと思われる大都市の市町村も除外することなく郵送した。ただし、東京特別区については対象に含めなかった。この年の市町村数は、市651、町1995、村609の、合わせて3255であり、それぞれの農政担当部局宛にアンケート用紙を郵送し、記入の上返送するように求めた。返信のあったうち、集計の可能なものは1596通で、49％の回答率であった。郵送調査としては高い回答率であったと思われるが、ここでの分析に流用するには、全国の市町村の半数弱のみのデータであるという問題があることは否定できない。あらためて回答のなかった市町村について、データを集めて整理することも不可能ではないと思われるが、ここではそれは行わず、ほぼ半数の市町村のデータによって、分析を行うこととした。当時の市町村の半数に近い多数のデータであること、統計的な手続きに基づく抽出標本ではないが、全国の市町村からの自主的な回答のあった市町村であり、研究者の側で恣意的に選び出したものではないということ、などを考慮すると、この時期の日本社会の地域構成をとらえることのできる資料といってよいであろう。

　そこでまず、分析に用いる資料の代表性を確認するために、回答のあった、

したがってここでの分析の対象となる市町村の全国のそれとの偏りについてみておく必要がある。ここでは、その地方別の分布と市町村の規模等の別による分布について、全国のそれと対象市町村との対比を行って偏りの検討としたい。表1は地方別の、表2は市町村の区分や人口規模別の、全国の市町村とアンケートに回答のあった、ここでの分析対象の市町村との分布を示している。

表1　全国市町村と分析対象の地方別分布

	全国		アンケート回答		回答割合
	市町村数	%	対象数	%	%
北海道	212	6.5	118	7.4	55.7
東北	406	12.5	203	12.7	50.0
関東	461	14.2	211	13.2	45.8
北陸	223	6.8	127	8.0	57.0
中部	518	15.9	236	14.8	45.6
近畿	326	10.0	176	11.0	54.0
中国	319	9.8	152	9.5	47.6
四国	216	6.6	100	6.3	46.3
九州	574	17.6	273	17.1	47.6
合計	3255	100.0	1596	100.0	49.0

表2　全国市町村と分析対象の市町村区分別分布

	全国		アンケート回答		回答割合
	市町村数	%	対象数	%	%
人口30万以上の市	57	1.8	27	1.7	47.4
人口10万以上の市	139	4.3	68	4.3	48.9
人口5万以上の市	218	6.7	101	6.3	46.3
人口5万未満の市	237	7.3	118	7.4	49.8
人口2万以上の町村	313	9.6	143	9.0	45.7
人口1万以上の町村	796	24.4	366	22.9	46.0
人口5千以上の町村	959	29.5	480	30.1	50.1
人口3千以上の町村	307	9.4	174	10.9	56.7
人口3千未満の町村	229	7.0	119	7.5	52.0
合計	3255	100.0	1596	100.0	49.0

2つの表にみるように、地方別では、北海道と北陸がやや多く、関東と中部がやや少ない、市町村区分では市が全般にやや少なく、町村がやや多い、

といったことがみられるものの、回収率全体が49％であるのに対して、地方別では57～45％、市町村区分別では56～46％の範囲に収まっており、若干の偏りがみられるとはいうものの、全体の結果を大きく左右するほどのものとは考えなくともよいのではないかと思われる。

　回収率の差による偏りよりも、以下の結果をみていく上で考慮に入れておく必要があるのは、この当時の市町村の数が、地方別にしても、市町村区分別にしても、均衡のとれたものとはいい難いということであろう。地方別の分布では、九州・中部・関東がそれぞれ400から500をこえる市町村を擁しているのに対して、北海道・四国・北陸はそれらの半分ぐらいの数の市町村が見られるに過ぎない。また市町村の区分では、人口1万以上、および5千以上の町村（言い換えれば、人口5千から2万の町村）だけで全国の市町村数の半分以上を占めており、この当時は市制を敷くものは全国の市町村の20％にとどまっていたのである。以下の分析では、社会・経済的な項目を取り上げてその特質に応じた市町村の数や割合に注目していくことになるが、その場合に、こうした市町村の分布の状況を念頭においておかなければならないのである。

1-2　2005年時点の資料

　ここでの検討において主要に問題とする、21世紀初頭の地域構成について把握しようとして利用するのは、2005年度の国勢調査および農業センサスや2007年度の市町村決算などの資料である。いうまでもなく国勢調査と農業センサスは、いずれも5年ごとに行われており、2005年の調査が最も新しい調査である。21世紀初頭における日本社会の現状を総体として把握するには、最も適切な資料ということができよう。ここではそれら二つの全国統計の市町村別の集計を整理し、それと市町村財政に関する資料などの若干の資料を補充して利用することとした。

　2005年の市町村別の集計を利用する際に問題であったことの一つは、この時期にはいわゆる平成の大合併が進行しており、2005年はその最盛期とも見られる時期であったことである。そこで、分析の単位となる市町村につ

いて、おおよそ大合併が一段落したと思われる時期として、2007年度の時点の市町村をとらえて整理を行うこととした。2007年以降も市町村合併は進行しているのではあるが、国勢調査等の統計が2005年度のものであることから、年次の異なることによるずれを少なくするために、大合併の終結が示された2009年まで待たずに2007年度までのデータを整理することとした。

その結果、ここでは、2007年3月末現在の市町村の構成にしたがって、資料を整理することとした。そこで、国勢調査は2005年10月現在、農業センサスは2005年2月現在の市町村構成に基づいて結果が示されているので、これらの調査以後に合併が行われた市町村に関しては、それら市町村の数値を2007年3月末までに合併された新市町村に統合することとした。幸いに今回の合併においては、分村合併が行われたのは、山梨県上九一色村などのきわめて例外的な場合しかなかったので、このことによる誤差はわずかなものであった。2007年4月以降の合併によって、さらにいくつかの新市町村でデータの統合が必要になっているのではあるが、当然のことながらそれらには対応していない。

以下においては、2007（平成19）年3月現在の市町村、782市・827町・195村（計1804）に、特別区（東京23区）を加えた、1827の地域を対象とする。一般には、基礎自治体とされる1804の市町村を対象とすることが多く、特別区である東京23区は除かれることが多いように思えるが、ここでは、東京一極集中といわれている状況の下で、わが国の地域構成を、とりわけそこに含まれる格差に注目しようとすることから、格差の一方の極にあるとされる東京の中心部分を除外することはできないと考え、あえてこれを含めて検討することとしている。以下においては、特に断らない場合には、東京23区を便宜上、市に加えることとし、したがって、市の数を805として示すこととする。

ここで利用した資料は、具体的には以下のそれぞれである。

- 市町村自治研究会編『全国市町村要覧』平成19年版、20年版　第一法規
- 総務省統計局『統計でみる市区町村のすがた』2008　日本統計協会

- 総務省統計局『国勢調査——人口集中地区の人口』　日本統計協会
- 統計情報研究開発センター・日本統計協会編『市区町村人口の長期系列』　日本統計協会
- 農林水産省統計部『農林業センサス』第1巻　各県統計書　農林統計協会
- 農林水産省統計部『生産農業所得統計』平成18年　農林統計協会
- 地方財政調査研究会編『市町村別決算状況調（平成18年度市町村普通会計決算の分析）』　地方財務協会

2　市町村の変遷と構成

　よく知られているように、わが国においては、江戸時代の町や村を明治初頭にいくつかの曲折を経た後、1889（明治22）年に市町村制を施行して行政区域を設定した。その後産業・経済の発展にともなって市制を施行する地域が増加し、次第に合併が進んできたが、第二次大戦後に地方自治法に基づく地方自治体として整備された。その後、1953（昭和28）年からの合併促進政策により「昭和の大合併」といわれる市町村合併が強力に進められて、市町村数はおおむね3分の1に減少し、さらに1999（平成11）年以降に「平成の大合併」が進められて今日に至っている。表3は、東京23区を除く市町村数の変遷を示している。

　「平成の大合併」によって、短期間に3200余の市町村は1800ほどにまで減少した。1804市町村のうち、この間に合併しなかった市町村は1238（68.6％）であるから、1999年の3229市町村のうちでその6割を超える1991が566に統合されたということになる。合併時期は、2001年と2002年がそれぞれ4、2003年が14、2004年が75、2005年が297、2006年が163、2007年が9となっている。なお、合併した市町村のうちには、この間に2回以上にわたって合併を繰り返したものもあるが、それらについては最終の合併時期をとらえたものである。この間の合併は2005年をピークにほとんどが前後3年ほどの間に進められている。国・県の主導の下に、き

表3　市町村数の変遷

	市	町	村	合計	備考
1889（明治22）	39	15,820		15,859	市町村制施行
1953（昭和28）	286	1,966	7,616	9,868	昭和大合併開始
1961（昭和36）	556	1,935	981	3,472	昭和大合併終了
1999（平成11）	671	1,990	568	3,229	平成大合併開始
2007（平成19）	782	827	195	1,804	現在

わめて短期間に上から強力に推進された合併であったことがうかがえる。

　以下では、1980年前後の対象地域の状況を示す当時の市町村についてのデータと、2005年前後の全国の市町村（東京23区を含む）についてのデータとを、対比的に検討していくことになる。前者は当時の市町村のほぼ半数、後者はいわゆる平成の大合併を経過して市町村の統合が進められた後の市町村の全数である。

　あらためていうまでもなく、ここで取り上げる市町村のうち、1980年代前半期のそれは、昭和の大合併を経た後の平成大合併以前のそれであり、21世紀初頭のそれは、平成の大合併が一応終了したという時期のそれである。まず、それぞれの時期の市町村の構成についてみておこう。表4は、人口規模と市・町村別に市町村の構成比を示したものである。平成の大合併を経て、人口5千以上、および1万以上の町村が大きく減少し、市がそれぞれの人口区分で構成比を2倍以上に大きく増加したことが読み取れる。1980年には市が2割、町村が8割という構成であったが、2005年には市44、町村56という割合になり、市制を施行する地域が大きく増加したことが読み取れる。

表4　市町村区分に基づく市町村構成の変化

	人口30万以上の市	人口10万以上の市	人口5万以上の市	人口5万未満の市	人口2万以上の町村	人口1万以上の町村	人口5千以上の町村	人口3千以上の町村	人口3千未満の町村	全体	実数
1980	1.7	4.3	6.3	7.4	9.0	22.9	30.1	10.9	7.5	100.0	1596
2005	4.5	10.9	15.2	13.5	11.9	17.0	14.6	6.3	6.1	100.0	1827

表5　人口規模別市町村の構成

	～3千	～5千	～1万	～3万	～5万	～10万	～30万	30万～	全体	実数
1980	7.6	10.9	30.3	31.6	7.5	6.2	4.3	1.8	100.0	1596
2005	6.1	6.4	14.6	27.6	14.6	15.2	10.8	4.7	100.0	1827

表5は、市・町村の区別なしに、人口規模別の市町村の構成比を示したものであるが、1980年には人口1万未満の市町村が、全体の5割近くであったのに対して、2005年には27％に減少し、10万以上の市町村が、6％から15％へとその比重を大きくしている。これらのことは、1980年以降の四半世紀の間にわが国の市町村の構成がきわめて大きく急激に変化したことを示しているが、そのほとんどすべてがいわゆる平成の大合併によって生じた変化であることはあらためていうまでもない。

表6　制度別・人口規模別に見た地域（2007年現在）

	～3000	～5000	～1万	～3万	～5万	～10万	～20万	～30万	～50万	～100万	100万～	全体
特別区	0	0	0	0	1	1	4	4	6	7	0	23
	0.0	0.0	0.0	0.0	4.3	4.3	17.4	17.4	26.1	30.4	0.0	100.0
政令指定都市	0	0	0	0	0	0	0	0	0	6	11	17
	0.0	0.0	0.0	0.0	0.0	0.0	0.0	0.0	0.0	35.3	64.7	100.0
中核市	0	0	0	0	0	0	0	2	24	9	0	35
	0.0	0.0	0.0	0.0	0.0	0.0	0.0	5.7	68.6	25.7	0.0	100.0
特例市	0	0	0	0	0	0	2	28	14	0	0	44
	0.0	0.0	0.0	0.0	0.0	0.0	4.5	63.6	31.8	0.0	0.0	100.0
その他の市	0	0	1	53	192	274	148	10	7	1	0	686
	0.0	0.0	0.1	7.7	28.0	39.9	21.6	1.5	1.0	0.1	0.0	100.0
町村	111	117	266	452	73	3	0	0	0	0	0	1022
	10.9	11.4	26.0	44.2	7.1	0.3	0.0	0.0	0.0	0.0	0.0	100.0
合計	111	117	267	505	266	278	154	44	51	23	11	1827
	6.1	6.4	14.6	27.6	14.6	15.2	8.4	2.4	2.8	1.3	0.6	100.0

かくして、ここで主要に対象とする市町村は、平成の大合併を経過して統合された新市町村566、合併しなかった（昭和の大合併を経過した）1238市町村、それに東京23区を加えた1827ということになる。これら1827の

地域の中には、人口100万をこえるものから200人前後のものまで、規模の大きく異なるものが含まれている。また、市の中には、特別区以外にも、政令指定都市をはじめ、人口規模を基盤に行政上の特例を定めている中核市や特例市もある。これらを表示したものが、表6である。ここでの市町村の数などは、2007年現在のものであるが、人口は2005年の国勢調査に基づく人口である。

3　都市地域と農村地域

3-1　都市と農村の定義

　対象とする地域は、その規模や立地条件などのさまざまな特性によって分類することができ、それぞれのカテゴリーごとにその特徴をとらえることができる。しかしながら、単に人口規模が大きいとか、どの地方にあるのかといった、外形的な基準による分類を超えて、社会的な特性に基づく分類を考えることが必要であろう。このような分類として、まず思い浮かべられるのが、都市的な地域と農村的な地域との区分である。

　1950年代頃までは、市制を施行する地域は限られており、市は都市に、町村は農村にほぼ対応するものとされていた。市部人口を都市人口とし、郡部（町村部）人口を農村人口としてとらえることが一般に行われていた。こうした状況を大きく変えたのが、昭和の大合併といわれる大規模な町村合併であった。合併によって新しい市が多数生まれたが、その中には都市としての実態が乏しいにもかかわらず、広範な町村を合体して人口規模で市制を施行する水準に達したに過ぎないものも含まれていた。また、既存の市も周辺の町村を併合して規模を拡大した。この結果、一連の町村合併を経過して、市部人口は大きく増大し郡部人口は減少したが、そうした変化は昭和の大合併の進められた数年間に、それだけ急激に都市化が進んだことを示すものでなかったことはいうまでもない。その結果、昭和の大合併以降は、市部人口をもって都市人口とすることはできなくなった。平成の大合併においても、さらに新市の創設や市への併合が進められ、いわば市部人口の「水ぶくれ現

象」は一層顕著なものとなった。もはや市制施行地域をもって都市とすることは到底許されない。新たに都市・農村を規定する指標を定めなければならない。

　市制施行の条件の主要なものは人口規模であり、3万以上とか、5万以上とか、の条件を満たすことによって市となることができる。しかし、人口5万以上の地域をすぐに都市であるということは妥当ではない。社会学の辞典では、「都市の定義は専門家によってまちまちであるが、もっとも一般的に形態的な定義をすると、ある時代の、ある社会の中で相対的に人口量の多い、人口密度の高い、住民の大多数が農林業以外の産業で生活の資を得ている集落をいう。」（浜嶋朗他編『社会学小辞典』2005年　463頁）とした上で、鈴木栄太郎の「都市とは、国民社会における社会的交流の結節機関をそのうちに蔵していることにより、村落と異なっているところの集落社会である。」（鈴木栄太郎『都市社会学原理』著作集Ⅵ、1969　79頁）という定義を引いている。一方、農村について同じ辞典は、「主として農業生産が行われ農民が居住している地域。農業生産の特質により、景観的には疎散な人口定住と豊かな自然環境をもち、比較的小さな社会単位と長い定住に基づく親密な社会関係をもつ。」（491頁）としている。これらをふまえると、人口の規模とともに、人口の稠密と疎散、農林業とそれ以外の産業、などを加えて、都市的地域と農村的地域とを区分することが、水ぶくれを含んだ人口規模のみによる区分を超えた、より内容のある分類ということになろうと思われる。さらに、社会的交流の結節機関の有無についても、あわせて検討することが、社会学的な分類の検討としては意味のあることであろうと思われる。

3-2　人口の稠密と疎散

　この場合、まず問題となるのは、人口規模・人口量であるが、これを直ちに地域を都市的と農村的に分類する基準とし難いことは、上に述べたところである。人口量は、都市としての深化をみることなしに周辺の町村を合併することで量的拡大を図り都市性が高まったかのような印象を与えることがある。また、人口密度は、市街地部分については適切な指標であるが、市域に

はその立地条件によって農地や山林原野などが含まれ、その広がりには多様なものがある。市町村単位の人口密度を直ちに指標とすることは困難ではないかと思われる。

　ここでは単に人口量ではなく、人口の稠密と疎散の状況をとらえることが主眼となることを考慮し、市街地における人口量と人口密度を指標として都市・農村の区分を試みる一つの手がかりとした。具体的には、国勢調査においてとらえられている、人口集中地区の人口の市町村人口に対する比率を、指標の一つとするということである。人口集中地区は、

① 国勢調査基本単位区を基礎単位地域として、
② 原則として人口密度が1平方キロ当たり4000人以上の基本単位区が隣接し、
③ 人口5000人以上の地域を構成している場合

にそうした基本単位区の集まりを人口集中地区として指定するものである。国勢調査においては、市町村ごとに、人口集中地区の面積とそこに居住する人口ならびにそれらの全域に対する比率が公表されている。

　表7に、各市町村における人口集中地区の人口の割合を示すこととする。表にみるように、1980年には、市町村の8割以上には人口集中地区がなかったが、2005年には人口集中地区のない市町村の割合は53％に低下した。人口集中地区のない市町村には少数ながら市も含まれているが、大部分は町村である。これら人口集中地区のなかった町村の相当数が人口集中地区のある市に合併した結果、人口集中地区のない市町村の割合は大きく低下した。表7では、人口集中地区のある市町村のみについて、その中で総人口に対する人口集中地区人口の割合別に市町村の構成比を示している。合併による町村の併呑を示すように、人口集中地区人口の割合が総人口の4割未満の市町村が、25％から34％に増加しており、逆に人口集中地区の割合の大きい市町村は減少気味になっている。2005年の場合には、集中地区人口80％以上の市町村が20.3％という数字は、1980年には除外されている人口集中地区が100％の東京23区が含まれていることを考慮すると、相当に割り引いて1980年の数字と対比すべきものと想定される。1980年代以降に「都

市化」が大きく進んだのであれば、人口集中地区の割合は一層高まると思われるのであるが、事態はむしろ逆の方向に向かっている。

表7　市町村人口に占める人口集中地区人口の割合

	20% 未満	40% 未満	60% 未満	80% 未満	80% 以上	全体	実数	集中地区なし
1980	4.0	21.3	31.3	21.0	22.7	100.0	300	81.1
2005	9.4	24.4	24.8	21.0	20.3	100.0	833	53.2

表8　市町村区分別にみた人口集中地区人口の割合別の地域数（2005年）

	集中地区なし	20%未満	40%未満	60%未満	80%未満	90%未満	90%以上	全体	実数
特別区	0.0	0.0	0.0	0.0	0.0	0.0	100.0	100.0	23
政令指定都市	0.0	0.0	0.0	5.9	5.9	29.4	58.8	100.0	17
中核市	0.0	0.0	0.0	14.3	48.6	20.0	17.1	100.0	35
特例市	0.0	0.0	6.8	11.3	27.3	20.5	34.1	100.0	44
市・10万以上	0.0	3.0	14.0	18.2	25.0	14.0	25.6	100.0	164
市・5万以上	9.4	12.3	25.4	19.9	16.7	6.5	9.8	100.0	276
市・5万未満	37.0	13.0	28.1	15.5	4.4	2.0	0.0	100.0	246
町村・2万以上	39.0	3.2	14.3	22.1	12.8	6.0	2.8	100.0	218
町村・1万以上	83.6	0.0	2.5	7.1	5.1	0.6	1.0	100.0	311
町村・5千以上	97.4	0.0	0.0	1.1	1.2	0.4	0.0	100.0	266
町村・3千以上	100.0	0.0	0.0	0.0	0.0	0.0	0.0	100.0	116
町村・3千未満	100.0	0.0	0.0	0.0	0.0	0.0	0.0	100.0	111
合計	51.9	4.3	11.2	11.3	9.6	4.5	7.2	100.0	
実数	948	78	204	207	175	83	132		1827

表8は、2007年度における市町村の制度と人口規模に基づく区分ごとに、当該市町村の含まれる人口集中地区の人口が市町村人口に占める割合（2005年国勢調査による）によって分類した市町村数を表示したものである。全国の市町村1827のうち51.9％に当たる947は域内に人口集中地区を持たないが、21.3％が集中地区人口が総人口の60％以上となっており、全域が人口集中地区であるという地域も東京23区をはじめ、東京都10市、埼玉県2市、大阪市など同府9市、兵庫県2市の合計46地域をみることができる。ここで注目する必要があるのは、市制施行地域とりわけ都市的と思われる規模の大きな市における人口集中地区の比重と、疎散とされる農村的地域と思

われる町村における人口集中地区のあり方である。「人口集中地区がない」という市町村についてみると、特別区・政令指定都市等をはじめ人口10万以上の都市にはみられず、多少にかかわらず地域内に人口集中地区をもっていることが見出せる。他方、規模の小さい町村、具体的には人口5千未満の町村には人口集中地区はみられない。この限りでは一応「相対的に人口密度の高い地域」として市制施行地域を町村から区別することができる。しかし、市制施行地域がすべて人口稠密であるというわけではないこともまたこの表から明らかである。政令指定都市や中核市・特例市にも人口集中地区人口が当該市の人口の半数程度の市も含まれている。これらを除いた人口10万以上の市の場合には、その3分の1は人口集中地区人口が60％を下回っている。さらに、人口5万未満の市と人口2万以上の町村とでは、人口集中地区の所在についてほとんど差異がないというべきであろう。また、人口5千以上の町村には、かなりの割合で人口集中地区を含む町村が見出せるのである。

これらのことは、上に指摘したことを裏付けるように、今日ではすでに市制施行地域をもって都市、町村をもって農村、というような区分は、通用しないということを示している。市制施行地域は人口集中地区に比べて大きく肥大して水ぶくれ状態になっている一方、町村部にも人口稠密な地域も生まれてきていることが示されている。そのことからすれば、都市的地域と農村的地域を区分しようとする場合に、市か町村かといった行政区分ではなく、人口集中地区の所在を一つの指標とすることが、適切であろうと思われる。

3-3 農林業と農外産業

先にあげた都市と農村の定義において、もう一つの要素としてとらえられていたのが、地域の産業構成である。それは、都市については、「住民の大多数が農林業以外の産業で生活の資を得ている地域」とされ、農村については、「主として農業生産が行われ農民が居住している地域」とされていた。こうした特質をとらえる指標としては、前者については、産業別就業人口において第一次産業以外の就業者が多数であること、後者については、居住世

帯の多数が農家であること、がそれぞれ考えられるところである。そこで、これらの指標によって都市・農村の区分が有効に行えるか否かを検討してみなければならない。

　まず、産業別の人口の割合の変化を見ることとしよう。1980年から2005年の間に、わが国の産業構造は大きく変化し、農林業の後退が続くのに続いて、製造業等の第二次産業も生産拠点の海外移転等により、いわゆる産業の空洞化が進んだ。その一方で情報化等にともなうサービス産業の拡大が進み、第三次産業の拡大が進んだ。こうした傾向は、地域の産業別人口構成に明瞭に示されている。

表9　産業別人口の割合別市町村数の分布

(1) 第一次産業就業人口の割合

	0	～10%	～20%	～30%	～40%	～50%	～60%	～70%	～80%	全体	実数
1980	0.0	16.5	18.4	24.2	20.0	13.0	7.9	0.0	0.0	100.0	1596
2005	0.4	50.1	27.0	14.9	5.3	2.0	0.1	0.0	0.1	100.0	1827

(2) 第二次産業就業人口の割合

	～10%	～20%	～30%	～40%	～50%	～60%	～70%	全体	実数
1980	0.9	11.5	33.0	32.6	17.6	4.1	0.3	100.0	1596
2005	1.0	17.4	42.3	31.5	7.6	0.3	0.0	100.0	1827

(3) 第三次産業就業人口の割合

	10～20%	～30%	～40%	～50%	～60%	～70%	～80%	～90%	90%～	全体	実数
1980	0.3	14.9	36.1	26.9	14.0	6.1	1.4	0.3	0.0	100.0	1596
2005	0.0	0.2	1.8	18.0	36.0	28.1	13.7	2.1	0.2	100.0	1827

　表9に明瞭に現れているように、第一次産業人口の割合が10％未満という市町村は、1980年には16.5％に過ぎなかったが2005年には50.5％にまで増加しており、1980年には20％から40％の間に44.2％の市町村が含まれていたのが、2005年には20.2％にまで減少し、1980年には8％近くみられた就業人口の過半が第一次産業という市町村は2005年には0.2％にまで減少してしまっている。

　第二次産業の場合には、大雑把に言えば、1980年に比べて10％ずつ少な

い方向に移行したということになるが、就業人口の30％から50％を占めていた市町村がほぼ5割から4割に減少し、就業人口の過半が第二次産業という市町村が、4.4％から0.3％に減少しているものの、就業人口の20％から40％までが第二次産業人口という市町村は、1980年の65.6％から73.8％へとむしろ増加しており、第一次産業や第三次産業に比べてこの間における変化は小さいということができる。

　1980年には第三次産業の比重の大きい市町村はまださほど多くはなかった。市町村の半数以上は第三次産業の就業者が就業人口の40％未満であった。就業人口の60％を超える第三次産業の構成比を持つ市町村は、7.8％に過ぎなかった。ところが2005年になると、第三次産業が就業人口の40％未満の市町村はわずかに2％となり、60％をこえる第三次産業就業者を数える市町村は44％に達するまで増加する。四半世紀の間に全国的に第三次産業の大幅な増加が進行し、第一次産業から第三次産業への転換が進んだようにみられるのである。

　こうした産業別人口構成の変化をふまえたとき、第二次・第三次産業人口のどの程度の割合をもって都市にふさわしい「農林業以外で生活の資を得ているものが大多数」の地域とみるのか、検討が必要であろう。第二次・第三次産業人口が7割を占める地域、言い換えれば第一次産業人口が3割未満の地域は、1980年には60％ほどであったが、2005年には92％に達している。就業人口の7割といえば大多数といって差しつかえないであろうが、広範に都市化が進んだといっても全国の市町村の9割以上が都市的であるというのは奇妙でもあろう。

　同様に取り扱いが難しいのが、「主として農業生産が行われ農民が居住している地域」としての農村の位置づけである。農民が居住している地域を示す指標となるのは農家率、すなわち地域の世帯数に占める農家世帯の割合である。ここでは国勢調査に基づく世帯数に対する農業センサスに基づく農家戸数の割合を農家率としている。この方法では、農家率が低めにとらえられる恐れがあることは否定できない。農業センサスに基づく農家戸数は、センサスで基準とする農家数を数えているのに対して、国勢調査における世帯の

場合には、生活の様態によって一つの家族を複数の世帯としてとらえている場合もある。その結果、こうした検討にとっては世帯数が過大にとらえられ、その結果農家率が低めに現されることが想定される。しかし、このほかに適切な算出の方法があるとも思えないことと、1980年と2005年を比べる上では特に問題が生じるわけではないので、このようにして算出した農家率によって検討していく。

二つの時期のセンサスには、農家の定義に差異があり、2005年のセンサスでは1980年当時の定義では対象とされた農家のうち、一部の規模の小さい農家を自給的農家として除いて、センサスの主要部分の調査を行っているが、農家数については、主要な調査からは外れた自給的農家も含めた総農家戸数が調べられているので、これを利用することによって1980年との連続性を確保することができる。

表10　農家率（総農家数の世帯数に対する割合）別の市町村の分布の変化

	なし	～10%	～20%	～30%	～40%	～50%	～60%	～70%	70%～	全体	実数
1980	0.0	10.8	11.6	11.1	13.7	13.8	14.2	13.5	11.2	100.0	1596
2005	1.6	38.6	25.9	15.6	11.1	5.2	1.5	0.4	0.0	100.0	1827

表10にみるように、1980年に比べて2005年には農家率が大きく低下していることが指摘できる。1980年には農家率が50％以上の市町村が4割近くみられ、20％未満の市町村は2割を超える程度であったが、2005年になるとそれぞれ1.9％、66％へと大きく変化してしまっている。1980年の全国の農家戸数は470万戸であったから、2005年までに農家戸数は61％に減少したことになる。1980年にはまだ農村というにふさわしい厚みで農家が存在していた地域がなお一定の広がりをもっていたのであるが、2005年には、全国の市町村のうちで4割は農家戸数が10％未満であり、3分の2は20％未満である。農家が主体という意味での農村的な地域はきわめてわずかなものになってしまっている。

3-4　都市・農村の区分と分布

　こうした地域の状況をふまえ、具体的に個々の市町村を都市と農村に区分することが課題となる。区分に用いる指標は、市町村の人口に占める人口集中地区人口の割合、産業別人口構成、農家率、であるが、それぞれについて都市的・農村的地域を区分する分岐点は、2005 年の場合と 1980 年の場合とでは、3 つの項目それぞれに全体的な分布に大きな違いがあることから、同一にすることには疑問があり、二つの時点で異なる基準を考えざるを得なかった。端的にいえば、1980 年には先にみてきた都市・農村の定義に常識的に適合すると思われる基準によって区分を行うこととしたが、2005 年にはその適用が困難と思われる状況になっているといわざるを得ないのである。

3-4-1　1980 年代前半における都市・農村の区分と分布

　まず、人口の稠密と疎散という点で指標とした人口集中地区の人口の割合については、人口集中地区の人口が 50％以上を占める地域を都市的地域、人口集中地区のない地域を農村的地域の指標とすることとした。具体的には、都市度の指標として、人口集中地区人口が総人口の 50％以上の地域を 3 点、50％未満の地域を 2 点、人口集中地区を持たない地域を 1 点とし、逆に農村度として、人口集中地区を持たない地域を 3 点、人口集中地域 50％未満の地域を 2 点、50％以上の地域を 1 点とした。次に、都市的地域の指標である産業別人口については、第二次および第三次産業従事者が 60％以上の地域を都市度として 3 点、40〜60％の地域を 2 点、それ以下の地域を 1 点とした。また、農村的地域の指標である農家率については、農家率が 50％以上である地域を農村度として 3 点、農家率が 25〜50％の地域を 2 点、その他を 1 点とした。その上で、人口集中地区の人口に基づく都市度・農村度の点数と産業別人口と農家率に基づく都市度・農村度の点数を合わせて、それぞれの地域の合計都市度・合計農村度（6 点から 2 点）を算出し、都市度 6 点の地域は「都市地域」、5 点の地域は「準都市地域」、農村度 6 点の地域は「農村地域」、5 点の地域は「準農村地域」、それ以外の地域は「中間地域」に区分することとした。

要するに、当該市町村の人口に占める人口集中地区人口が50％以上でかつ第二次および第三次産業従事者が60％以上の地域を「都市的地域」とし、この二つの基準の一方を満たし、かつ人口の50％には満たないが人口集住地区を擁するか、第二次および第三次産業人口が40～60％を占めるという基準のいずれかを満たしている地域を「準都市的地域」とした。他方、農村的地域については、人口集中地区を持たないで、かつ農家率が50％以上である地域を「農村的地域」とし、この二つの基準の一方を満たし、かつ人口集住地区の人口が総人口の50％未満であるか、農家率が25～50％であるという基準のいずれかを満たしている地域を「準農村的地域」とした。さらに、これらのいずれにも当てはまらない地域を「中間地域」としたわけである。

　表11は、このようにしてえられた都市的地域・農村的地域の区分を地方別にとらえたものである。まず、全体的にみると、上記の基準によって定められた「都市的地域」の市町村は11％、「準都市的地域」を合わせると2割近くが含まれる。一方、農村的地域にはほぼ4割の市町村が含まれ、「準農村地域」をあわせると67.5％とほぼ3分の2の地域がこれに属することになる。これを地方別に見ると、いくつかの注目すべき点が浮かび上がる。まず、「都市的地域」と「準都市的地域」を合わせた市町村の割合が全国平均の18.9％を上回るのは、関東（31.8％）と近畿（26.2％）のみであり、北海道、北陸、中部が全国平均並みの数値を示している。他方の「農村的地域」「準農村的地域」についてみると、東北（81.3％）、四国（81％）、中国（78.3％）、北陸（72.5％）、九州（72.1％）などの地方で農村的な地域の厚みが見られる。北海道で「中間的地域」が多いこと、北陸で「準都市的地域」が多いことなども目につくところである。地方ごとに、「都市的地域」から「農村的地域」にいたる5つのカテゴリーのうちでもっとも多数が属するものを見ると、北海道が中間的地域、関東が準農村的地域である以外はすべて農村的地域が多数を占めている。平成大合併以前の小規模な町村が多数存在していた時期の特質をうかがわせるものということができよう。

表11 地方別にみた都市・農村の分布（1980年）

	都市	準都市	中間地域	準農村	農村	全体	実数
北海道	14.4	4.2	46.6	27.1	7.6	100.0	118
東北	5.4	9.4	3.9	26.6	54.7	100.0	203
関東	22.3	9.5	15.6	28.0	24.6	100.0	211
北陸	7.9	11.0	8.7	26.8	45.7	100.0	127
中部	10.6	7.6	12.7	28.0	41.1	100.0	236
近畿	20.5	5.7	12.5	27.8	33.5	100.0	176
中国	5.9	9.9	5.9	27.0	51.3	100.0	152
四国	3.0	6.0	10.0	38.0	43.0	100.0	100
九州	7.0	6.6	14.3	30.0	42.1	100.0	273
合計	11.1	7.8	13.6	28.5	39.0	100.0	
実数	177	125	217	455	622		1596

表12 市町村区分別にみた都市的地域と農村的地域（1980年）

	都市	準都市	中間地域	準農村	農村	全体	実数
人口30万以上の市	**96.3**	3.7	0.0	0.0	0.0	100.0	27
人口10万以上の市	**94.1**	5.9	0.0	0.0	0.0	100.0	68
人口5万以上の市	**61.4**	38.6	0.0	0.0	0.0	100.0	101
人口5万未満の市	21.2	**66.9**	1.7	5.9	4.2	100.0	118
人口2万以上の町村	0.0	1.4	**51.7**	37.1	9.8	100.0	143
人口1万以上の町村	0.0	0.0	17.5	**47.8**	34.7	100.0	366
人口5千以上の町村	0.0	0.0	11.0	31.0	**57.9**	100.0	480
人口3千以上の町村	0.0	0.0	9.8	27.0	**63.2**	100.0	174
人口3千未満の町村	0.0	0.0	5.9	20.2	**73.9**	100.0	119
合計	11.1	7.8	13.6	28.5	39.0	100.0	
実数	177	125	217	455	622		1596

　市と町村との区分と人口規模を組み合わせた市町村区分とこの都市的・農村的地域との関連を示したのが、**表12**である。ここでは、人口規模の大きな市が「都市的地域」に、小規模な町村が「農村的地域」にそれぞれ対応していることがきわめて鮮明に示されている。人口10万以上の市はそのほとんどが「都市的地域」であるのに対して、人口5万以上の市では、その4割近くは「準都市的地域」であり、5万未満の市の場合には、その3分の2が「準都市的地域」となる。ここではその1割ほどは「農村的地域」や「準農村的地域」に区分される。町村の場合にも、人口規模の小さい町村に「農村的地域」が多く、規模の大きな町村では「準農村地域」が増加する。人口

2万以上の町村では、その半数が「中間地域」となり、これがもっとも多数となっている。

都市・農村の差異は、地域の人口の増減とどのようにかかわっているのかを検討してみる。1970年から1980年の10年間の人口の増減とのかかわりについて、表13によって検討するならば、この10年間に10％以上人口の減少した市町村は、農村・準農村・中間地域に多く、都市・準都市地域にはごく少数しか見られない。逆にこの10年間に10％以上の人口増加を見た地域は、都市の7割近くというように、人口の増減とのかかわりをみることができる。しかし、この間の関連は明確なものではない。準農村の4分の1ほどでは10％以上の人口の増加がみられる。むしろ、全体としても52％がそれに相当する、人口の増減が10％未満であった市町村が、農村地域と準都市地域ではほぼ3分の2におよぶこと、そのうち準都市では10％以内の増加、農村では10％以内の減少が主であること、都市地域と中間地域においてはこの現状維持的な市町村が少なく、人口の変動が大きいことが指摘できよう。

表13　都市・農村別にみた人口対比（1980/1970）

	～90%	～100%	～110%	～110%~	全体	実数
都市	1.1	8.5	22.6	67.8	100.0	177
準都市	5.6	19.2	45.6	29.6	100.0	125
中間地域	22.1	16.1	14.3	47.5	100.0	217
準農村	21.5	30.1	23.5	24.8	100.0	455
農村	35.6	48.1	14.8	1.6	100.0	622
合計	23.7	32.0	20.5	24.0	100.0	
実数	376	510	327	383		1596

3-4-2　21世紀初頭における都市農村の区分と分布

次に1980年の状況とは大きく変化した2005年の状況をふまえた区分について検討する。まず、人口の稠密と疎散という点で指標とした人口集中地区の人口の割合については、80年の場合と異なる基準を考える必要はないものと思われる。そこで、人口集中地区の人口が50％以上を占める地域を都市的地域、人口集中地区のない地域を農村的地域の指標とすることとした。

しかし、すでに見たように、2005年には地域の産業構造の面で1980年とは大きな変化が生じていた。1980年と同じように、第二次・第三次産業人口が60％以上を都市的と考えると、そこには97％ほどの市町村が含まれてしまう。また、農家率50％以上を農村的と考えると2％にも満たない市町村のみしか該当しないことになる。これらの指標については、都市・農村の定義とはいささか齟齬をきたすことになるとしても、より現実的な基準が必要になるものと思われる。まず、都市については、第三次産業人口の比重の大きい地域をもってとらえることとした。「農林業以外の産業で生活の資を得る」ということからすれば、第二次産業を含めることが考えられるところではあるが、すでに就業人口の圧倒的部分が第二次・第三次産業人口となってしまっている状況のもとで、いわゆるポスト工業社会といわれてからすでに久しいことからすれば、より都市的な産業として第三次産業を想定することは一つの考え方となりうるであろう。もちろん、農家の兼業を含めて農村地域にも広く第三次産業従事者が生活していることは明らかであり、農業の沈滞した農村地域において公務員を含め第三次産業人口の比重が大きくなる場合があるが、都市地域において一般に第三次産業人口が多数を占めることは、当然のことであろう。対象とする地域の第三次産業就業人口の割合は、20％から93％に分化し、平均が58.9％となっている。そこで、ほぼ平均に当たる60％以上が第三次産業就業人口である地域を都市的な地域とみることにした。もう一方の農家率については、総農家数が地域の全世帯の15％以上を占めている地域は46.7％あり、これらを農村的地域の指標とすることとした。

　その他は、1980年の場合と同様に処理することとし、当該市町村の人口に占める人口集中地区人口が50％以上でかつ第三次産業従事者が60％以上の地域を「都市的地域」とし、この二つの基準の一方を満たし、かつ人口の50％には満たないが人口集住地区を擁するか、第三次産業人口が40〜60％を占めるという基準のいずれかを満たしている地域を「準都市的地域」とした。他方、農村的地域については、人口集中地区を持たないで、かつ農家率が15％以上である地域を「農村的地域」とし、この二つの基準の一方

を満たし、かつ人口集住地区の人口が総人口の50％未満であるか、農家率が8～15％であるという基準のいずれかを満たしている地域を「準農村的地域」とした。さらに、これらのいずれにも当てはまらない地域を「中間地域」としたわけである。

　このように、人口集中地区人口、第三次産業人口、農家率に基づいて点数化した都市度・農村度の組み合わせによる「都市的地域」と「農村的地域」などの地域類型化の結果、414の都市地域、700の農村地域が把握できた。1980年と2005年では、都市度・農村度の基準が異なっているので、相互の比較は意味がないことではあるが、一応両者の構成割合を示すと**表14**のようになる。2005年には都市度の基準を高め、農村度の基準を下げて、ほとんど全域が都市的地域に区分されることを回避したのであるが、それにもかかわらず、準農村的地域・中間地域が減少して都市的地域・準都市的地域の割合がずっと大きくなっていることはみてとれるところである。

表14　両年度の都市・農村の構成割合

	都市	準都市	中間	準農村	農村	全体	総数
1980	11.1	7.8	13.6	28.5	39.0	100.0	1596
2005	22.7	11.3	11.9	15.8	38.3	100.0	1827

　この地域類型の妥当性について検討する意味で、ここでの類型と都市制度との関連についてみておくこととする。都市制度との対応は、**表15**に見るような形で、おおむね都市制度と対応している。すなわち、東京23区はすべて「都市」に分類され、政令指定都市では、1市が準都市となったほかは「都市」となっている。中核市で5市、特例市で7市を除いて他はすべて「都市」となっている。「農村」の87％は町村部にあり、13％が中核市・特例市以外の「その他の市」に含まれている。このことからみると、ここでの「都市」「農村」の区分は、おおむね地域の人口規模に対応したものとなっているということができよう。

表15　地域類型と都市制度との関係（2005年）

	特別区	政令指定都市	中核市	特例市	その他の市	町村	全体
都市	23	16	30	37	226	82	414
	5.6	3.9	7.2	8.9	54.6	19.8	100.0
準都市	0	1	4	3	134	65	207
	0.0	0.5	1.9	1.4	64.7	31.4	100.0
中間	0	0	1	4	107	106	218
	0.0	0.0	0.5	1.8	49.1	48.6	100.0
準農村	0	0	0	0	128	160	288
	0.0	0.0	0.0	0.0	44.4	55.6	100.0
農村	0	0	0	0	91	609	700
	0.0	0.0	0.0	0.0	13.0	87.0	100.0
合計	23	17	35	44	686	1022	1827
	1.3	0.9	1.9	2.4	37.5	55.9	100.0

表16　地方別にみた地域類型別の地域（2005年）

	都市	準都市	中間	準農村	農村	全体	実数
北海道	20.6	7.2	**25.0**	26.7	20.6	100.0	180
東北	7.8	7.8	5.6	17.7	**61.0**	100.0	231
関東	**46.1**	9.9	9.3	11.1	23.7	100.0	334
北陸	10.5	9.3	19.8	20.9	**39.5**	100.0	86
中部	12.9	18.4	13.7	16.0	**39.1**	100.0	256
近畿	**38.5**	10.7	11.1	11.5	28.2	100.0	234
中国	13.4	10.7	12.5	14.3	**49.1**	100.0	112
四国	8.3	10.4	17.7	16.7	**46.9**	100.0	96
九州沖縄	16.8	13.8	6.7	14.8	**48.0**	100.0	298
合計	22.7	11.3	11.9	15.8	38.3	100.0	
実数	414	207	218	288	700		1827

　もう一つ、日常的な都市農村の分布についてのとらえ方にかかわるものとして、地方別の分布がある。ここでの地域類型について、**表16**に示すように、北海道から九州沖縄までの地方別の分布をみると、そこにはわれわれがもっている日常的な感覚とも合致した、特徴的なパターンが浮かび上がる。すなわち「都市」は、関東と近畿で準都市まで加えると地域の5割前後を示しているのに対して「農村」は東北で6割を超え、中国・九州沖縄・四国で5割に近い。「都市的地域」と分類した市町村は全国で414あるが、関

東（154市町村）と近畿（90市町村）をあわせると、この二つの地方だけで、わが国の都市の6割までを占めることになる。

　これらをみると、ここでの都市・農村の類型化は、おおむね妥当なものと見ることができるように思われる。そこで以下においては、ここでの地域類型をもとに若干の地域特性をとらえ、これらの指標・類型の妥当性について考察しつつ、わが国の地域社会の変化や分化について概観することとしたい。ただし、その前にもう一つ検討しておかねばならないことがある。それは都市の社会学的定義として取り上げられている社会的交流の結節機関についてである。

3-5　社会的交流の結節機関について

　社会的交流の結節機関の有無は、鈴木栄太郎の都市概念によるものであるが、結節機関には、鈴木が仔細に検討しているように、さまざまな機関があり、都市の規模などによってその種類や系列等に大きな差異が見られる。そのことからすれば、結節機関それ自体を統計的に全国斉一的に把握することは困難といわざるを得ない。そこで結節機関の有無を直接に指標とする代わりに、何らかの代替的な数値をとらえる必要があろうと思われる。

　そのような代替の意味を持つものの一つとして、都市の持っている社会的交流の吸引力を考えることができよう。国勢調査においては、居住者についてさまざまな属性の調査を行っているが、その中に就業地・通学地の調査が行われ、それに基づいてそれぞれの地域の昼間人口が示されている。これは、それぞれの地域の事業所や学校に通ってくる人数を示すものであり、事業所や学校の多数立地している地域に多くの就業者や就学者が集まり、夜間人口ともいうべき居住人口を上回る昼間人口を数えることとなる。他方、これらを持たない地域からは就業者や就学者が流出し、昼間人口は居住人口を下回ることになる。このことから昼間人口と居住人口の差異をもって社会的交流の結節機関の有無をとらえる指標の代替とすることができると思われるところである。

　もっとも、国勢調査における昼間人口によって社会的交流の結節機関の有

無をとらえる指標とすることには、いくつかの問題がある。まず、社会的交流の結節機関には、これらの事業所や学校も含まれているが、それにとどまらず、購買や医療・娯楽・観光などの多様な機関が含まれ、これらも多くの人々を吸引する。結節機関の有無をとらえる指標とすると、就業・就学による昼間人口にとどまらず、盛り場に集まる人口までも数え上げることが望まれよう。しかし、後者についての斉一的な統計は得られない。この点については、鈴木の理論を借りるならば、就業や通学という昼間人口の算定の基礎となる行動は、正常人口の正常生活ということができるものであり、そのようなものとしての社会的交流をとらえるものである。盛り場に集まる人々は、正常人口の異常生活としての行為であるから、これを除外することもできる。しかし、問題点は他にも考えられる。すなわち、地域が広域である場合には、多くの結節機関が存在しても地域内で就業や就学が行われて昼間人口は居住人口を大きく上回ることがないことになろう。あるいは離島などの地域外との交通条件が限られている場合には、結節機関が少数であっても就業や就学のために地域外へ出ることが少なくなるであろう。市町村合併による広域化の結果、昼間人口と居住人口の差を小さくした地域は少なくないものと思われる。もともと昼間人口を問題にすることは社会的交流の結節機関の有無をとらえる代替的な指標であることに加え、こうした問題点を考慮し、ここでは、都市・農村を規定する指標として、昼間人口を取り上げることは避けて、上記のようにして分類した都市地域・農村地域について、昼間人口と居住人口の差がどのような状況になっているのかを、後に検討することとしたい。

4　人口にかかわる諸特徴

4-1　市町村の規模

　2005年の国勢調査に基づくわが国の特別区を含む市町村の人口規模は、表17に示すところである。人口1万から3万の規模が505(27.6%)をしめ、1万から10万までが1049（57.4％）と全体の過半を占めている。小規模の町村の合併によって、市町村の人口規模の分化は多少とも縮小されたところ

であるが、それでも、地域の人口規模には大きな開きがみられる。人口規模別に見た上位10地域と下位10地域を示した表18にみられるように、848万9653の特別区（東京23区）を個々の区に分解すると、規模最大の市は横浜の358万弱となり、以下、大阪・名古屋・札幌などの政令指定都市が続く。300万を越えるのは横浜市のみであり、大阪と名古屋が200万台で続き、以下は100万台となる。一方、規模の小さい町村は、3000人未満が111を数えるが、その中でも、東京都の離島村である青ヶ島村・御蔵島村・利島村が200～300人規模でもっとも小規模であり、下位10村のうち、高知県大川村・和歌山県北山村の2山村以外はすべてが離島村である。このように、一口に市町村・対象地域といってもその規模は100万を超えるものから数百のものまで含まれ、そのなかば以上が数万程度のものであることは、考慮に入れておく必要がある。

表17　人口規模別地域数の分布（2005年国勢調査）

	～3000	～5000	～1万	～3万	～5万	～10万	～20万	～30万	～50万	～100万	100万～	全体
実数	111	117	267	505	266	278	154	44	51	23	11	1827
構成比	6.1	6.4	14.6	27.6	14.6	15.2	8.4	2.4	2.8	1.3	0.6	100.0

表18　人口規模最大・最小の市町村（2005年）

横浜市	神奈川県	3,579,628	十島村	鹿児島県	673
大阪市	大阪府	2,628,811	北大東村	沖縄県	588
名古屋市	愛知県	2,215,062	北山村	和歌山県	570
札幌市	北海道	1,880,863	大川村	高知県	538
神戸市	兵庫県	1,525,393	渡名喜村	沖縄県	531
京都市	京都府	1,474,811	三島村	鹿児島県	462
福岡市	福岡県	1,401,279	粟島浦村	新潟県	438
川崎市	神奈川県	1,327,011	利島村	東京都	308
さいたま市	埼玉県	1,176,314	御蔵島村	東京都	292
広島市	広島県	1,154,391	青ヶ島村	東京都	214

4-2　昼間人口と居住人口

　人口規模のトップ10の市は、いずれも政令指定都市であり、東京特別区を含めて、わが国を代表する大都市である。先に都市の定義に関連して鈴木

栄太郎のいう社会的交流の結節機関を持つという都市の特質にふれ、社会的交流の結節機関をとらえる代替的な指標として、昼間人口が考えられることを述べておいた。社会的交流の結節機関を多数持つ地域では、そこに居住する人口にとどまらず周辺の地域から多様な結節機関を利用する人口が昼間に流入して、居住人口を上回る数を示すことになろう。他方、結節機関を欠く地域では、昼間にこれら機関を利用するために流出し、昼間人口は居住人口を下回ることになるであろうというわけである。同じ2005年の国勢調査によって昼間人口の上位の都市を表示すると**表19**のようになる。

表19 昼間人口の規模の上位都市（2005年）

	A 昼間人口	B 居住人口	A-B 昼間流入人口	(A-B)/B 昼間人口超過率
大阪市	3,581,675	2,628,811	952,864	36.2
横浜市	3,205,144	3,579,628	-374,484	-10.5
名古屋市	2,516,196	2,215,062	301,134	13.6
札幌市	1,893,946	1,880,863	13,083	0.7
京都市	1,582,980	1,474,811	108,169	7.3
福岡市	1,571,184	1,401,279	169,905	12.1
神戸市	1,547,971	1,525,393	22,578	1.5
広島市	1,174,401	1,154,391	20,010	1.7
川崎市	1,154,436	1,327,011	-172,575	-13.0
仙台市	1,098,981	1,025,098	73,883	7.2
東京23区	11,284,699	8,489,653	2,795,046	32.9

居住人口のトップ10とは微妙な違いがあることに留意する必要がある。東京23区を別にするならば、昼間人口のもっとも多いのは、大阪市であり、居住人口上位の横浜市をしのいでいる。表18にはランクされていた「さいたま市」は抜けて、仙台市が加わっている。2つの表で順位にも微妙な違いがみられる。こうした点は、横浜市と川崎市で昼間人口が居住人口を下まわっていること、したがって昼間人口超過率がマイナスの数字になっていることを考慮することで理解できよう。横浜市も川崎市も多くの社会的交流の結節機関を持っており、それ自体として昼間人口を周辺の地域から吸引する力を持ってはいるものの、近くに東京という巨大な都市があり、その通勤・

通学圏内にあることから、より多くの東京通勤・通学者を排出していることが示されている。「さいたま市」が表19のリストから抜けているのも同じ現象に他ならない。一方、大阪市は周辺の市町から多数の通勤・通学人口を吸引して、東京23区に次ぐ昼間人口超過率を示している。かくして、昼間人口と居住人口の差は、通勤・通学による人口流入の状況を示すものとして、一定の意味を持つが、それぞれの地域の周辺地域との関係によって影響されることが大きい数値であるといわざるを得ない。単純に社会的交流の結節機関の多い都市で超過率が高く、それを欠く農村でマイナスを含めて低い数値になるというわけにはいかない。

　表20は、対象地域の都市・農村別に昼間人口超過率の状況を示したものであるが、明瞭な傾向を読み取ることは困難である。それは、こうした点を含めてさまざまな要因の影響を考えなければならないからであろう。いずれにしても、ベッドタウンから就業の場を欠く僻村までを含めて、昼間人口が居住人口を下回る地域、地域外に就業・就学の場を求めて流出することにより、昼間に人口の少なくなる地域が、全体では70.8％をしめ、農村では79.3％、（都市では67.1％）をしめる。他方、昼間に流入人口が居住人口を5％以上上回る地域は、全体で10.1％、都市で15.2％（農村では7.7％）をしめる。ちなみに、昼間人口超過率が最も高い地域は、居住人口が41,778に対して853,382という20倍を超える昼間人口を吸引している東京千代田区であり、最も低い地域は、人口23,928に対して昼間人口が15,244と居住人口の36.3％が流出する大阪府豊野町である。

表20　都市・農村別にみた昼間人口と居住人口の差（2005年）

	～-5%	-5～0%	0～5%	5%～	全体	実数
都市	54.8	12.3	17.6	15.2	100.0	414
準都市	42.0	25.1	22.7	10.1	100.0	207
中間	32.1	24.3	31.2	12.3	100.0	218
準農村	37.2	31.6	24.6	6.6	100.0	288
農村	56.2	23.1	13.0	7.7	100.0	700
合計	48.4	22.4	19.1	10.1	100.0	
実数	884	409	350	184		1827

5 人口の高齢化と家族

5-1 高齢化の進行

近年の高齢化の進行は地域にさまざまな問題を引き起こしているが、高齢化が広範囲に進行して、問題とされるようになったのは古いことではない。ここでは得られた資料の関係から 1990 年と 2005 年とを対比するが、1990 年と 2005 年との高齢者率別の市町村の分布は、大きく変化している。**表 21** に見るように、1990 年には、まだ 3 分の 2 ほどの市町村では高齢者率は 20％以内であったが、2005 年には高齢者率 20％以内の市町村は 23％にまで減少している。逆に高齢者率が 30％以上の市町村は、1990 年の 1.5％から 2005 年には 24.3％へと大きく増加している。高齢者率の高さが問題にされるのと同時に、その進行が急激であることが、今日の問題の重要なポイントの一つである。

表 21　高齢者率の変化

	～15%	～20%	～25%	～30%	～35%	35%～	全体	実数
1990	32.6	40.7	19.4	5.8	1.1	0.4	100.0	1596
2005	2.5	20.4	26.2	26.7	14.6	9.7	100.0	1827

1990 年当時には、高齢化問題はまだ広範な社会問題となってはいなかったというべきかと思われるが、**表 22** によって高齢者率の都市・農村別の分布を見ておくこととしたい。表 22 から読み取れることは、1990 年当時は、高齢化の進展は農村地域においてはすでにみられたが、都市地域ではなお大きく進行してはいなかったということであろう。都市地域の市町村の 4 割は高齢者率 10％未満であり、15％までをとらえると 9 割がそれに含まれた。しかし、農村地域では、この時期にすでに高齢者率が 20％を超える市町村が半数に近くなっていたし、25％以上という市町村も 14％に達していた。表のように 5％ごとに刻んだ場合、もっとも多数であるセルは、都市・準都市・中間地域では 10 ～ 15％であるが、農村・準農村では 15 ～ 20％となっている。

表22 高齢化率と都市農村別の関連（1990年）

	～10%	～15%	～20%	～25%	25%～	全体	実数
都市	39.0	49.7	10.7	0.0	0.6	100.0	177
準都市	4.8	44.8	44.0	6.4	0.0	100.0	125
中間地域	27.2	36.9	28.6	6.0	1.4	100.0	217
準農村	0.7	30.3	46.4	17.6	5.1	100.0	455
農村	0.0	3.4	48.7	33.6	14.3	100.0	622
合計	8.6	24.0	40.7	19.4	7.3	100.0	
実数	137	383	650	310	116		1596

　これに対して、2005年にはすでに広範な地域における高齢化の伸展が問題とされるにいたった。人口の高齢化については、いくつかの指標があるが、ここでは2007年3月末現在の住民登録人口に基づいて算出された人口に占める高齢者（65歳以上）の割合としての高齢者率によって、高齢化率の高い地域と低い地域とを選び出して見ると表23のようになる。高齢者率が最も高い地域は54.4％、最も低い地域は10.2％で、全国の地域の平均は25.7％となっている。表23にみる高齢者率の高い地域としては、主として山村地域が顔を揃えており、高齢者率の低い地域としては、大都市周辺部の地域が見出される。

表23　高齢者率の上位・下位10位の地域（2007年）

南牧村	群馬県	54.4	浦安市	千葉県	10.2
金山町	福島県	51.9	小笠原村	東京都	11.1
昭和村	福島県	51.6	青ケ島村	東京都	11.2
大豊町	高知県	51.1	富谷町	宮城県	11.5
天龍村	長野県	50.0	三好町	愛知県	11.5
大鹿村	長野県	49.3	長久手町	愛知県	12.2
神流町	群馬県	48.6	豊見城市	沖縄県	12.6
上関町	山口県	48.6	西原町	沖縄県	12.6
早川町	山梨県	48.3	南風原町	沖縄県	12.7
上勝町	徳島県	47.9	守谷市	茨城県	12.8

　こうした高齢者率の上位・下位の地域の分布から想定されるように、高齢化は、都市と農村とでその進行状況には大きな差が見出される。表24は、都市・農村等の地域類型別に、地域の高齢者率の状況を示している。農村に

おける高齢者率の高さ、高齢化の著しい進行が明らかに読みとれよう。都市の場合には、高齢者率が20％未満の地域が全体の6割を占めており、30％を越える地域は1.4％に過ぎない。それに対して農村では、20％未満の地域は4.1％に過ぎず、30％以上の地域が44.9％と半数に近い。

表24　都市農村別に見た高齢者率別の地域数（2007年）

	～20	～25	～30	30％～	全体	実数
都市	**60.6**	30.2	7.7	1.4	100.0	414
準都市	35.3	**37.7**	22.2	4.8	100.0	207
中間	17.9	**34.9**	26.6	20.6	100.0	218
準農村	9.0	29.9	**37.2**	24.0	100.0	288
農村	4.1	16.1	34.9	**44.9**	100.0	700
合計	22.9	26.2	26.7	24.3	100.0	
実数	418	478	487	444		1827

地域の問題として、また高齢者の生活の問題として、考える必要があるのは、こうした高齢化の進行している地域で、高齢者はどのように生活しているのか、子供世代などと一緒に生活しているのか、高齢者だけで生活しているのかといった問題であろう。後にふれる高齢単身世帯のように高齢者だけで生活している場合には、家族以外の形での高齢者の生活支援などの問題が浮上することになろう。

　高齢者を含む世帯がその地域の世帯に占める割合は、全国平均では27％、最も高い地域は57.2％、最も低い地域は3.1％となっている。高齢者率を少し上回るがほぼ同じくらいの割合となっている。それに対して高齢者のみの世帯の割合は、これより低く20.3％となっており、最も低い地域は5.6％であるが、世帯の50.6％が高齢者のみの世帯であるという地域も見られる。高齢者を含む世帯の場合は、20％から30％に半数以上の地域が含まれるが、高齢者のみの世帯の場合は、10％から20％の範囲に半数が含まれる。

　高齢者率が都市と農村でその進行に差をもっているだけに、この高齢者の世帯帰属の状況についても都市・農村の別が予想されるところであるが、その差異は鮮明ではない。ここでは表示は省略するが、傾向として、都市において高齢者のみの世帯が少なく（高齢者のみの世帯が25％以上の市町村は

4.8％)、農村においてそれが増加する（37.7％）ことが見られるが、その差は限定的である。いずれにしても、高齢単身世帯を含めて、高齢者のみの世帯がかなりの比重を持っている地域が生じていることは留意されなければならないところである。

5-2 世帯規模の縮小

高齢化とともに近年の社会において進行している事態の一つに世帯規模の縮小・小家族化の進行がある。表25は平均世帯員数別の市町村の分布を示しているが、1980年には3人から4人世帯という市町村が全体の68.6％を占めていたのに対して、2005年には34.6％とほぼ半分に減少し、これよりも0.5人小さい規模の2.5人から3.5人という市町村が77.8％を占めるにいたっている。1980年には3％近くみられた4.5人以上という規模の町村は2005年には皆無になっている。しばしば標準的な世帯構成とされる夫婦と子ども2人という4人以上の世帯である市町村は、2005年にはわずかに0.4％と例外的な存在になってしまっている。夫婦と子ども2人という構成のうち、子どもが1人だけか夫婦の一方が欠けた形が大多数の世帯像になりつつあるといわざるを得ない。

表25 世帯員数の変化

	～2.5人	～3人	～3.5人	～4人	～4.5人	4.5人～	全体	実数
1980	0.8	8.6	31.6	37.0	19.2	2.8	100.0	1596
2005	17.1	47.6	30.2	4.8	0.4	0.0	100.0	1827

表26にみるように、世帯の規模は都市と農村とでかなりの違いがあるが、1980年からの四半世紀の間にその違いも大きく変わってきている。1980年には、都市では世帯規模が3人未満という市町村が3割を超え、87％の市町村で3.5人未満の世帯となっている。1980年にすでに2005年の全国平均の世帯規模の分布に近い状況になっている。これに対して農村地域では、3.5人以上の規模の市町村が4分の3におよんでおり、表示はしていないが4人以上という市町村が4割を超えている。都市と農村とでは世帯規模にか

なりの差異があり、3人未満という小規模な世帯の市町村は都市でだけ3割以上という広がりを示していたが、その他の地域類型では、ごく少数にとどまっていた。

表26　都市・農村別の世帯規模別市町村の分布の変化

		～2.5人	～3人	～3.5人	3.5人～	全体	実数
1980	都市	0.6	29.9	**57.1**	12.4	100.0	177
	準都市	0.0	4.8	44.8	**50.4**	100.0	125
	中間地域	1.8	11.1	**56.2**	30.8	100.0	217
	準農村	1.3	5.5	24.4	**68.8**	100.0	455
	農村	0.3	4.8	18.5	**76.4**	100.0	622
	合計	0.8	8.6	31.6	58.9	100.0	
	実数	13	138	505	940		1596
2005	都市	29.4	**64.5**	6.0	0.2	100.0	414
	準都市	11.6	**68.1**	20.3	0.0	100.0	207
	中間地域	24.8	**52.3**	22.5	0.5	100.0	218
	準農村	14.6	40.3	**42.0**	3.1	100.0	288
	農村	10.1	33.1	**44.9**	11.9	100.0	700
	合計	17.1	**47.6**	30.2	5.1	100.0	
	実数	312	870	551	94		1827

　これに対して、2005年の状況についてみていくと以下のようになる。全国の地域についてみれば、1世帯あたりの人数は半数近くが2.5人から3人となり、全地域の平均は2.9人で、規模のもっとも小さい地域の場合は1.6人、もっとも大きい地域で4.4人となっている。このように世帯の規模は全体に小さくなったが、都市の場合はさらに小さく、農村の場合はやや大きい。すなわち、都市では、3人未満に91.3％が含まれるのに対して、農村では同じ規模には42.5％が含まれるに過ぎない。他方、3.5人以上の地域は都市では1地域（0.2％）のみであるのに対して、農村では11.9％を占める。都市―準都市―中間―準農村―農村という系列にしたがって、おおむね、規模が順次大きくなる傾向をみせている。こうした傾向は、以前から指摘されていたところではあるが、その傾向はともかくも維持されているとみることができる。しかしながら、全体的に規模の縮小が進んだ結果、世帯規模の上での都市と農村の差異はずっと小さくなったといえよう。印象に過ぎないことで

あるが、1980年には都市に比べて農村ではほぼ1人程度世帯の規模が大きかったように見える。それに対して2005年ではせいぜい0.5人程度の差に縮まってきているように見える。

表27 地方別の世帯規模別市町村の分布の変化

		～2.5人	～3人	～3.5人	3.5人～	全体	実数
1980	北海道	0.0	17.8	**52.5**	29.6	100.0	118
	東北	1.0	1.5	9.9	**87.7**	100.0	203
	関東	1.4	10.4	28.9	**59.3**	100.0	211
	北陸	0.0	0.0	15.0	**85.1**	100.0	127
	中部	0.0	1.7	23.7	**74.6**	100.0	236
	近畿	1.1	5.1	35.8	**58.0**	100.0	176
	中国	0.7	13.8	**50.7**	34.9	100.0	152
	四国	1.0	17.0	**50.0**	32.0	100.0	100
	九州	1.5	15.0	35.5	**48.0**	100.0	273
	合計	0.8	8.6	31.6	**58.9**	100.0	
	実数	13	138	505	940		1596
2005	北海道	**49.4**	48.3	2.2	0.0	100.0	180
	東北	1.3	26.4	**48.1**	24.2	100.0	231
	関東	20.5	**44.6**	29.6	3.3	100.0	334
	北陸	2.3	29.1	**58.1**	10.5	100.0	86
	中部	5.1	**52.7**	39.5	2.7	100.0	256
	近畿	14.6	**53.0**	29.9	2.6	100.0	234
	中国	12.5	**62.5**	23.2	1.8	100.0	112
	四国	28.1	**62.5**	9.4	0.0	100.0	96
	九州	18.4	**53.4**	27.2	1.0	100.0	298
	合計	17.1	**47.6**	30.2	5.1	100.0	
	実数	312	**870**	551	94		1827

世帯の規模は地方別の差異もしばしば指摘されているところである。表27にみるように、1980年には東日本と西日本、具体的には東北・北陸・中部と中国・四国との間でかなりはっきりした差が読み取れた。これらの中間に関東・近畿・九州が位置づけられた。北海道も規模の小さい地方とほぼ同じ状況であった。

これに対して2005年になると、1980年とはかなり異なった形で地方別の違いが現れるようになる。小規模化が最も顕著なのは北海道である。ここ

では2.5人未満、2.5〜3人という規模の小さい部分に全市町村のほぼ半分ずつが属することになり、3人を超える市町村はごくわずかになってしまっている。これについで小規模化が進んでいるのが、四国・中国・九州であり、関東と近畿がこれに続いている。相対的に規模の大きい世帯が多いのは東北と北陸である。東日本と西日本という分岐は残っているものの、都市の比重の大きい関東は小規模なグループに移行しており、同じく都市の比重の大きい近畿とほぼ同じ状況になっている。個々の府県についてみると、世帯規模の大きい地域が多い県として、山形（3人以上が88.6％、うち3.5人以上が65.7％）、新潟（3人以上が74.2％）など、小さい所として東京（2.5人以下が82.2％、うち2人以下が21％）などが際立っている。

5-3 家族形態の状況

世帯規模が大きいという場合に、子供の数が多いという場合とさまざまな親族を含んで家族形態が複雑であるという場合とが考えられる。家族の形態として国勢調査からとらえられるのは、核家族と単身世帯である。核家族率は、表28にみるように、一般世帯の規模とよく似た傾向を示している。全国の地域についてみると、平均の核家族率は56.4％、もっとも多い地域では78.1％、最も少ない地域では30.2％、となっている。

表28　都市・農村別にみた核家族率別の地域数（2005年）

	〜45%	〜50%	〜55%	〜60%	60%〜	全体	実数
都市	2.4	2.9	8.9	21.0	64.7	100.0	414
準都市	1.0	2.9	14.0	34.3	47.8	100.0	207
中間	2.3	6.4	25.7	42.2	23.4	100.0	218
準農村	4.5	14.6	23.6	31.3	26.1	100.0	288
農村	14.1	21.6	30.0	21.1	13.1	100.0	700
合計	7.1	12.3	21.9	26.7	32.0	100.0	
実数	129	225	400	488	585		1827

表にみるように、都市では、核家族率60％以上の地域が、64.7％を占めているのに対して、農村では13.1％に過ぎない。逆に核家族率が50％に満たない地域は、農村では35.7％であるのに対して、都市ではわずか5.3％に

過ぎない。もちろん、国勢調査などの統計調査によって示された核家族率については、その解釈に一定の配慮が必要である。統計調査において核家族ととらえられた、典型的には夫婦と未婚の子女からなる世帯には、夫婦の結婚によって新たに成立し、子供が生まれるにつれて規模を拡大し、成人して婚出することで縮小し、夫婦の死亡によって消滅する、1代限りの核家族だけでなしに、親夫婦のもとに結婚後も後継者が同居していく直系家族がその生活周期の過程で一時期を経過する、夫婦と未婚の子女のみという家族も含まれている。国勢調査などの統計調査においては、1代限りの核家族と直系家族の生活周期の一過程である核家族とを区別することなく、一律に核家族として計上している。長寿化によって親夫婦と後継者夫婦が同居する期間が長くなることから、直系家族を主体とする地域における核家族の割合はむしろ低下する。こうした事情を考慮に入れた上で、核家族化の進行は都市においては顕著であるのに対して、農村においては直系家族がなお優位にある中で核家族化も進行しているものと見ることができよう。都市と農村における家族のあり方には、多分に大きな差異がうかがわれるのである。

　核家族率に比べれば、都市と農村による差異は明瞭さを減じるが、単身世帯の割合もまた地域による差異を含んでいる。単身世帯の増加は、近年の家族の変化の一つの特徴であり、2005年の国勢調査においては、全国の地域の平均は23.4％であり、単身世帯が最も多い地域では68.7％、最も少ない地域では6.9％と、大きな開きが見られる。表29は、単身世帯の割合別の地域を都市・農村等の類型に応じて示したものである。

表29　都市農村別にみた単身世帯の割合別の地域数（2005年）

	～15%	～20%	～25%	～30%	30%～	全体	実数
都市	2.4	15.7	26.3	23.4	32.1	100.0	414
準都市	5.8	19.3	32.9	27.1	15.0	100.0	207
中間	1.4	20.2	28.9	25.2	24.3	100.0	218
準農村	8.3	34.0	24.0	20.5	13.2	100.0	288
農村	23.3	29.6	25.1	13.7	8.3	100.0	700
合計	11.6	24.8	26.5	19.9	17.1	100.0	
実数	212	454	485	363	313		1827

都市の場合には、半数を超える55.5％が単身世帯25％以上であるのに対して、農村の場合には、逆に52.9％が20％未満である。しかし、都市・農村を問わず多くの地域において単身世帯がその比重を大きくし、都市のうちの三分の一の地域では30％以上となっていることは重要なことであろう。家族という形をとらない一人暮らしの増加は、家族や地域の変動における重要な兆候の一つというべきであろう。

表30　単身世帯のうち高齢単身世帯の割合別の地域数（2005年）

	～25%	～35%	～50%	50%～	全体	実数
都市	41.8	36.2	18.6	3.4	100.0	414
準都市	30.4	26.6	34.3	8.7	100.0	207
中間	22.0	24.3	33.0	20.6	100.0	218
準農村	11.1	21.5	44.4	22.9	100.0	288
農村	5.0	11.1	31.0	52.9	100.0	700
合計	19.2	21.8	30.9	28.1	100.0	
実数	351	398	565	513		1827

　単身世帯はそれ自体、多様な契機で生まれているが、容易に想定されるのは、核家族から未婚の子女が独立して結婚までの期間を単身で過ごす若年単身世帯と、子女が独立した後に配偶者を失って単身となった高齢単身世帯の存在であり、この両者が増加していることが、今日の単身世帯の増加の要因をなしているということであろう。表30は、それぞれの地域における単身世帯にしめる高齢単身世帯の割合別の地域数を都市・農村などの地域類型ごとに示したものである。ここからは、単身世帯の内容についての都市と農村の差異が明瞭に見出される。すなわち、都市の場合には、単身世帯のうち高齢者のそれが占める割合が3分の1以下の地域がほとんどで、半数以上が高齢者単身世帯である地域は3.4％に過ぎない。他方、農村の場合には、半数以上が高齢者単身世帯であるという地域が52.9％を占めており、それが3分の1以下の地域は16％程度にとどまる。この結果から単身世帯は、極言すれば、都市の場合には若年単身世帯、農村の場合には高齢者単身世帯を、その主要な部分としているということになろう。都市における晩婚化や非婚化と少子化の問題、農村における若年層の流出と高齢化の問題の一端がここ

に現れていると見ることができよう。

6　人口変動の推移

6-1　四半世紀の人口変動

　ここで取り上げてきている1980年時点と2005年時点のデータに基づいて、市町村別の人口変動についてまず検討しておくこととしよう。両年度の市町村の人口規模を対比すると、2005年には、1980年に比して人口規模の大きい市町村の割合が大きくなったことはすでにふれてきた。その主要な理由は、この間に行われた大規模な市町村合併の結果、統合された規模の大きな市町村が生み出されたためであり、これらは、地域の実態的な変化というよりも、むしろ市町村合併という制度上の変化がもたらしたものであった。しかし、1980年と2005年との比較では、実態的な変化にも大きいものがある。まず、それぞれの時期における10年間の人口規模の変化は、**表31**に見るように、激しい人口移動の見られた1970〜1980年と、移動が沈静化した1995〜2005年としてとらえられる。すなわち、10年間の人口増減が10％未満であった比較的安定的な市町村（表中の〜100％と〜110％）は、1970〜1980年には全国の市町村の半数をやや超える程度であったが、1995〜2005年には7割を超えるまでになっている。また、この間に50％以上人口の増加した市町村は、前者では4.7％見られたが、後者では0.2％にとどまっており、50％以上減少した市町村は、前者では0.4％見られたが、後者では皆無となっている。

表31　10年間の人口規模の対比

	〜30%	〜50%	〜70%	〜90%	〜100%	〜110%	〜130%	〜150%	〜200%	200%〜	全体	実数
1970〜80	0.1	0.3	2.1	21.2	32.0	20.5	15.2	4.1	3.6	1.1	100.0	1596
1995〜05	0.0	0.0	0.1	21.5	44.0	26.4	7.6	0.2	0.2	0.0	100.0	1827

表32　1970〜1980年、1995〜2005年の人口規模の変動の地方別分布

		~70%	~90%	~100%	~110%	~130%	~150%	150%~	全体	実数
1970〜1980	北海道	8.5	**56.8**	16.9	8.5	6.8	1.7	0.8	100.0	118
	東北	2.0	18.7	**53.7**	16.3	6.4	1.5	1.5	100.0	203
	関東	0.9	3.8	16.6	25.6	**29.9**	6.6	16.5	100.0	211
	北陸	2.4	16.5	**40.9**	26.0	11.0	2.4	0.8	100.0	127
	中部	1.7	16.1	**26.7**	25.8	21.6	4.7	3.4	100.0	236
	近畿	1.7	11.9	**29.0**	23.3	17.0	9.7	7.4	100.0	176
	中国	0.0	30.9	**37.5**	15.8	11.8	2.0	2.0	100.0	152
	四国	8.0	24.0	26.0	**34.0**	4.0	3.0	1.0	100.0	100
	九州	1.5	27.1	**35.5**	13.6	15.0	3.7	3.7	100.0	273
	合計	2.5	21.2	32.0	20.5	15.2	4.1	4.7	100.0	
	実数	38	338	510	327	242	66	75		1596
1995〜2005	北海道	0.0	**56.1**	30.6	10.0	3.3	0.0	0.0	100.0	180
	東北	0.0	28.1	**53.7**	15.6	2.2	0.4	0.0	100.0	231
	関東	0.3	5.4	38.6	**43.4**	11.7	0.0	0.6	100.0	334
	北陸	0.0	18.6	**54.7**	20.9	4.7	0.0	1.2	100.0	86
	中部	0.0	13.7	35.5	**39.5**	10.5	0.8	0.0	100.0	256
	近畿	0.0	18.8	**43.6**	27.8	9.4	0.0	0.4	100.0	234
	中国	0.0	27.7	**51.8**	17.9	2.7	0.0	0.0	100.0	112
	四国	0.0	37.5	**42.7**	16.7	3.1	0.0	0.0	100.0	96
	九州	0.0	15.8	**52.7**	21.5	10.1	0.0	0.0	100.0	298
	合計	0.1	21.5	44.0	26.4	7.6	0.2	0.2	100.0	
	実数	1	393	804	483	139	3	4		1827

　表32は、表31にみた二つの時期における人口規模の対比を地方別に表示したものである。まず、上段の人口増減の激しかった1970年〜1980年の時期には、地方別に増減の状況に大きな差異が見られた。目を引くのは、10年間に50％以上人口の増加した人口急増地域が多いのは関東（16.5％）で、全国平均の3倍以上の厚みがあり、第2位の近畿を大きく上回っている。関東では10％以上人口が増加した市町村が半数以上に達しており、それが3割前後の近畿・中部を引き離している。北海道・東北・四国では、この間に10％以上人口の増加をみせた市町村は1割に満たない。一方、10％を超えた減少を見せた市町村の多い地方としては北海道があげられ、ここでは3分の2に及ぶ市町村が10％以上の人口減少をみせている。30％以上の減少

という市町村の割合も北海道が多いが、四国もこれとほとんど並んでいる。10％以上の人口減少を見せた市町村の割合は、北海道が断然多いが、それに続いて、四国（32％）、中国（30.9％）、九州（28.6％）の各地方が全国平均を上回っている。人口の増減が10％以内の人口増減の少なかった地域は、東北と北陸に多く、これらの地方のそれぞれ7割、6割がここに含まれている。1970年から1980年にいたる時期は、北海道・中国・四国などから関東・近畿・中部などに向かって激しい人口移動が進んだことが示されている。

　これに対して、全体としては人口の移動が沈静化したと見られる、下段の1995年から2005年の時期についてみると、北海道だけがこの間に半数以上の市町村で10％以上の人口減少を示したほかは、東北・北陸・近畿・中国・四国・九州とほとんどの地方で、半数前後の市町村が10％未満の人口減少を示しており、関東と中部は10％未満の人口増加をみせた市町村が多いものの、上段の場合に比べて増加率は低く、全体的に地方別の差異は小さくなっているということができよう。

6-2　人口移動の時系列的動向

　人口移動が激しかったのは、1970年から1980年の間だけではなかった。大規模な人口移動は、半世紀あまりにわたってわが国の地域社会の変動の重要な現象であった。都市の発展と都市人口の急増、農業・農村人口の流出として現れた地域人口の変動は、わが国の各地域にそれぞれ大きな影響を与え、地域の様相を変化させた。それだけに、上にとらえた二つの時期の人口の移動についても、より長いスパンの変動の中に位置づけて考察する必要があると思われる。しかし、この間における地域の人口の変化をとらえることは単純ではない。この間に大規模な市町村合併が行われてきただけに、特定の市町村の人口統計をたどっても、この間における都市化・脱農業化の帰結としての人口量の変化と市町村の区域の変化による人口の変化とを区別することができない。市町村の区域の変化による人口量の変化を除外して、社会的な変動としての人口変動を明らかにするには、いずれかの時期の市町村区域に合わせて他の時期の人口統計を統合・分割するなどの作業を行わなければならない。

幸い、日本統計協会『市町村人口の長期系列―平成の大合併後の市町村境域による遡及人口系列―』（平成17年　日本統計協会）は、1920（大正9）年から2000（平成12）年までの各回の国勢調査の結果を、おおよそ2005年現在の市町村の境域に合わせて整理し表示している。これに2005年の国勢調査の結果を加え、本分析における2007年現在の市町村境域にあわせるという若干の修正を加えることによって、われわれの扱っている市町村の統計資料と結び付けて、町村合併の影響を除いた人口変動をとらえることができる。すなわち、平成の大合併によって設定された市町村域に含まれることになった町村は、すでに以前からそこに含まれていたものとして把握し、その結果とらえられた人口量の推移を検討するものである。ここでの分析の趣旨からいえば、合併後の市町村境域を合併以前の旧市町村域に分解してその人口量をたどることができれば、より望ましいのではあるが、合併後にその境域を旧市町村単位に分解した統計結果は一般的には公開されていないので、こうした分析を行うことは不可能である。ここでは、1955年以降の各回の国勢調査による地域の人口を、2007年現在の市町村編成に基づいて整理した結果によって、この間のそれぞれの地域の人口の変化を跡付け、考察することにしよう。

　まず、**表33**は、1955年から2005年まで5年ごとに行われた国勢調査に基づく各地域の人口について、各5年間の増減率の概要を示している。例えば、1955年～1960年の数値は、各地域の1960年の人口数から1955年の数を引き1955年の人口数で除した数値である。この表から、まず1960年以降に大幅な人口変動が生じ、1970年代後半までその趨勢は強まりながら持続していたこと、しかし1980年頃からその勢いは鈍化し、変動幅も小さくなっていたこと、さらに1980年代後半を変動幅の底として、その後再び変動幅を広げる傾向を見せていること、などの点が指摘できる。ただし、近年の動向では、人口の増加基調にあった以前とは異なって、平均値はマイナスを示すようになり、人口の減少する地域がむしろ多数を占めるようになっていることがうかがえる。その点に人口変動の基調の変化が見出せる。人口の増加においても減少においても、最大値・最小値として示される変動

幅の大きかった地域の変化率が著しく大きいことは注意する必要がある。

表33　各年国勢調査間の人口変動率の概観

	平均	標準偏差 (n-1)	最大値	最小値
1955～1960	0.1	10.6	90.3	-22.3
1960～1965	0.2	18.9	178.2	-66.0
1965～1970	0.8	19.0	193.8	-44.5
1970～1975	3.7	16.3	156.5	-52.3
1975～1980	3.4	11.0	100.5	-22.7
1980～1985	1.8	7.1	48.7	-25.6
1985～1990	-0.1	7.7	78.5	-33.8
1990～1995	0.3	6.5	59.2	-22.7
1995～2000	-1.0	5.9	85.2	-100.0
2000～2005	-2.1	4.9	35.7	-32.8

　個々の地域の人口増減率を集計した結果が、**表34-1**、**表34-2**であり、表34-1は、増減率をやや詳細に示し、表34-2は、それを大きく3区分して趨勢をより鮮明に示そうと試みたものである。なお、表34-1の「不明」は、5年前の国勢調査データの欠けているもので、復帰した沖縄の町村や新設された大潟村などが含まれる。表34-2では、国勢調査間の5年間における人口の変化が±5％以内の、変化が少なく安定していた地域と、5％以上増加を見た地域、5％以上減少を見た地域のそれぞれの構成比を示している。1955年から1960年には半数以上が安定した地域であったが、1960年以降人口減少地域が4割以上をしめるようになり、急激な人口流出と一部の地域への流入が顕著になったことがみてとれる。1970年以降になると人口の大規模な移動は沈静化し、安定的な地域の割合が大きくなるが、その一方で人口の増加する地域の比重はむしろより大きくなる。この傾向が変化するのは1985年以降で、人口増加地域よりも減少地域が大きな割合を示すようになる。さらに2000年以降には、増加地域がごく小数になるとともに減少地域が再び比重を大きくするという傾向をみせる。こうしてみるとわが国の50年間の人口の移動は、その量的な大きさと同時に短期間のうちにめまぐるしく趨勢の変化した、変化の急激さという点でも、注目すべき現象であっ

たことが理解できよう。

表34-1 各年国勢調査間の人口増減率別地域数

	～-10%	～-5%	～0%	～5%	～10%	～15%	15%～	全体	不明
1955～1960	4.0	26.7	34.7	17.0	6.7	3.3	7.5	100.0	
	73	488	634	310	123	61	136	1825	2
1960～1965	18.9	26.4	21.9	11.4	6.4	4.1	10.9	100.0	
	342	477	397	206	116	74	198	1810	17
1965～1970	22.5	19.2	21.5	12.7	7.2	4.4	12.5	100.0	
	408	349	390	230	131	79	227	1814	13
1970～1975	11.1	13.5	22.9	19.3	11.4	7.1	14.8	100.0	
	201	246	416	351	207	129	269	1819	8
1975～1980	3.9	9.4	26.5	29.7	14.0	7.1	9.5	100.0	
	71	172	484	542	256	129	173	1827	
1980～1985	2.7	8.4	31.3	33.1	15.0	5.4	4.1	100.0	
	50	153	572	605	274	98	75	1827	
1985～1990	4.4	16.6	36.1	25.0	10.7	4.1	3.2	100.0	
	81	303	658	456	195	74	58	1825	2
1990～1995	1.8	15.5	36.1	29.2	11.4	3.3	2.7	100.0	
	33	284	660	533	208	60	49	1827	
1995～2000	2.1	16.7	43.1	27.4	8.0	1.9	0.8	100.0	
	38	305	787	501	146	34	15	1826	1
2000～2005	3.6	22.9	42.6	24.4	5.3	0.6	0.7	100.0	
	66	418	777	445	96	11	12	1825	2

表34-2 各年国勢調査間の人口増減率別地域数（3区分）

	－5%以上	±5%以内	＋5%以上	全体
1955～1960	30.7	51.7	17.5	100.0
1960～1965	45.2	33.3	21.4	100.0
1965～1970	41.7	34.2	24.1	100.0
1970～1975	24.6	42.2	33.3	100.0
1975～1980	13.3	56.2	30.5	100.0
1980～1985	11.1	64.4	24.5	100.0
1985～1990	21.0	61.0	17.9	100.0
1990～1995	17.4	65.3	17.4	100.0
1995～2000	18.8	70.5	10.7	100.0
2000～2005	26.5	67.0	6.5	100.0

また、表34-1においては、1960～1975年の15年にわたる期間には5年間に15％以上の人口増加という大幅な人口増を示した地域が相当数を占

めたこと、その一方で、同じ時期に5年間で10%以上の人口減少をみせた地域が1割以上を占め続け、1965〜1970年には2割をこえていたこと、表34-2では安定している地域としたが、5%未満を含めて人口の減少している地域を合計すると、1995〜2000年では61.9%、2000年以降は69.1%にのぼり、最近になって人口の減少する地域の比重が極めて高くなっていることに留意しなければならない。

6-3 地域人口の膨張と縮小

このように人口の増減を重ねた結果、10年、20年以前と対比すると地域の人口は、あるいは大きく膨張し、あるいは縮小することになる。10年毎の変化を示したものが**表35**である。1995年から2005年までの最近の10年間でみると、対象とする全国の地域のうち7割は10%未満の人口増減にとどまっている。しかし、1985年からの20年間では、10%未満の増減に収まる地域は全国の3分の1に、1975年からの30年間では4分の1に、1955年からの50年間ではわずかに1割に過ぎない。この半世紀の間に大きな人口変動が全国的に生じたことが明らかになる。人口規模の膨張についてみると、1995年以降の10年間だけで50%以上も膨張した地域が4地域あるのをはじめとして、1955年からの50年間には全国の4分の1を超える465地域が50%以上の膨張を示しており、多くの地域に人口集中がみられたことをうかがわせる。一方の人口規模の縮小においては、地域人口が半減する50%を上回る縮小地域が、1985年からの20年間で1地域みられたのをはじめとして、1955年からの50年間では13.6%にのぼる249地域で生じていることは衝撃的なことである。そして、10%を超える膨張・縮小を見た地域を合計すると、膨張したのは、1995年からが8%、1985年からが25%、1975年からが36.2%、1965年からが39.4%、1955年からが39.3%となり、他方、縮小した地域は、1995年からが21.6%、1985年からが39.5%、1975年からが40%、1965年からが46.3%、1955年からが50.9%と、いずれの時期も縮小した地域のほうが多数を占めており、また変動の進行した時期に微妙な差異が見られることも指摘できよう。

表35 地域人口規模の変化

人口比率	～50%	～70%	～90%	90%～110%	～130%	～150%	150%～	全体	実数
1995	0.0	0.1	21.5	70.4	7.6	0.2	0.2	100.0	1827
1985	0.1	3.9	35.5	35.5	18.2	4.7	2.1	100.0	1827
1975	1.2	10.2	28.6	23.8	14.7	10.1	11.4	100.0	1827
1965	7.6	18.9	19.8	14.3	9.5	7.2	22.6	100.0	1825
1955	13.6	19.6	17.7	10.8	7.9	4.9	25.5	100.0	1825

（2005年の人口を各年の人口で除した数値別の地域数）

表36 1995年との対比における2005年の人口の膨張・縮小状況別地域数

人口比率	～90%	90%～110%	～150%	150%～	全体	実数
都市	3.4	81.4	15.0	0.2	100.0	414
準都市	6.3	77.8	15.5	0.5	100.0	207
中間	27.5	65.1	7.3	0.0	100.0	218
準農村	24.0	71.5	4.5	0.0	100.0	288
農村	34.0	63.0	2.7	0.3	100.0	700
合計	21.6	70.4	7.8	0.2	100.0	
実数	394	1287	142	4		1827

表37 1955年との対比における2005年の人口の膨張・縮小状況別地域数

人口比率	～50%	～90%	90%～110%	～150%	150%～	全体	実数
都市	1.0	7.2	7.0	13.5	71.3	100.0	414
準都市	2.4	22.2	14.0	20.3	41.1	100.0	207
中間	17.5	31.8	15.2	14.7	20.7	100.0	218
準農村	14.6	46.2	13.5	17.0	8.7	100.0	288
農村	22.9	57.7	9.6	7.7	2.1	100.0	700
合計	13.6	37.3	10.8	12.8	25.5	100.0	
実数	249	681	197	233	465		1827

半世紀における地域人口の膨張と縮小というとき、直ちに想起されるのは、都市化の進行にともなって都市における人口の膨張が進み、農村からの人口流出によって人口規模の縮小が生じているという事態である。しかし、ここでのデータはそれほど明確にこの状況を反映するものとなってはいない。表36は2005年までの10年間の人口変動の都市・農村別の分布を、また表37は1955年からの50年間にわたる人口変動の分布を示している。いずれにおいても、大きな傾向としては、都市における人口の膨張、農村における人口の縮小という形をみせている。しかしながら、その分岐はさほど明瞭で

はない。最近10年間の変動においては、この間に10%以上人口規模を縮小した地域が都市においても14地域（3.4%）みられ、50%以上も人口規模を膨張した地域が農村で2地域（0.3%）みられる。いずれも少数事例とはいえ、無視することも問題があろう。同じことは1955年からの50年間の変動についても指摘せざるを得ない。50年間に人口を半減させた都市が4地域あり、逆に人口規模を50%以上膨張させた農村が15地域（2.1%）もみられる。もちろん、地域の人口変動をもたらす要因は一様ではない。一般的な方向性以外に、個別的な要因が介在することは大いに想定できる。とりわけ合併によって、広い地域を統合した場合には、そこに含まれるそれぞれの地域の事情によって、複雑な変化を示すことを考慮しなければならない。あるいはまた、増減率の場合には規模の小さい地域では多少の異動が率としては大きい数字となって現れることも考慮しなければならない。しかし、そうした少数事例を考慮に入れた上で、やはり大きな傾向を改めて確認しておきたい。表37にみるように、都市の7割以上では、この50年間に50%以上の人口規模の膨張を見ており、他方農村では、同じく50年間に8割を超える地域が10%以上の、4分の1が50%以上の人口規模の縮小をみているのである。都市においては、人口が10%以上縮小した地域は、8.2%にとどまり、他方農村では、人口が10%以上膨張した地域は9.8%に過ぎないのである。都市・準都市・中間・準農村・農村という地域類型の系列と人口の膨張・縮小の傾向もほぼ対応していることも指摘しておいてよいであろう。都市において人口規模が膨張するとき、都市が発展すると表現する。農村において人口が半減するとき、それを何と表現するのであろうか。

6-4　地域人口の変動パターン

すでにみてきたように、わが国の地域社会は、この数十年の間に大きな変化を遂げてきた。とりわけ目につく現象として、地域の人口規模の変動があげられる。先にふれたように、対象とした全国の地域のなかには、1955年から2005年までの50年の間に、人口規模を半減させた地域も少なくないと同時に、同じ期間に人口規模を倍増させた地域も見られる。さらには、こ

うした大きな人口変動のみられる一方で、50年間を通じて少なくとも人口規模においてはさして大きな変動を見なかった地域も多い。こうした地域の人口規模の動きは、それぞれの地域において生じたより内容的な変化の反映したものであろうが、端的に一律の数値でとらえられるものであるだけに、地域変動の主要な指標として位置づけることができる。

ところで、1955年から2005年までの半世紀に及ぶ期間には、好況期も不況期もあり、オイルショックをはじめ何回かの経済的ショックを経験するなどの、さまざまな経済変動が含まれており、決して一律に平坦な時期が続いたわけではない。したがって、50年間に、あるいは人口が半減し、あるいは倍増したという場合にも、それらの増加・減少は、一様に進行したわけではない。今、50年間の人口増減の程度によって対象地域を区分した上で、それぞれの地域が主として50年間のどの時期に人口の変動を経験したのかをとらえることとしたい。この間の5年ごとの国勢調査によってとらえられた人口の変動については、すでに示したところであるが、先の表37に示した1955年と2005年との人口の対比に基づいて、50年間の人口規模の変化によって、全国の市町村を5つに分類し、それぞれについてその間の5年ごとの変動率を検討することとしたい。50年間の変化について、ここでは

① 1955年に対して2005年には人口が50％以下になった地域 （249地域）
② 人口が50〜70％になった地域 （358地域）
③ 人口の増加または減少が30％以内であった地域 （664地域）
④ 人口が30％以上2倍以内に増加した地域 （247地域）
⑤ 人口が2倍以上に増加した地域 （307地域）

の5つに区分した。先に示したようにこの数値は合併等の市町村区域の変化についての修正を加えたものである。また対象としてきた地域のうち2地域（秋田県大潟村と東京都小笠原村）は、55年以降に居住が開始されたことから50年間の変化をとらえられないことから不明として除外してある。これらのそれぞれについて、5年毎の人口の変化の状況を示したのが、**表38**の5つの表である。

表38　5年毎の人口増減率別地域数──1955年に対する2005年の人口規模により区分
(1)　1955年に対して人口が50%以下に減少した地域（249地域）

人口増減率	～-10%	～-5%	～0%	～5%	～10%	～15%	15%～
1955～1960	18.5	**40.2**	21.7	12.9	1.6	2.4	2.8
1960～1965	**74.7**	16.0	6.3	2.1	0.8	0.0	0.0
1965～1970	**90.9**	6.6	2.1	0.4	0.0	0.0	0.0
1970～1975	**62.8**	29.3	7.0	0.4	0.0	0.4	0.0
1975～1980	24.1	**47.4**	24.9	3.2	0.4	0.0	0.0
1980～1985	18.5	**45.0**	32.9	3.2	0.4	0.0	0.0
1985～1990	26.3	**57.5**	13.0	2.8	0.4	0.0	0.0
1990～1995	11.2	**56.6**	28.5	2.0	1.2	0.4	0.0
1995～2000	12.5	**56.9**	25.8	2.8	0.8	0.4	0.8
2000～2005	23.9	**57.1**	15.0	2.8	0.4	0.0	0.8

　表38-(1)は、もっとも大きく人口の減少した地域の場合である。ここでまず注目されるのは、最初の5年間である1955年から1960年における変化では、20%近くの地域が人口の増加を示しており、6.4%は5年間に10%以上の増加をみているのであるが、1960年以降になると、いずれの5年毎の時期においても人口の増加を見た地域は5%におよばないことである。もちろん1960年までの時期には、これらの地域の6割近くが5%以上の人口減少を示していたのではあるが、その減少の状況は(2)(3)表に示した50年間の人口減少がより緩やかな地域の減少傾向とほとんど差が見られない。それに対して、1960年以降、特に1960～1975年までの15年間には、5年間に10%をこえる人口の減少を示す地域が急増する。なかでも1965年から1970年の5年間には、これらの地域の9割以上が10%以上の人口の減少をみている。5年間に10%以上の人口の減少というのは、この当時問題化した「過疎」の指標の一つとされたものである。それに対して1975年以降になると5年間に10%以上という大幅な減少をみる地域は相対的に少なくなり、多くの地域が5%ないしはそれ以下の減少を示すようになる。このことから指摘できるのは、これらの地域の人口減少は、主要には1960年以降に生じた現象であり、1970年代半ばまでの間に大量の人口流出を示したものと思われる。1970年代の後半以降になると、これらの地域における人口減少のテンポは鈍くなったが、その後も減少基調は変わらない。さらに、

1990〜1995年を底にするような形で、1995年以降の2つの時期においては、僅かながら、5年間に10％以上あるいは5％以上減少する地域が増える傾向に転じたことがうかがえる。

(2) 1955年に対して人口が50〜70％に減少した地域（358地域）

人口増減率	〜−10％	〜−5％	〜0％	〜5％	〜10％	〜15％	15％〜
1955〜1960	3.6	**46.1**	34.4	12.3	2.2	0.8	0.6
1960〜1965	35.8	**50.7**	10.4	3.1	0.0	0.0	0.0
1965〜1970	45.9	**46.2**	7.3	0.6	0.0	0.0	0.0
1970〜1975	10.6	40.3	**43.7**	4.2	0.6	0.6	0.0
1975〜1980	2.5	9.8	**70.1**	15.4	2.2	0.0	0.0
1980〜1985	0.6	10.3	**71.5**	15.4	1.7	0.0	0.6
1985〜1990	3.4	34.9	**57.3**	3.6	0.6	0.0	0.3
1990〜1995	1.1	32.7	**58.1**	6.7	0.6	0.3	0.6
1995〜2000	1.1	34.9	**58.4**	4.5	0.6	0.3	0.3
2000〜2005	1.7	**58.1**	35.8	3.4	0.8	0.0	0.3

次に、表38-(2)の、50年間に人口が50〜70％に減少した地域の場合についてみると、ここでも1955年から1960年の時期と1960年以降の時期とでは、減少の進み方に大きな違いがあることが指摘できる。すなわち、1955年から1960年には、人口の増加する地域も15％ほど含まれており、5年間に10％以上の減少を示す地域は3.6％に過ぎなかった。しかし、1960年以降になって状況は大きく変化する。とりわけ1965年から1970年の5年間には、9割を超える地域が5％以上の人口減少をみせ、45.9％は10％以上の減少をみせている。これに対して1975年以降になると、これらの地域の多くが5％未満の人口減少をみせるようになり、1975年から1985年の2回の国勢調査の時期には、いずれも17％の地域が人口の増加をみている。そして1980年から1985年を人口減少の緩和される底として、その後は緩やかながら人口の減少のテンポを早めている。

さらに、表38-(3)の、50年間における人口の減少・増加が30％以内という、全体として人口の増減の少なかった地域についてみると、この期間を通じて5年間の人口の増減はほとんどがプラス・マイナス5％の範囲に含まれており、50年間のうちに大きく人口の増加と減少を経験して最終的に人

口の増減の少ないグループが形成されたということではなくて、これらの地域の大部分は、一貫して人口の増減が比較的少ない状況にあったと見られる。これらの地域が、全国の地域のほぼ3分の1に相当する数を数えることは留意すべきことであろう。それでも、これらの地域についても、これまでみた人口の減少した地域とほぼ対応するように、1960年以降の減少幅の拡大、1970年から1985年にかけてむしろ人口増加の傾向の顕在化、1985年以降の減少傾向の深化といった流れを読み取ることができる。

(3) 1955年に対して人口の増加が30％未満であった地域（664地域）

人口増減率	～－10％	～－5％	～0％	～5％	～10％	～15％	15％～
1955～1960	1.1	27.3	**47.1**	16.3	3.8	2.1	2.4
1960～1965	5.4	35.4	**39.9**	13.0	4.1	2.0	0.3
1965～1970	3.8	24.8	**48.2**	20.8	2.1	0.3	0.0
1970～1975	1.7	4.5	35.8	**43.2**	12.3	2.0	0.5
1975～1980	0.3	2.3	22.4	**57.4**	14.9	2.0	0.8
1980～1985	0.3	0.6	32.1	**56.8**	9.3	0.8	0.2
1985～1990	0.6	5.4	**56.5**	32.8	4.1	0.5	0.2
1990～1995	0.0	3.6	**49.5**	39.5	5.4	1.1	0.9
1995～2000	0.5	5.3	**62.8**	26.8	4.1	0.6	0.0
2000～2005	0.2	9.8	**70.2**	17.0	2.3	0.3	0.3

さらに、表38-(4)の、50年間に人口が30％以上増加した地域のうち2倍をこえるまでには至らなかった地域についてみると、1955年から1960年では46.5％、1960年から1965年でも30.5％の地域が、人口の減少をみせていたことが注目される。これに対して最も大きく人口の増加を示したのは、1970年から1975年であり、この期間を含む1965年から1985年の期間が、これらの地域で最も人口の増加した期間であったことが読み取れる。それに対して、1985年以降になると、これらの地域のなかでも5年間に5％未満とはいえ、人口の減少をみる地域が増加するようになり、2000年から2005年にはこれらの地域の3分の1近くが人口の減少をみるようになっている。一方、5年間に10％以上の人口増加をみた地域は、1955年から1960年ではこれらの地域のうちの13％であったが、1970年から1975年には39.6％にまで増加する。しかし、1985年以降は、こうした大幅な人口増加を

みせる地域は急減し、1995年以降はそれぞれ3％に達しない小数になる。

(4) 1955年に対して人口が30％以上2倍以内で増加した地域（247地域）

人口増減率	～-10％	～-5％	～0％	～5％	～10％	～15％	15％～
1955～1960	1.2	12.1	**33.2**	23.5	17.0	4.5	8.5
1960～1965	0.4	7.3	22.7	**30.0**	20.6	10.5	8.5
1965～1970	0.4	1.2	13.0	30.0	**37.2**	13.4	4.9
1970～1975	0.0	0.4	2.0	17.0	**40.9**	28.3	11.3
1975～1980	0.0	1.6	4.5	25.1	**39.7**	18.6	10.5
1980～1985	0.0	0.0	5.3	**42.1**	40.9	10.5	1.2
1985～1990	0.0	0.0	13.0	**55.5**	22.7	6.5	2.4
1990～1995	0.4	0.4	14.2	**46.6**	26.7	6.9	4.9
1995～2000	0.0	0.8	18.2	**60.3**	17.8	1.6	1.2
2000～2005	0.0	0.8	31.6	**56.7**	8.5	1.2	1.2

最後に表38-(5)の50年間に人口が2倍以上に増加した地域についてみると、これら地域の人口の増加が主として1960年から1980年、とりわけ1965年から1975年に進行したことが読み取れる。1970年から1975年には、これらの地域のうちの90.9％、1965年から1970年には84.3％が、5年間に10％以上の人口増加を示している。それに対して、1980年以降は10％以上の人口増加をみせる地域は少なくなり、1995年から2000年では10.7％、2000年から2005年では3.3％にとどまることになる。1980年代以降は、これらの地域においても、10％未満ないしは5％未満の緩やかな人口増加が基調となる。一方、これらの地域においても人口の減少が一定範囲でみられた時期がある。まず、1955年から1960年には、これらの地域の場合にも、その4分の1では人口の減少をみている。その後、1965年以降1995年までの間では、これらの地域で人口が減少した地域は6％を下回っているが、1995年以降では人口の減少する地域がみられるようになり、2000年から2005年には、22.2％の地域が人口の減少を示している。

これら人口増減に基づいて分類した地域ごとの、5年毎の人口の変化の動向を概観すると、この間の50年のうちで、1955年から1960年の期間には、まだこれら地域の人口増減の分化がほとんど生じていないこと、その後1960年から1970年代において、多くの地域において急激な人口の増加や

減少が生じて地域の分化が進行したこと、しかし、1980年代以降には、人口の増減は多くの地域において緩やかな動きを示すようになったこと、さらに1990年代以降には、全般的に人口の減少の傾向が現れるようになり、この50年間に人口の大きく減少した地域では再び減少の傾向が強まっていること、などを指摘することができよう。

(5) 1955年に対して人口が2倍以上に増加した地域（307地域）

人口増減率	~-10%	~-5%	~0%	~5%	~10%	~15%	15%~
1955~1960	1.3	3.9	20.2	22.1	14.3	8.8	**29.3**
1960~1965	0.3	2.0	7.8	9.8	11.7	11.4	**57.0**
1965~1970	0.0	0.3	2.3	4.9	8.1	14.3	**70.0**
1970~1975	0.0	0.0	0.0	2.0	7.2	14.0	**76.9**
1975~1980	0.0	0.0	3.6	11.4	16.3	22.8	**45.9**
1980~1985	0.0	0.0	2.3	19.9	**33.9**	21.8	22.1
1985~1990	0.0	0.0	4.6	25.7	**35.5**	17.9	16.3
1990~1995	0.0	0.3	5.5	**41.0**	32.9	11.1	9.1
1995~2000	0.0	0.7	16.9	**48.5**	23.1	7.8	2.9
2000~2005	0.0	0.7	21.5	**56.4**	18.2	2.0	1.3

6-5 人口の膨張・縮小の上位地域

この項の最後に、1955年以降2005年までの50年、40年、30年、20年、10年間の人口を対比した場合の、膨張・縮小の上位の地域についてみることとする。表39は、各年次の膨張率のもっとも大きかった市町村を上の枠に、縮小率の大きかった市町村を下の枠に表示している。この場合、相互の年次の人口数の比率であることから、規模の小さい市町村の場合に変動率が大きくなり、規模の小さい市町村が上位・下位を占める傾向があることは考慮すべきであろう。

個々の地域の状況に立ち入る余裕はないが、例えば1955年からの50年間の膨張の大きかった市町村には、首都圏の大規模住宅団地等の開発が進められた地域が名を連ねているというように、地域の名称からおおよその背景を考え、変動の要因を推測することができよう。人口の大きく膨張した市町村についてみると、1955年からの50年間の場合には、10市町村すべてが南関東の住宅開発の展開した地域であるのに対して、1965年からの40年

表39 人口膨張・縮小の上位10市町村

2005/1955		
市町村名	県名	人口対比
多摩市	東京都	1897.71
新座市	埼玉県	1310.30
八千代市	千葉県	1163.97
東久留米市	東京都	1117.97
鎌ケ谷市	千葉県	1011.25
鶴ケ島市	埼玉県	999.47
綾瀬市	神奈川県	994.61
富士見市	埼玉県	976.85
座間市	神奈川県	971.24
浦安市	千葉県	947.24
西米良村	宮崎県	22.38
野迫川村	兵庫県	22.12
沼田町	北海道	20.87
三笠市	北海道	20.74
早川町	山梨県	17.60
上砂川町	北海道	16.73
幌加内町	北海道	16.12
歌志内市	北海道	14.26
大川村	高知県	13.20
夕張市	北海道	12.12

2005/1965		
市町村名	県名	人口対比
富谷町	宮城県	862.03
浦安市	千葉県	841.09
多摩市	東京都	786.44
北広島市	北海道	756.38
鶴ケ島市	埼玉県	727.66
豊能町	大阪府	650.22
綾瀬市	神奈川県	648.38
白井市	千葉県	638.23
三芳町	埼玉県	626.80
長久手町	愛知県	613.12
五木村	熊本県	27.26
音威子府村	北海道	26.95
南富良野町	北海道	26.72
三笠市	北海道	24.75
上砂川町	北海道	23.77
早川町	山梨県	23.37
幌加内町	北海道	21.23
歌志内市	北海道	18.82
大川村	高知県	16.75
夕張市	北海道	15.28

2005/1975		
市町村名	県名	人口対比
富谷町	宮城県	515.59
浦安市	千葉県	481.50
白井市	千葉県	408.74
猪名川町	兵庫県	378.10
守谷市	茨城県	370.22
印西市	千葉県	356.80
富里市	千葉県	345.88
豊能町	大阪府	337.49
滝沢村	岩手県	333.77
鶴ケ島市	埼玉県	332.38
下川町	北海道	44.70
歌志内市	北海道	44.33
南牧村	群馬県	42.72
音威子府村	北海道	41.93
東吉野村	兵庫県	41.72
早川町	山梨県	40.61
川上村	兵庫県	39.53
五木村	熊本県	38.72
上砂川町	北海道	37.80
夕張市	北海道	25.93

2005/1985		
市町村名	県名	人口対比
三田市	兵庫県	278.94
利府町	宮城県	268.12
印西市	千葉県	256.96
富谷町	宮城県	230.39
守谷市	茨城県	225.10
精華町	京都府	212.71
猪名川町	兵庫県	208.05
八街市	千葉県	201.79
舟橋村	富山県	188.37
三好町	愛知県	187.26

2005/1995		
市町村名	県名	人口対比
本埜村	千葉県	189.26
舟橋村	富山県	161.22
中央区	東京都	153.93
精華町	京都府	150.88
三好町	愛知県	140.91
富谷町	宮城県	137.62
日進市	愛知県	130.31
利府町	宮城県	128.33
港区	東京都	128.28
川北町	石川県	125.76

神流町	群馬県	58.09	歌志内市	北海道	76.03
福島町	北海道	58.05	夕張市	北海道	75.96
早川町	山梨県	57.86	神流町	群馬県	75.66
南牧村	群馬県	57.56	西目屋村	青森県	74.70
三笠市	北海道	55.45	利尻富士町	北海道	73.65
利尻町	北海道	55.14	高野町	和歌山県	72.53
歌志内市	北海道	54.32	川上村	兵庫県	72.49
音威子府村	北海道	51.74	音威子府村	北海道	72.30
上砂川町	北海道	50.43	利尻町	北海道	71.91
夕張市	北海道	41.06	三宅村	東京都	63.66

では南関東は6県、1975年からの30年間では5県などとなり、南関東での人口増加はこの間の早い時期に進行したものであることが指摘できる。1955年からの50年間の膨張率が最も高い多摩市は典型的な事例といえようが、この市の場合、1955年の人口は7687であったが、2005年の人口は14万5千を超えている。ここでは1955年当時は村であったが、1964年に多摩町となり、1971年に人口は3万を超えて多摩市となっているが、1980年には9万5千、1990年には14万4千に達し、その後はほぼ水準を維持している。1970年代、1980年代などの後の時期になるにつれて他の地方に人口の膨張する地域が広がっていったことが想定でき、最後の10年間の場合には東京都の中央区・港区といった都心区が顔を出しており、いわゆる都心回帰の傾向が読み取れる。なお、大きく膨張した市町村の上位10市町村には、中国・四国・九州の市町村は、これら5つの期間のいずれにも登場しない。

　他方、これらの期間に大きく人口の縮小した市町村についてみると、5つの期間のいずれの場合も、表示した10市町村の過半を北海道が占めていることが注目される。1955年からの50年間で最も大きい減少率を示したのは北海道夕張市であるが、この市は1955年には107244の人口を擁していたが、2005年には13001を数えるに過ぎない。産業構造の転換にともない1970年代以降急速に人口減少を示している。北海道以外では、東北・中部・近畿・四国・九州が、各期に1,2町村みられる状況であり、分散されている。また、この場合には、北陸と中国には大きく縮小したとして10位以内に数えられる市町村は見られない。大まかにみるならば、大きく膨張した

市町村を含む地方として関東・東北、大きく縮小した市町村を含む地方として北海道、両者を含む地方として中部・近畿をあげることができよう。

7　地域産業と農業の変貌

7-1　産業別人口構成

　地域間の人口移動の背景には、産業間の就業人口の変動があったものと推測される。首都圏・近畿圏・中部圏などの、第二次・第三次産業の集中している地域での急激な人口の増加、農業地域での人口の減少が、地域的な人口増減として表現されているものと思われるからである。産業別就業人口の構成とその変化については、すでに都市と農村の区分に関連してふれたところであるが、あらためてその動向について補足しておこう。

　1980年と2005年の産業別就業人口の構成比別の市町村の割合を地方別に示すのが**表40、41、42**である。まず、第一次産業の場合は、1980年には、就業人口に占める割合が4割を超える市町村は、九州では39.9％を占めるが、そのほかには、北海道32.2％、東北29.6％、四国26％などが、目につくところであった。他方、第一次産業就業人口が10％未満というほとんど都市的産業の従事者で占められている市町村は、関東でほぼ3分の1に及び、近畿、中部でも、それに近い厚みをもっている。極端にいえば、農業的な地域としての北海道・東北・四国・九州、都市的産業の地域である関東・中部・近畿、それらの中間的な地域である北陸・中国といった分化が、かなり明瞭に現れていた。これに対して2005年になると、第一次産業の就業割合が30％を超える市町村は、北海道で3割強、九州で1割強、四国で1割弱みられるが、40％を超える市町村は北海道で1割強みられる以外、他の地方ではごく少数に過ぎなくなっている。関東・近畿・北陸・中部では、第一次産業人口が10％未満の市町村が7割を前後している。全般に第一次産業人口は大きく後退し、地方別の分化も乏しくなっているというべきであろう。

表40　地方別にみた第一次産業人口の割合

		なし	～10%	～20%	～30%	～40%	～50%	50%～	全体	実数
1980	北海道	0.0	11.0	11.9	21.2	**23.7**	17.8	14.4	100.0	118
	東北	0.0	2.5	10.3	25.1	**32.5**	19.7	9.9	100.0	203
	関東	0.0	**32.2**	16.6	21.3	18.5	6.2	5.2	100.0	211
	北陸	0.0	18.1	24.4	**30.7**	15.0	7.1	4.7	100.0	127
	中部	0.0	23.7	23.7	**26.3**	14.8	8.1	3.4	100.0	236
	近畿	0.0	**29.6**	28.4	25.6	11.4	3.4	1.7	100.0	176
	中国	0.0	11.2	19.1	**31.6**	21.1	13.2	3.9	100.0	152
	四国	0.0	5.0	18.0	24.0	**27.0**	15.0	11.0	100.0	100
	九州	0.0	9.2	14.3	17.2	19.4	**23.8**	16.1	100.0	273
	合計	0.0	16.5	18.4	24.2	20.0	13.0	7.9	100.0	
	実数	0	263	294	386	319	208	126		1596
2005	北海道	0.0	18.3	22.8	**27.2**	20.6	10.6	0.6	100.0	180
	東北	0.0	22.5	**48.1**	22.9	5.2	0.9	0.4	100.0	231
	関東	2.1	**74.0**	19.2	3.9	0.6	0.3	0.0	100.0	334
	北陸	0.0	**70.9**	23.3	4.7	0.0	1.2	0.0	100.0	86
	中部	0.0	**63.3**	22.7	10.2	2.7	0.4	0.8	100.0	256
	近畿	0.0	**77.4**	15.4	5.6	1.3	0.4	0.0	100.0	234
	中国	0.0	**40.2**	37.5	17.0	5.4	0.0	0.0	100.0	112
	四国	0.0	28.1	**32.3**	30.2	5.2	4.2	0.0	100.0	96
	九州沖縄	0.0	**36.2**	30.2	22.5	8.4	2.7	0.0	100.0	298
	合計	0.4	50.1	27.0	14.9	5.3	2.0	0.2	100.0	
	実数	7	916	493	273	97	37	4		1827

　次に、第二次産業についてみると、1980年には、第二次産業人口が40％以上という一定の厚みをもっていたのは、中部（45.7％）を先頭に、北陸（40.9％）・近畿（35.7％）などであるのに対して北海道・東北・九州には第二次産業就業人口が40％を超える市町村はいずれも数％しかなかった。また、第二次産業人口が30％未満の市町村が九州（79.8％）、北海道（78.7％）できわめて多いこと、などが注目される。第一次産業の分布では都市的産業の地域と見た関東は、中部・近畿などに比べて第二次産業就業者の割合は低い。これに対して2005年になると、中部・北陸に一定の厚みがあることは持続しているとはいえ、第二次産業人口が40％を超える市町村は、中部で26.5％、北陸で15％、近畿で8.5％といずれも大きく減少している。他方、第二次産業就業者が30％未満という市町村は、北海道（90.5％）、九州

（87.2％)、四国 (79.2％)、関東 (62.9％) などで高い割合を占めるようになっている。

表41　地方別にみた第二次産業人口の割合

		～20%	～30%	～40%	～50%	50%～	全体	実数
1980	北海道	27.9	**50.8**	13.6	5.1	2.5	100.0	118
	東北	7.4	**43.3**	42.9	5.9	0.5	100.0	203
	関東	12.8	21.3	**40.8**	21.3	3.8	100.0	211
	北陸	6.3	22.8	29.9	**35.4**	5.5	100.0	127
	中部	5.9	15.3	**33.1**	32.6	13.1	100.0	236
	近畿	4.5	21.6	**38.1**	30.1	5.6	100.0	176
	中国	4.6	30.3	45.4	17.1	2.6	100.0	152
	四国	12.0	40.0	**36.0**	8.0	4.0	100.0	100
	九州	27.1	**52.7**	15.8	3.3	1.1	100.0	273
	合計	12.4	33.0	32.6	17.6	4.4	100	
	実数	198	527	520	281	70		1596
2005	北海道	**58.3**	32.2	8.9	0.6	0.0	100.0	180
	東北	5.2	39.4	**46.3**	9.1	0.0	100.0	231
	関東	19.2	**43.7**	32.3	4.5	0.3	100.0	334
	北陸	2.4	20.9	**61.6**	15.1	0.0	100.0	86
	中部	7.4	19.5	**46.5**	25.0	1.6	100.0	256
	近畿	7.7	**50.9**	32.9	8.5	0.0	100.0	234
	中国	8.9	**54.5**	33.9	2.7	0.0	100.0	112
	四国	16.7	**62.5**	19.8	1.0	0.0	100.0	96
	九州沖縄	30.2	**57.0**	12.8	0.0	0.0	100.0	298
	合計	18.4	42.3	31.5	7.6	0.3	100.0	
	実数	326	773	575	138	5		1827

最後に、第三次産業についてみると、1980年には関東と近畿では第三次産業就業人口が就業人口の過半数を占める市町村がほぼ3分の1を占めていたが、逆に東北では7割、四国では6割の市町村が第三次産業就業人口は40％未満であった。これに対して2005年になると、第三次産業就業者の割合は全般に高まり、それが就業人口の6割以上という市町村が、関東や近畿では6割を超え、九州でも5割を超える。就業人口の5割以上ということでみると、北海道・東北・中部を除く各地方で8割以上の市町村がこれに当てはまる。第三次産業の割合が相対的に低い市町村が多いのは東北、

北海道、中部ということになる。1980年に比べて急速に比重を高め、すでに地方別の分化も希薄になっている感が強い。

表42 地方別にみた第三次産業人口の割合

		～30%	～40%	～50%	～60%	60%～	全体	実数
1980	北海道	8.4	**39.0**	28.0	11.9	12.7	100.0	118
	東北	31.0	**40.4**	15.8	7.9	4.9	100.0	203
	関東	9.0	**28.4**	28.0	20.9	13.7	100.0	211
	北陸	15.7	**34.6**	31.5	15.0	3.2	100.0	127
	中部	14.8	**42.4**	28.8	10.6	3.3	100.0	236
	近畿	3.4	**33.0**	28.4	25.0	10.3	100.0	176
	中国	18.4	30.9	**36.2**	10.5	3.9	100.0	152
	四国	20.0	**40.0**	26.0	11.0	3.0	100.0	100
	九州	15.4	**36.3**	24.2	12.5	11.7	100.0	273
	合計	15.2	36.1	26.9	14.0	7.8	100.0	
	実数	243	576	429	223	125		1596
2005	北海道	0.0	3.9	26.7	31.7	**37.8**	100.0	180
	東北	0.9	6.9	35.1	**36.4**	20.8	100.0	231
	関東	0.0	0.3	9.0	26.3	**64.4**	100.0	334
	北陸	0.0	0.0	11.6	**58.1**	30.2	100.0	86
	中部	0.4	1.2	25.8	**44.5**	28.1	100.0	256
	近畿	0.0	0.4	5.6	32.5	**61.5**	100.0	234
	中国	0.0	0.0	12.5	**47.3**	40.2	100.0	112
	四国	0.0	3.1	16.7	**41.7**	38.5	100.0	96
	九州沖縄	0.0	0.7	17.1	32.2	**50.0**	100.0	298
	合計	0.2	1.8	18.0	36.0	44.0	100.0	
	実数	3	33	329	658	804		1827

このようにして、1980年には、地方別に産業構造の多分に大きな相違が存在していたと見られるが、2005年には地方別の差異は全体に希薄になってきているということができる。繰り返しになるが、1980年には従来からの産業立地に基づいて、農業的な地域の北海道・東北・四国・九州、都市的産業の地域のうちでも工業的色彩の強い、中部・北陸、第三次産業に比重のある関東・近畿、いずれにおいても中間的な中国、といった分化がとらえられた。こうした分化は、2005年になると、第一次産業が大きく後退し、その後を追うように第二次産業も就業人口を減少させて、第三次産業の比重を

全体に高めており、地方別の分化は不透明になってしまっている。そのことからすれば、1980年には、まだ産業別の地域構成が残存していたが、21世紀初頭になると、全般的な第三次産業化によってそうした地域構成が崩れてしまったということができるのである。

7-2　1980年から2005年への農業の変貌

　地域の産業とその変化をたどるためには、これら第一次・第二次・第三次産業のそれぞれについての検討が必要であるが、第二次・第三次産業に関する統計については、市町村別の集計は、事業所数や就業者数、出荷額や販売額など、ごく概括的な数値が一部しか公表されていない。また、これらの産業活動については、製造業等の場合に地域とどのように関連しているのかは単純ではないし、商店等も当該市町村の住民のみが顧客であるわけでもないことなど、市町村別にデータを整理して、それを当該市町村の特性として把握することが適切であるか否か疑問も少なくない。今日の産業別就業構成からすれば、第三次産業にかかわる指標を整理して地域産業として検討することが考えられるべきことのようにも思われるが、第三次産業はその内に多様な内容を含んでおり、また市町村別に統一的に得られるデータが限られていることなどから、ここでは今後の課題とせざるを得ない。

　さまざまな産業のうちで市町村の特性にかかわるものとして取り上げられてきたのは、一般に農業であったので、ここでは、農業センサスなどによって地域農業の変貌をたどることとする。もちろん、すでにふれたように農業を主体とする第一次産業は就業者が激減し、産業構成上の比重も大きく後退してしまっており、かつてのように地域産業としての重要な位置づけをすでに失っていることは留意しておかなければならない。

　ここでは1980年の農業センサスと2005年の農業センサスなどに基づいて、この間の農業の変化を振りかっておきたい。しかしながら、二つの時期の農業センサスを対比することには重要な問題点がある。すなわち、2005年の農業センサスでは、対象とする農家を自給的農家と販売農家とに区分し、主要には販売農家のみを対象として調査を行っており、自給的農家については

戸数と保有農地面積などのごく限られた項目のみが調べられているに過ぎない。したがってほとんどの項目において農家としてとらえられているのが、販売農家を意味することになるわけである。農業センサスは、10a以上の経営面積（または年間15万円以上の農産物販売額）を「農家」の基準としているが、このうち30a以上（または50万円以上の販売額）のものを販売農家とし、それ以下のものを自給的農家としている。2005年の農家の総数は、285万戸であるが、このうちの規模の小さい88万戸（31.6％）が自給的農家として、大部分の調査項目がとらえられていない。1980年のセンサスではこうした区分はなく、小規模な農家を含めて調査対象とされていただけに、二つの年次のセンサスを対比することが困難であることは残念なことである。

単純な比較はできないことを念頭に置いた上で、まず、二つの時期のセンサスにおいて共通にとらえられる限りでの市町村の農業状況を対照しておこう。最初に取り上げるのは農家率であるが、ここでは市町村の総世帯数に対する自給的農家を含めた総農家戸数の割合をとらえている。したがって、農家率については、両時点の結果を対比することができる。

表43　農家率（総農家数の世帯数に対する割合）別の市町村の分布の変化

	なし	～10%	～20%	～30%	～40%	～50%	～60%	～70%	70%～	全体	実数
1980	0.0	10.8	11.6	11.1	13.7	13.8	14.2	13.5	11.2	100.0	1596
2005	1.6	38.6	25.9	15.6	11.1	5.2	1.5	0.4	0.0	100.0	1827

表43に見るように、1980年に比べて2005年には農家率が大きく低下していることが指摘できる。1980年には農家率が50％以上の市町村が4割近くみられ、20％未満の市町村は2割を超える程度であったが、2005年になるとそれぞれ1.9％、66％へと大きく変化してしまっている。1980年の全国の農家戸数は470万戸であったから、2005年までに農家戸数は61％に減少したことになる。1980年にはまだ農村というにふさわしい厚みで農家が存在していた地域がなお一定の広がりをもっていたのであるが、2005年には、全国の市町村のうちで4割は農家戸数が10％未満であり、3分の2は20％未満である。さらに販売農家の農家率（総世帯数に対する販売農家の

割合）となると、農家率 10％未満の地域が過半数で、35％以上の地域はわずかに 3.4％に過ぎない。農家が主体という意味での農村的な地域を農家率 50％以上の地域とみれば、それは自給的農家を含めても 2％にも満たないわずかな地域でしかなくなってしまっている。（ただし、この数値は農家をまったく含まない地域も含めた平均値であり、多少は過小なものとなっているかもしれない。）農家率が最も高い地域でも 64.2％であり（この地域の場合は、農家すべてが販売農家）、いわゆる純農村地域はもはや存在していないといわざるを得ない。

表 44　耕地率（地域総面積に占める耕地の割合）別の市町村の分布

	～5%	～10%	～15%	～20%	～30%	～40%	40%～	全体	実数
1980	14.9	16.2	13.8	11.0	17.0	10.5	16.6	100.0	1596
2005	34.8	22.4	13.7	9.5	9.7	6.2	3.6	100.0	1827

同様な傾向を示すのが、地域の中での耕地の割合の低下である。表 44 にみるように、1980 年には、地域の総面積のうちで耕地が 30％以上ある市町村は、27.1％みられたのであるが、2005 年には 9.8％と 3 分の 1 ほどに低下し、全国の市町村の 1 割にも満たない広がりとなってしまった。逆に耕地率が 10％未満という市町村は、1980 年の 31.1％から 2005 年の 57.2％に増加している。耕地率 10％未満となると景観としても農村的な地域という印象を与えることは困難になっていると思われ、そうした地域が全国の市町村の 6 割近くに及んでいることになる。

このように全体的に農業の後退が大きく進んでいる中で、農業自体はどのような変化を遂げているのかを問題にする必要がある。このためには当然に農業センサスの結果によって変化の様相をたどることとなるのであるが、上記のように 1980 年当時と 2005 年とでは、農業センサスが対象とする農家に大きな違いがあることから、二つの年次の結果を単純に比較することはできない。

農家のうちで専業農家と兼業農家がどのような割合を占めるのかということは、農業のあり方をとらえようとするとき、真っ先に取り上げられる項目であるが、二つの年次の農業センサスの結果に基づいて専業農家の割合別に

市町村の分布を示す表45にみるように、1980年に比して2005年には大幅に専業農家の割合が高い市町村が増加している。その主要な原因は、しかし主としてセンサスの対象が変わったことによると思われる。1980年にはセンサスの対象となっていた農家のうち、30a未満農家は自給的農家としてセンサスの対象から除かれ、2005年の専業農家の割合は販売農家のうちでの割合を示している。1980年の結果と対比するには、分母となる農家を同等のものとしてあらためて専業農家率を算定する必要がある。表で「2005修正」としたものはそれであり、自給的農家を含む総農家数に対する専業農家（販売農家の内訳としての）の割合別の市町村の分布を示したものである。自給的農家は当然に第二種兼業農家であろうと想定したものである。しかし、このように想定したにもかかわらず、2005年（修正）には1980年に比べて専業農家の割合の高い市町村が増加していると推定される。

表45　専業農家の割合別の市町村の分布

	～5%	～10%	～20%	～30%	30%～	全体	実数
1980	24.8	28.0	28.1	9.4	9.8	100.0	1596
2005	2.2	6.2	34.0	26.9	30.7	100.0	1827
2005修正	30.5		41.5	14.5	13.5	100.0	1827

表46　第二種兼業農家の割合別の市町村の分布

	～30%	～40%	～50%	～60%	～70%	～80%	～90%	90%～	全体	実数
1980	7.5	8.7	13.2	16.7	15.6	17.1	14.5	6.8	100.0	1596
2005	14.2	6.3	10.1	16.0	22.1	21.0	9.7	0.6	100.0	1827
2005修正	7.4	2.8	3.4	6.3	15.8	26.2	27.6	10.5	100.0	1814

表46は、同じように1980年、2005年、それに同様の想定の上に推計した2005年修正のそれぞれの第二種兼業率別の市町村の分布を示している。単純にセンサス結果を比べると、1980年に比べて2005年には第二種兼業率60％～80％の市町村の割合が高まっているが、総農家数を分母とする推計によって見ると、全般に第二種兼業の割合が高まっていることが指摘できる。専業農家と第二種兼業農家が増加するということは、第一種兼業農家が減少したということであり、特に農家における高齢化と農家を含めて世帯規

模の縮小が進む中で、中間的な就業形態が減少し、より深く兼業化するか高齢専業農家を含めて農業専業化するかのいずれかに移行しつつあることの現われと推測される。

表47 地方別にみた専業率別地域数（2005年）

	なし	～30%	～60%	60%～	全体	実数
北海道	6.7	4.4	51.7	37.2	100.0	180
東北	1.3	92.6	5.6	0.4	100.0	231
関東	4.8	73.1	21.0	1.2	100.0	334
北陸	1.2	98.8	0.0	0.0	100.0	86
中部	0.0	86.7	13.3	0.0	100.0	256
近畿	2.1	78.6	18.8	0.4	100.0	234
中国	0.9	77.7	20.5	0.9	100.0	112
四国	1.0	41.7	55.2	2.1	100.0	96
九州沖縄	0.7	47.7	50.7	1.0	100.0	298
合計	2.2	67.1	26.3	4.3	100.0	
実数	41	1226	481	79		1827

表47は、こうした兼業化の進行にかかわる地域的条件をとらえる一つの側面として、地方別に専業率別の地域数を示したものである。表にみるように、北海道の専業率の高さが際立っており、逆に以前から兼業率が高いとされてきた北陸と東北、中部では専業率が低いことが注目される。近畿・中国・関東が、これについで専業率が低いのに比して、四国・九州沖縄では北海道には及ばないものの専業率が比較的高い地域が多いことがみられる。農業に関しては、北海道の場合は、他の地方とは多分に異なった規模や経営であることが指摘されてきたところであり、しばしば、北海道とその他の地方を区別して検討されてきた。ここでも必要に応じて、そのような取り扱いをすることになる。

7-3　1980年代における農業の地域構成

農業センサスの項目のうちで、こうした推計を含めて両年度の結果を連続してとらえる余地のある項目はほとんどないので、1980年と2005年を対比してその間の変化を検討することはあきらめざるを得ない。以下この項で

は、1980年の農業の状況について、その分布に見られる特色のいくつかを検討することとしたい。次の項で検討する2005年の結果とあわせて考えてみることとしよう。

表48は、地方別に農家率に基づいて市町村の分布を示している。表にみるように、農家率が60％をこえる、農村的な地域が多いのは、中国（38.9％）、北陸（34.6％）、東北（33％）などであり、農家率50％以上の市町村が55％を超えているのは東北だけである。一方、農家率が30％未満で、農村的色彩の薄い地方は、北海道（71.1％）、関東（48.9％）、近畿（43.1％）などであり、首都圏・近畿圏を含む関東や近畿の非農村的な特色は理解できるものの、北海道の飛びぬけた厚みは注目されるところであろう。

表48　地方別に見た農家率に基づく市町村の分布（1980年）

	～20％	～30％	～40％	～50％	～60％	60％～	全体	実数
北海道	50.8	20.3	11.9	9.3	4.2	3.3	100.0	118
東北	8.9	4.9	13.8	17.2	22.2	33.0	100.0	203
関東	39.4	9.5	13.7	12.8	12.3	12.4	100.0	211
北陸	14.1	13.4	14.2	12.6	11.0	34.6	100.0	127
中部	22.0	10.6	14.0	12.7	13.1	27.5	100.0	236
近畿	30.6	12.5	10.8	11.9	11.4	22.7	100.0	176
中国	12.5	8.6	11.8	16.4	11.8	38.9	100.0	152
四国	10.0	14.0	15.0	19.0	22.0	20.0	100.0	100
九州	16.1	11.7	16.5	13.6	16.8	25.2	100.0	273
合計	22.4	11.1	13.7	13.8	14.2	24.7	100.0	1596
実数	358	177	219	221	227	394	1596	100.0

北海道とその他の諸地方との差異がもっともはっきりと現れているのが、個々の農家の経営規模であろう。表49にみるように、北海道では5ha以上の農家が7割におよんでいるが、他の地方には皆無に近い。3ha以上は、北海道では85％をこえるが、そのほかの地方では東北でわずかに1％みられるほかは、コンマ以下しかみられない。この北海道を別にすると、東北・北陸・関東・九州などが1～3haの層が厚く、相対的に経営規模の大きい市町村が多いのに対して、近畿・中部などでは50a未満の厚みが全国平均を上回っている。農家の平均経営規模が1ha未満の市町村の割合を見ると、四

国（93％）、近畿（92.6％）、中部（90.6％）、中国（88.8％）などがいずれも9割前後を占めており、1ha以上が80％を上回る東北とは大きく異なっている。これら以外の関東・北陸・九州などは、50aから3haの間に分散しており、他の地方よりも経営規模の広がりがあるものということができよう。

表49　地方別に見た農家1戸当たり耕地面積に基づく市町村の分布（1980年）

	～50a	～1ha	～3ha	～5ha	5ha～	全体	実数
北海道	2.5	3.4	8.5	16.1	69.5	100.0	118
東北	2.5	16.7	79.8	1.0	0.0	100.0	203
関東	12.9	43.3	43.8	0.0	0.0	100.0	211
北陸	6.3	41.7	52.0	0.0	0.0	100.0	127
中部	21.1	69.5	8.9	0.4	0.0	100.0	236
近畿	27.3	65.3	6.8	0.6	0.0	100.0	176
中国	17.1	71.7	11.2	0.0	0.0	100.0	152
四国	10.0	83.0	7.0	0.0	0.0	100.0	100
九州	10.7	53.5	35.5	0.0	0.4	100.0	273
合計	12.9	50.1	30.3	1.4	5.2	100.0	
実数	206	799	484	23	83		1596

表50　地方別に見た農家1戸当たり農業粗生産額に基づく市町村の分布（1980年）

	～100万円	～150万	～200万	～300万	～400万	400万～	全体	実数
北海道	5.1	2.5	0.8	7.6	5.1	78.8	100.0	118
東北	5.9	6.9	13.8	47.3	17.7	8.4	100.0	203
関東	10.5	11.9	19.0	34.3	13.3	11.0	100.0	211
北陸	23.6	19.7	23.6	21.3	9.4	2.4	100.0	127
中部	26.7	22.0	19.9	23.3	4.7	3.4	100.0	236
近畿	34.7	31.3	22.2	8.5	2.8	0.6	100.0	176
中国	32.9	36.2	20.4	7.2	3.3	0.0	100.0	152
四国	15.0	33.0	18.0	23.0	10.0	1.0	100.0	100
九州	16.1	21.6	19.4	27.8	11.7	3.3	100.0	273
合計	19.0	20.1	18.0	24.1	9.1	9.7	100.0	
実数	303	321	287	384	145	155		1596

農家1戸当たりの農業粗生産額についても、その地方別の違いは、経営面積の違いと似通ったところがある。表50にみるように、1戸当たり400万円以上という粗生産額の高い市町村が多いのは北海道である。北海道では8割近い市町村がこれに該当し、他の地方を大きく引き離している。関東の

11％がこれに次ぐことになり、300万円以上ということで見ると東北（26.1％）、関東（24.3％）が目を引く。逆に100万円未満という粗生産額の低い市町村が多いのは、近畿（34.7％）、中国（32.9％）などであり、経営面積の小さい地域が並ぶことになる。農業粗生産額は、もちろん耕地面積だけに規定されるものではなく、作目の相違や単位あたりの収量などの収益性によって影響されるが、関東がやや高額であるのには、そうした要素の影響が想定されよう。

表51　経営耕地面積と農業粗生産額の関連に基づく市町村の分布（1980年）

	～100万円	～200万	～300万	～400万	～500万	～750万	750万～	合計	実数
～30a	**97.7**	2.3	0.0	0.0	0.0	0.0	0.0	100.0	43
～50a	**62.0**	32.6	4.9	0.0	0.0	0.6	0.0	100.0	163
～1ha	19.4	**55.7**	19.1	4.9	0.4	0.4	0.1	100.0	799
～3ha	1.0	22.1	**44.8**	21.1	6.4	4.3	0.2	100.0	484
～5ha	0.0	8.7	13.0	13.0	**34.8**	21.7	8.7	100.0	23
～10ha	0.0	0.0	7.0	2.3	16.3	**48.8**	25.6	100.0	43
10ha～	0.0	0.0	0.0	0.0	0.0	12.5	**87.5**	100.0	40
全体	19.0	38.1	24.1	9.1	3.1	3.5	3.1	100.0	
実数	303	608	384	145	49	56	50		1596

表51は、耕地面積と粗生産額との関連を検討しようというものであるが、当然のことながら両者の関連が深いことが明らかである。特に、30a未満と10ha以上という両極端の経営規模の場合に、ほとんどの市町村で、それぞれ100万円未満、750万円以上という粗生産額となっていることは興味ふかい。経営耕地面積階層ごとにもっとも大きな数値を示すセルを太字にしてあるが、経営規模が大きくなるのにともなって順次上位の生産額に移行していることが指摘できる。しかし、経営規模と粗生産額が関連するという、いわば当然のことと同時に、50aから10haまでのいわば中間的な規模の市町村の場合には、太字の数値があまり大きくないこと、いいかえれば同じ経営規模の場合にも粗生産額の低い地域から高額の地域まで分散していること、が注意される必要がある。地域によって作目が異なることや、立地条件の違いによる収益性の違いなどが想定されるところであるが、その分散の程度が

大きいことは留意する必要がある。

表52　農業粗生産額のうち最も多額な作目別市町村の分布

	米	野菜	果実	養蚕	畜産	全体	実数
1980	50.0	9.9	7.1	1.4	31.6	100.0	1596
2005	35.3	31.3	9.2		17.6	100.0	1827

表53　粗生産額に占める最も多額な作目の生産額割合別市町村の分布

	～30%	～50%	～70%	70%～	全体	実数
1980	9.8	42.2	30.9	17.0	100.0	1596
2005	19.4	40.6	25.7	14.1	100.0	1827

　一口に農業といっても、その内容は一様ではない。表52と表53は、地域における主要な農産物として、農業粗生産額のうちで最も比重の高い作目とそれが粗生産額全体に占める割合とを示している。1980年には米が主要な作物という地域が半数を占めていたが、2005年には35％に低下している。また、1980年に31.6％を占めていた畜産は17.6％に減少している。それに代わって野菜が1980年に対して2005年には3倍にのびてほとんど米と肩を並べるまでになっており、果実もやや増加している。そして、主要な農産物が粗生産額全体に占める割合をみると、主要な生産物といってもそのシェアはさほど大きくないこと、さらに1980年に比べて2005年には一層シェアを低めていることがみてとれる。代表的な米の場合でも専作というわけではなく、主要な作物が7割以上を占める地域は1980年でも17％に過ぎない。2005年になると主要な農産物の割合が50％未満という地域が6割になる。地域の農業は、多くの場合多様な作物の組み合わせによって構成されており、その組み合わせは多分に大きく変化することが指摘できる。上記のように同じ経営規模でも粗生産額に大きな違いがあるということの背景にあるのは、こうした作物の複雑な組み合わせがある程度かかわっているのであろう。

　地方によって主要な作物に違いがあることは当然でもあり、それぞれによく知られた主産地がある。表54は、市町村における粗生産額に占める最も高額の作物を地方別に示しているが、ここには地方別の農業の特色が鮮明に示されている。北陸がほぼ全域で米が最も主要な作物であるということを示

しているほか、米については、東北・中国・近畿が多く、野菜では関東・四国・中部、果実では四国・近畿・中国、畜産では北海道・関東・九州などで大きな比重を占めている。

表54 地方別に見た主要農産物に基づく市町村の分布（1980年）

	米	野菜	果実	養蚕	畜産	全体	実数
北海道	36.4	10.2	0.8	0.0	**52.5**	100.0	118
東北	**78.3**	2.0	3.9	2.0	13.8	100.0	203
関東	27.1	24.8	1.4	3.3	**43.3**	100.0	211
北陸	**96.1**	0.0	0.0	0.0	3.9	100.0	127
中部	33.9	14.8	8.5	4.7	**38.1**	100.0	236
近畿	**59.1**	6.8	10.8	0.0	23.3	100.0	176
中国	**63.8**	2.6	10.5	0.0	23.0	100.0	152
四国	26.0	16.0	23.0	0.0	**35.0**	100.0	100
九州	39.9	8.4	8.8	0.0	**42.9**	100.0	273
合計	50.0	9.9	7.1	1.4	31.6	100.0	
実数	797	158	114	22	504		1596

地域の農家率と主要な農作物との関連をとらえた表55からは、米を主要な作物とする市町村は、農家率の高い地域に多いこと、言い換えれば農村的色彩の強い地域のほうに米を主とするという地域が多いことが読み取れる。他方、野菜を主要な作物とする市町村は農家率の低い、都市的な地域の方がより多い。畜産が農家率の低い市町村のほうに傾斜しているのは、北海道の市町村の農家率が低い傾向にあることが影響しているのではないかと思われる。

表55 農家率別に見た主要農産物に基づく市町村の分布（1980年）

	米	野菜	果実	養蚕	畜産	全体	実数
～20%	42.5	18.2	4.7	0.0	34.4	100.0	358
～40%	42.9	9.8	10.6	0.8	35.9	100.0	396
～60%	52.7	8.3	7.1	1.3	30.6	100.0	448
～80%	60.5	4.5	5.7	2.6	26.7	100.0	352
80%～	61.9	2.4	7.1	9.5	19.0	100.0	42
合計	50.0	9.9	7.1	1.4	31.6	100.0	
実数	797	158	114	22	504		1596

農業就業者数の変化は、農家戸数や耕地面積などと同じく、農業の盛衰の指標としてしばしば用いられるものであるが、これもすでにふれたように1980年と2005年とでは、農業センサスの対象の変化によって、統計の連続性が失われている。2005年には販売農家のみについてとらえられており、1980年には含まれていた零細な農家が除外されていることから、1980年に比べて就業者の多い条件にある農家のみが対象とされたものと推測される。1980年に比べて2005年には、農家当たりの農業就業者の増加傾向が表示されているが、これをそのまま受け止めることはできないし、自給的農家を含めるような推計を行うことも不可能である。したがって、**表56**はそれぞれの数値をそれとして見るにとどめざるを得ない。

表56　農家1戸当たり農業就業者数の分布

	～1人	～1.5	～1.75	～2	～2.5	2.5～	全体	実数
1980	5.8	28.1	22.1	17.2	13.7	3.2	100.0	1596
2005	2.6	21.1	33.2	20.9	15.6	6.5	100.0	1827

1980年の場合、農家1戸当たりの農業就業者数は、経営耕地面積と一定の関連を持っている。**表57**にみるように、30a未満では8割以上、50a未満では半数以上が1.25人以内と、農業に従事するのはほとんど1人という状況であるが、3ha以上では9割が2人以上となっている。経営規模各層で最も大きな数値を示すセルを太字にしてあるが、1ha未満では1.25～1.5人、3ha未満では1.75～2人と段階的により多くの就業者を擁するようになっている。しかし、こうした関連はきわめて緩やかなそれであり、30a未満と3ha以上という両極の階層では、それぞれ1.25人以下、2人以上に集中しているけれども、この2層を除く中間的な階層では、太字の数値は大きいとはいえず、全体に分散的であることの方が指摘すべきことであろう。ことに経営規模階層の両極はともに実数が小さく、両者を合わせても全体の1割に満たないことを見るならば、経営耕地面積と農業就業者の人数との関連は限定的なものというべきであろう。

表57　経営耕地面積別に見た1戸当たり農業就業者数に基づく市町村の分布(1980年)

	～1.25人	～1.5	～1.75	～2	2～	全体	実数
～30a	**81.4**	14.0	2.3	2.3	0.0	100.0	43
～50a	**54.0**	30.7	8.0	3.7	3.7	100.0	163
～1ha	20.3	**33.3**	25.3	14.1	7.0	100.0	799
～3ha	5.6	12.4	27.7	**31.0**	23.3	100.0	484
3ha～	3.8	1.9	1.9	3.8	**88.7**	100.0	106
合計	19.8	24.1	22.1	17.2	16.9	100.0	
実数	316	384	352	274	269		1596

7-4　21世紀初頭における地域農業の構成

2005年の農業センサスでは、農家を自給的農家と販売農家に区分し、ほとんどの調査は販売農家のみを対象として調査を行っているので、ここではセンサスに主として依拠するところから、販売農家のみについての集計によって21世紀初頭の農業の様相についてみていくことになる。

まず、経営規模についてみることになるが、農家の経営面積においては、北海道とその他の地方との差異がもっとも明瞭に見出される。北海道の場合は、その地域の広大さによって、またきびしい気候条件によって、大規模な経営が要求される。その結果、表58にみるように、他の地方とは際立った差異を示している。すなわち、農家の平均が5ha以上の経営規模という地域は、北海道の地域のうちで89％という圧倒的な厚みを示すのであるが、その他の地方には東北で2地域、関東と九州沖縄でそれ1地域がみられるに過ぎない。個別の農家ではもちろん5ha以上の経営も本州諸地域に見出すことができるが、地域の平均として5ha以上の規模の地域は、北海道でしかみられないといっても過言ではないほどである。北海道を除く諸地域の場合には、東北が平均1.5ha以上の地域がほぼ3分の2に近い広がりを見せ、北陸が4割を超えてそれに続いている。逆に、平均の経営規模が70a未満（面積ゼロの地域を除いて）の地域は、全国的には18.6％であるが、近畿で41.4％、中部で37.9％、中国で26.8％、四国で26％などとなっている。農業の経営内容はこのところかなり大きく変化してきており、規模拡大も進め

られてきたとこであるが、東北・北陸が相対的に規模が大きく、西南各地の規模が相対的に小さいという、以前から見られたパターンはなお崩れてはいないということができよう。

表58 地方別に見た平均経営規模別地域数（2005年）

	0	～50a	～70	～1ha	～1.5	～2	～5	5～	全体	実数
北海道	2.3	0.0	0.0	0.0	0.6	0.0	8.1	89.0	100.0	180
東北	0.0	0.4	2.2	9.6	23.6	28.8	34.5	0.9	100.0	231
関東	4.5	3.9	12.3	29.3	27.8	15.3	6.6	0.3	100.0	334
北陸	1.2	0.0	0.0	17.4	39.5	27.9	14.0	0.0	100.0	86
中部	0.0	7.8	30.1	35.9	23.0	2.0	1.2	0.0	100.0	256
近畿	2.1	6.8	34.6	35.0	15.8	4.3	1.3	0.0	100.0	234
中国	0.9	3.6	23.2	46.4	25.0	0.9	0.0	0.0	100.0	112
四国	1.0	0.0	26.0	51.0	21.9	0.0	0.0	0.0	100.0	96
九州沖縄	0.7	4.0	6.0	23.8	35.2	19.5	10.4	0.3	100.0	298
合計	1.6	3.6	15.0	26.5	24.0	12.0	9.0	9.0	100.0	
実数	29	66	273	481	432	215	164	157		1827

経営規模と並んで重要な経営指標は、そのアウトプットに当たる農業所得であろう。表59は販売農家1戸当たりの生産農業所得額の平均別に地域数を表示したものである。ここでも、北海道と他の地方という対比が鮮明にみられるが、その鮮明さは経営規模ほどに際立ったものではない。まず、地域の農家が平均500万円以上の所得を上げるという地域は北海道では54.4％を占めるのに対して、他の地方は1％台かゼロとなっている。40万円未満という所得が平均である地域は、全国的には22.8％であるが、中国で50％、近畿で45.7％を占め、中部でも37.1％となっている。東北では100～200万円が、北陸、四国、関東、九州沖縄で100万未満が、もっとも多くの割合を占める。経営規模がそのまま農業所得に反映しているわけではなく、それぞれの地域の経営内容によって、地方別の順位等にも微妙な変化が生じることがみてとれる。それとともに、経営規模の場合には、北海道では5ha以上に9割近くが集中し、2ha以下の規模の地域は皆無に近かったのであるが、他の地方にほとんどみられない500万以上はこの地方の半数を超えるにとどまっており、100万円未満、40万円未満といった平均所得の地域も

散見される。

表59 販売農家1戸あたり生産農業所得（2005年）

	～40万円	～100万	～200万	～500万	500万～	全体	実数
北海道	5.0	2.2	5.6	32.8	54.4	100.0	180
東北	6.9	40.7	42.9	7.8	1.7	100.0	231
関東	11.9	40.6	35.5	10.3	1.6	100.0	334
北陸	20.9	55.8	19.8	3.5	0.0	100.0	86
中部	37.1	35.9	19.9	5.9	1.2	100.0	256
近畿	45.7	40.6	10.3	3.4	0.0	100.0	234
中国	50.0	47.3	2.7	0.0	0.0	100.0	112
四国	21.9	50.0	18.8	9.4	0.0	100.0	96
九州沖縄	17.4	33.9	31.2	17.4	0.0	100.0	298
合計	22.8	36.7	23.6	10.9	6.1	100.0	
実数	411	661	425	196	110		1827

　この表からさらに重視する必要があるのは、全体としての生産農業所得の低さであろう。販売農家1戸当たりの農業所得が平均100万円未満という地域が、全国的にも59.5％を占め、中国では97.3％、近畿で86.3％、北陸で76.7％、中部で73％、四国で71.9％などと、西日本の各地方で軒並み7割以上の高率を占めていること、関東や東北でも5割に及んでいることは、軽視されるべきではあるまい。100万円未満の所得では兼業に重点をおかない限り生活はできない。上に見た専業率の低さの背景をなしている数字であるが、農業センサスが自給農家を除外して販売農家のみに注目して統計を取ることとしているにもかかわらず、販売農家の圧倒的な部分が、農家所得の大半を農外の就業に依拠しなければならない形になっていることを見逃してはならない。個別の農業経営においては、西日本の各地方を含めて、農業生産によって生活していくに十分な所得をあげている農家が一定数見出されるけれども、地域農業として考えた場合に、地域の平均的な農家の農業所得が500万円をこえる地域が北海道の半数の地域だけにしか見出されないというところに、わが国農業の直面している深刻な状況が現れている。

　農業生産の様相は、作目の変化や生産技術の変化など、多くの面で進んできている。次に農業生産の内容に目を向けることとしよう。まず、おおづか

みに米や野菜など土地利用型の耕種農業と、酪農や養豚などの畜産農業の比重を示すのが、表60である。それぞれの地域の作目別の農業産出額に基づいて、それらを耕種と畜産に大別すると、両者ともにいずれかが100％という地域からゼロという地域までに分布するが、全国平均では耕種が72.7％、畜産が24.8％となる。それぞれについてみると、耕種が80％以上という地域がちょうど半数にのぼるのに対して、畜産は60％以上でも10.5％となり、あくまでも耕種農業が主体であることが示されている。しかし、畜産なしという地域は10％にとどまり、ほとんどの地域が畜産を含む経営となっていることが見られる。

もちろん、ここでも地方別の違いがみられ、北海道では畜産が80％以上という地域が25.6％を占め、他方北陸では20％未満の地域が69.8％を占める。また、耕種が80％以上という地域が5割を超えるのは、北陸の75.6％を先頭に、近畿、四国、中部、関東などの地方となる。

表60　地域の農業産出額に占める耕種・畜産の割合別地域数（2005年）

	なし	～20%	～40%	～60%	～80%	80%～	全体	実数
耕種	2.1	3.4	7.1	13.6	23.8	50.0	100.0	1827
畜産	10.6	42.6	23.2	13.1	6.8	3.7	100.0	1827

これら耕種・畜産という区分は、作目別の農業産出額に基づいて大きくまとめられたものであるが、それぞれの地域の作目別の農業産出額のうち、もっとも金額の大きいものを主要農産物としてとりだすと、地方ごとの農業生産の特色が浮かび上がってくる。もちろん、それぞれの地域では個々の農業経営においてもさまざまな作目が組み合わされており、あるいは経営志向の異なる農家が混在しており、一つの作目でその地域の農業を特色付けることは問題も含んでいよう。ここでは、それぞれの地域の種々の作目の農業産出額の中から金額の多いものをあえて一つ選ぶこととしている。選ばれた主要農産物の産出額がその地域の農業産出額全体に占める割合をみると、平均では46.7％となっており、主要農産物に専作化している程度は高いとはいえない。

表61にみるように、地域の農業産出額の80％以上を主要農産物が占めている専作地域といえる地域は全国の7％にとどまり、20％から60％の間に8割の地域が含まれる。個々の経営の多角化については、ここからうかがうことはできないが、地域単位でみると複合的な農業が展開していることがみてとれる。もっとも、地域においていずれかの農産物が40％以上の産出額をあげている場合には、他にいくつもの農産物が生産されていることを考えれば、その地域では専作とはいえないまでも、主要農産物というにふさわしい位置を占めているとみられるであろう。60％以上の地域が4分の1を占め、40％以上の地域が6割を占めていることは、地域農業の状況として指摘しておくことができよう。それと同時に、一方で、主要農産物といっても、地域において20％程度の割合しか占めておらず、他に肩を並べるような農産物がいくつもあるような地域も少なくない。

表61 地域農業産出額に占める主要農産物の割合（2005年）

なし	～20%	～40%	～60%	～80%	80%～	全体
2.0	2.8	36.5	34.2	17.6	6.9	100.0
37	52	666	625	321	126	1827

表62 地方別に見た主要農産物別地域数（2005年）

	米	麦・豆・雑穀・芋	野菜	果実	花・工芸作物・種子・苗木	肉牛	乳牛	豚	鶏	その他	全体	実数
北海道	24.0	5.8	18.7	1.2	1.8	2.3	39.2	1.2	1.8	4.1	100.0	180
東北	61.7	0.0	12.2	10.4	0.4	1.7	3.9	2.2	7.4	0.0	100.0	231
関東	23.9	1.0	54.5	6.8	2.6	1.0	3.9	3.5	2.6	0.3	100.0	334
北陸	95.3	0.0	1.2	0.0	0.0	0.0	1.2	0.0	2.3	0.0	100.0	86
中部	25.8	0.0	38.7	14.1	10.2	0.8	3.5	2.0	5.1	0.0	100.0	256
近畿	44.2	0.0	29.6	13.3	8.2	0.9	0.4	0.4	3.0	0.0	100.0	234
中国	57.1	0.0	20.5	5.4	0.9	3.6	4.5	0.9	7.1	0.0	100.0	112
四国	11.5	3.1	52.1	18.8	2.1	1.0	1.0	1.0	9.4	0.0	100.0	96
九州沖縄	16.8	2.4	30.0	9.1	11.4	15.5	2.4	5.7	6.7	0.0	100.0	298
合計	35.3	1.3	31.3	9.2	5.2	3.7	6.3	2.4	4.9	0.4	100.0	
実数	633	23	560	165	94	66	112	43	87	8		1827

地方ごとの主要農産物の分布は、**表62**にみるところである。ここではあえてそれぞれの地域についていずれか一つの農産物をその地域の主要な農産物としたことから、多少の歪みが含まれている。地域において二つの農産物が同じ金額で他よりも高いという場合がなかったわけではない。こうした場合に、あえていずれか一つを選ばなければならなかったために生じた歪みがある。とりわけ、米と他の農産物とが同じ金額で地域の優位にある場合には、米以外を選ぶこととしたが、そのために若干米の比重が低くなっている地方があるかもしれない。もちろん、こうした地域はごく少数であり、大きな問題ではない。

全国的にみると、米が主要な作物であるという地域が35.3％を数えて最も多い。しかし、すぐに続いて野菜が31.3％となっており、野菜生産を主とする地域が広がっていることが指摘できる。地方別に見ると、北陸で米を主とする地域が95％に達していることが注目される。米を主とする地域が多いのは、北陸に続いて東北61.7％、中国57.1％、近畿44.2％などであり、関東、四国、中部、九州沖縄では野菜が主である地域が多い。また、北海道では乳牛がもっとも多いという結果である。このほかに10％以上の地域が主要作物としてあげたのは、北海道で米と野菜、東北で野菜と果実、関東で米、中部で米、果実、工芸作物など、近畿で野菜と果実、中国で野菜と果実、四国で果実と米、九州沖縄で米、肉牛、工芸作物など、となっている。

北海道の酪農、東北・北陸の稲作、東北、近畿、中国、四国での果実、九州沖縄の肉牛、中部と九州沖縄での工芸作物などのそれぞれの地方で特色ある農作物がみられることと、全国的に米を主とする地域が広がり、また北陸を除く地方で広く野菜を主とする地域が広がっていること、などが指摘できる。それとともに、いずれの地方にも少数の独自の作物を主とする地域があることも留意する必要がある。

もちろん、作物によって、経済的な有利性には差があるところであり、各地方の農家当たりの農業所得の分布の背景の一つに、こうした作物の構成があるものと推測される。そこで、表示した作物のうちの主要なもののみについて、それを主要な農作物としている地域の生産農業所得の分布を**表63**に

示すこととする。この場合の生産農業所得は、直接にそれぞれの農産物の生産性を示すものではない。例えば米を主要な作物とするという地域について、その地域の農家の平均的な生産農業所得を示したものであり、米を主とするといっても、上にみたように、その地域の農業総生産額に占める割合は一様ではなく、もちろん米専作というわけではない。それだけに、各農産物とも、農家1戸当たりの農業生産所得は、地域ごとにかなりの広がりを示し、かつ、農産物ごとに微妙な差異をみせている。

表63　主要農作物別にみた生産農業所得による地域数（2005年）

	～40万円	～100万円	～200万円	～500万円	500万円～	全体	実数
米	34.4	42.8	15.3	5.1	2.4	100.0	633
野菜	18.2	36.5	27.5	13.4	4.1	100.0	560
果実	13.3	38.8	36.4	11.5	0.0	100.0	165
肉牛	22.7	42.4	24.2	10.6	0.0	100.0	66
乳牛	3.6	17.0	17.0	17.9	44.6	100.0	112
豚	7.0	23.3	39.5	23.3	7.0	100.0	43
鶏	18.4	41.4	25.3	12.6	2.3	100.0	87
全体	22.3	36.7	23.6	10.9	6.1	100.0	
実数	402	661	425	196	110		1827

表から読み取れるように、農産物ごとの農家の農業生産所得の高さを比較すると、最も低いのが米、もっとも高いのが乳牛であり、耕種農業の中では、果実がやや高く、野菜がそれに次ぎ、畜産の中では、乳牛から離れて、豚、鶏、肉牛が接近している。全体に耕種よりも畜産を主とする地域の方が生産農業所得が高めである。しかし、例えば、米を主要な農作物とする地域でも、その4分の3は生産農業所得100万円未満となっているが、500万円以上の地域も少数ながら含まれているように、それぞれの作物において、生産農業所得の高い地域と低い地域が含まれていることは見落としてはならないであろう。

　農業生産のきびしい状況を反映して問題となることに、農業就業人口の減少とその高齢化がある。各地域の販売農家1戸あたりの農業就業人口の平均人数は1.7人でもっとも多い地域では3.8人を数える。高齢化は深刻化し

てきており、平均年齢は全国の地域の平均では62.2歳となっており、最高の地域の場合には地域の農業就業人口の平均値が75.3歳となっている。これまでみてきたように、地域の農業の状況に差異がみられるように、この就業人口の状況にも地域的な差異がみられる。

表64　地方別にみた販売農家1戸当たり農業就業人数別地域数（2005年）

	なし	～1人	～1.5	～1.75	～2	～2.25	～2.5	2.5～	全体	実数
北海道	6.7	0.0	0.0	2.8	8.3	11.7	26.7	43.9	100.0	180
東北	0.9	0.4	19.5	48.1	24.7	4.8	0.4	1.3	100.0	231
関東	4.5	0.3	6.6	33.8	25.7	13.5	6.6	9.0	100.0	334
北陸	1.2	0.0	70.9	22.1	4.7	1.2	0.0	0.0	100.0	86
中部	0.0	0.8	18.0	35.2	27.7	11.7	5.5	1.2	100.0	256
近畿	2.1	0.9	37.6	26.1	18.4	12.8	1.7	0.4	100.0	234
中国	0.9	0.0	51.8	41.1	5.4	0.9	0.0	0.0	100.0	112
四国	1.0	0.0	15.6	45.8	22.9	6.3	6.3	2.1	100.0	96
九州沖縄	0.7	1.0	17.1	39.6	26.2	12.1	3.0	0.3	100.0	298
合計	2.1	0.5	21.1	33.2	20.9	9.9	5.7	6.5	100.0	
実数	39	9	386	607	382	181	104	119		1827

　表64は、地方別に販売農家1戸当たりの就業人口の人数をみたものである。経営規模や作目など多くの面で他の地方と異なる特徴を示していた北海道が、ここでも2.5人以上の地域が44％と多数を占めている。北海道では1.5人未満という地域は皆無であるのに対して、北陸では70.9％が、また中国でも51.8％が1.5人未満となっており、農業就業人口数の差異は歴然としている。東北・関東・中部・四国・九州沖縄の各地方では、1.5人～1.75人という地域が最も多く、全国平均でも3分の1がこれに当てはまる。これに1.5人未満を加えると全国平均で55％をこえる広がりとなり、2人を上回る地域は22％程度にとどまる。2人を上回る農業就業人口のみられる地域は、北海道では82.3％に達し、関東でも30％に及ぶが、四国や九州沖縄で15％にとどまり、東北でも6.5％をみるに過ぎない。要するに販売農家の場合でも、農業就業人口は平均すると大半の地域で1戸当たり2人に満たないということであり、北海道や一部の地域を除くと、夫婦を中心とする家族経営という内実はすでに失われていることが指摘できる。

表65 農業就業人口の平均年齢別地域数（2005年）

	なし	50歳～	55歳～	60歳～	65歳～	70歳～	不明	全体
北海道	0	67	75	22	4	0	12	180
	0.0	39.9	44.6	13.1	2.4	0.0		100.0
東北	0	2	10	167	49	1	2	231
	0.0	0.9	4.4	72.9	21.4	0.4		100.0
関東	15	4	40	182	92	1	0	334
	4.5	1.2	12.0	54.5	27.5	0.3		100.0
北陸	1	0	1	43	41	0	0	86
	1.2	0.0	1.2	50.0	47.7	0.0		100.0
中部	0	2	5	130	112	7	0	256
	0.0	0.8	2.0	50.8	43.8	2.7		100.0
近畿	5	0	29	132	64	3	1	234
	2.1	0.0	12.4	56.7	27.5	1.3		100.0
中国	1	0	1	5	104	1	0	112
	0.9	0.0	0.9	4.5	92.9	0.9		100.0
四国	1	0	9	33	53	0	0	96
	1.0	0.0	9.4	34.4	55.2	0.0		100.0
九州沖縄	2	0	41	207	47	1	0	298
	0.7	0.0	13.8	69.5	15.8	0.3		100.0
合計	25	75	211	921	566	14	15	1827
実数	1.4	4.1	11.6	50.8	31.2	0.8		100.0

　農業就業人口については、その人数とともに、高齢化の問題がしばしば指摘される。表65は、同じく地方別に農業就業人口の平均年齢別の地域数を表示している。全国平均でみると半数の地域が平均年齢55歳～60歳ということになり、60歳以上という地域が32％を占める。上記のように、農家1戸当たりの農業就業人口が2人に満たないことからすれば、農業就業人口の大部分が経営主ということになるだけに、年齢が高くなるのも理解できるところではあるが、就業人口全体の平均値という意味では、高齢化の進行は明瞭であるといわざるを得ない。とりわけ、中国では平均60歳以上という地域が93.8％に達し、四国でも55.2％、北陸で47.7％、中部で46.5％など、一段と高齢化が進んでいることが注目される。さらに、就業人口の平均年齢が70歳以上という地域も中部の7地域、近畿の3地域をはじめとして全国に14地域を数えることも留意すべきであろう。そうした全体的な状況の中

で、北海道のみは60歳未満が84.5％と際立っている。60歳未満を平均とする地域は、関東・近畿・九州沖縄などで10％台の前半にとどまるのみであるのと比べて、大きな差がある。

　農業就業人口の年齢構成とかかわりのある要因として、農業の経済的有利性があることは当然想定できるところである。この点を確認する意味で、**表66**に地域の農業生産所得との関連をとらえる表を示しておく。平均年齢の低い地域の方が農業生産所得が高く、年齢の高い地域では農業生産所得が低いという傾向が見出せる。すなわち、平均年齢50歳未満の地域は所得300万円以上が中心で200万円以上で88％を占め、55歳〜60歳の地域では、200万〜300万をはじめとして100万円以上で67.4％となる。60歳〜65歳では50万円〜100万円を中心に150万円未満の地域が9割におよぶ。65歳〜70歳の地域では、100万円未満の地域が88.4％に達している。さらに、70歳以上の地域で最も多いのは50万円未満の地域ということになる。もちろん、表にみるように、こうした傾向から外れる地域も少なくない。就業人口の年齢構成にかかわりなしに、農業生産所得の高い、あるいは低い地域も散見されるところである。

表66　農業就業人口の平均年齢別にみた農業生産所得の平均別地域数（2005年）

	なし	〜50万円	〜100	〜150	〜200	〜300	300〜	全体	実数
なし	100.0	0.0	0.0	0.0	0.0	0.0	0.0	100.0	25
50歳〜	0.0	1.3	1.3	1.3	8.0	29.3	**58.7**	100.0	75
55歳〜	3.8	9.5	12.3	19.0	20.4	**28.0**	7.1	100.0	211
60歳〜	0.3	21.3	**45.4**	23.0	6.8	2.4	0.8	100.0	921
65歳〜	0.2	38.9	**49.5**	8.8	1.8	0.5	0.4	100.0	566
70歳〜	14.3	**42.8**	7.1	7.1	7.1	7.1	14.3	100.0	14
合計	2.8	24.3	39.8	16.6	6.7	5.9	3.8	100.0	
実数	52	444	726	304	123	107	70		1827

　農業就業人口の年齢構成と地域の農業生産所得が一定の関連を示していることについては、生産所得の確保できる場合には若年の農業就業人口がとどまり、所得の確保が困難な地域では就業人口の高齢化が進行するという連関を考えることもできようし、また、若年の農業就業人口の確保された地域で

は、ある程度の高さの農業生産所得の確保できるような農業経営が展開できるのに対して、高齢化が深刻化するとともに農業経営が沈滞化して農業所得の確保が困難になるという連関を考えることもできよう。いずれにしても、農業所得の低さと農業就業人口の高齢化が平行して進行していることは地域の農業をめぐる今日の困難な問題であるということができよう。

ここまでみてきた農業をめぐる困難な状況に対しては、国や地方自治体などによる行政的な支援が行われている。それらが地域的な条件とどのようにかかわっているのかという点は、一つの問題である。そこで自治体の農業関係の支援をとらえることが望まれることになる。地方自治体の財政の状況については次節で検討するが、農業関係の財政支出については、それとは別に、ここで触れておくこととしたい。ただ、問題は今回利用している市町村財政の統計資料である『市町村別決算状況調』には、農林水産業費を含めて目的別の歳出については、市制をとる自治体についてだけ表記されており、農村地域の多くが含まれる町村に関してはこの資料が得られない。したがって、自治体の農林水産業費については、その一部分だけしかみることができない。

表67 販売農家1戸当たり農林水産業費額別地域数（2006年、市制地域のみ）

	～5万円	～8万円	～12万円	～15万円	15万円～	全体	実数 市計	町村等	全体
北海道	5.7	0.0	11.4	20.0	62.9	100.0	35	145	180
東北	65.3	20.0	6.7	2.7	5.3	100.0	75	156	231
関東	59.0	25.0	8.0	2.1	5.9	100.0	188	146	334
北陸	36.7	38.8	22.4	0.0	2.0	100.0	49	37	86
中部	33.3	33.3	20.7	3.6	9.0	100.0	111	145	256
近畿	36.8	36.0	16.0	4.0	7.2	100.0	125	109	234
中国	13.0	37.0	24.1	14.8	11.1	100.0	54	58	112
四国	39.5	34.2	23.7	0.0	2.6	100.0	38	58	96
九州沖縄	10.3	32.8	32.8	7.8	16.4	100.0	116	182	298
合計	37.5	29.6	17.4	4.9	10.5	100.0			
実数	297	234	138	39	83		791	1036	1827

表67は、市制施行地域について、2006（平成18）年度の農林水産業費の決算額を販売農家数で除した数値を示したものであり、販売農家1戸当た

り農林水産業費を表記している。全国的にみると販売農家1戸当たりの金額は5万円未満37.5％、5万円〜8万円29.6％で、これらで3分の2をしめる。それに対して、東北では、5万円未満が65.3％、関東でも59％と全国平均に対して低額の地域の割合が大きく上回る。逆に、高額の地域が多いのは北海道であり、15万円以上が62.9％を占める。15万円以上は中国と九州沖縄で10％をこえるほかは、他の地方では1割に満たない少数派である。全国平均よりも高額の方向に傾いているのは、中国、九州沖縄などである。大雑把に言えば、北海道を除いて西高東低という印象を受け、これまでみてきた農業生産の状況や農業生産所得の動向などの地方別の分化との対応が明確にはみられないことが気になるところである。しかし、農村地域の主要な部分である町村が含まれていないだけに、参考程度のことに過ぎない。

8 地方自治体と自治体財政

8-1 市町村財政の概観

全国の市町村は、それぞれ基礎自治体として、自治体運営を行い、独自の財政を維持している。もちろん、自治体の機構や組織も、またその財政も、自治体の規模を始めさまざまな条件によって、多様な姿をとっている。ここでは、1981年（昭和56）年度と2006（平成18）年度の決算状況を整理した資料に基づいて、主として自治体財政のいくつかの数値がどのように分化し、どのように関連しているのかを検討することとしたい。全国の自治体は、東京都の23区が特別区とされているほか、主として人口規模に基づいて、政令指定都市、中核市、特例市などに指定され、また、市と町村に区分されている。一口に地方自治体といっても、人口100万以上を数える地域と数千人の地域とでは、自治体として処理する事業は量的にも質的にも差があることは当然であろう。そこで、ここでは主として人口規模に基づく区分として、都市制度と人口規模を組み合わせた地域区分を行い、それぞれの区分による数値の差異を検討していくこととする。

この四半世紀の間に市町村の役割は大きく拡大し、市町村の財政は膨張を

示すと同時に、財政状況はきびしさを増してきたことが、しばしば指摘される。まずはこの間の自治体財政の変化の概要をとらえるために、二つの年次のいくつかの財政指標を対照してその変化を確認しておこう。なお、繰り返すまでもないことであるが、ここで取り上げる二つの年次の間には、市町村やその財政に大きく影響することとしていわゆる平成の大合併が行われている。市町村合併は規模の小さい町村を統合することで自治体財政の強化をもたらそうとする意図で進められるところから、ここでの検討は二つの時点の間の社会的・経済的条件の変化にともなう相違をとらえるとともに、合併の成果としての財政の強化がどこまで実現されたのかを検討することでもある。

表68　人口1人当たり歳入額別市町村の分布

	～20万円	～30万	～35万	～40万	～50万	～60万	60万～	全体	実数
1981	46.8	16.1	10.9	7.0	7.8	5.7	5.7	100.0	1596
2006	2.3	11.6	17.3	14.1	18.2	10.9	25.5	100.0	1827

表69　歳入に占める地方税の割合別市町村の分布

	～10%	～20%	～30%	～40%	～50%	～60%	60%～	全体	実数
1981	26.7	34.3	19.3	11.3	5.5	2.3	0.7	100.0	1596
2006	12.8	27.0	19.0	15.5	13.3	9.1	3.3	100.0	1827

表70　歳入に占める国県支出金の割合別市町村の分布

	～10%	～15%	～20%	～25%	～30%	30%～	全体	実数
1981	8.5	23.4	30.0	19.9	9.4	8.8	100.0	1596
2006	31.7	44.2	16.5	3.9	1.9	1.9	100.0	1827

この間の財政の膨張をとらえる意味で、1981年と2006年の各市町村の歳入額を対比するのであるが、**表68**はそれぞれの時期の市町村の歳入額を人口で除した住民1人当たりの歳入額の分布を示している。1981年には30万円未満の市町村がほぼ3分の2を占めていたが、2006年には40万円以上の市町村が過半を占めるようになっている。歳入を構成している主要なものは、住民税をはじめとする各種の地方税、地方交付税、それに補助金などの国や県からの支出金、さらには起債などであるが、**表69**にみるように、この間に歳入に占める地方税の割合は、全般に高くなっている。しかし、歳入の50％以上を地方税で賄いえている市町村は、1981年にはわずかに3％、

2006年でも12.4％に過ぎない。歳入の10％未満しか賄いえていない市町村が1981年には4分の1を超え、2006年でも13％におよんでいる。1981年の場合には、全国の市町村のほぼ3分の2に当たる61％の市町村が20％未満であることは地方自治体の自立性という観点からみて大きな問題点であろう。**表70**は、国県支出金の歳入に占める割合を示しているが、ここでは1981年に比して2006年にはその割合が全般に大きく低下していることが注目される。1981年には歳入の15〜25％が国県支出金であった市町村が全国のほぼ半数を占めていたのに対して、2006年には15％未満の市町村が4分の3に及ぶようになっている。このことは、表68に示した歳入額の大幅な伸びと関連させてみる必要があり、直ちに国県支出金が減額されたとみることはできないであろう。

　市町村財政の膨張は、当然のことながら、自治体の業務の拡大にともなって生じるところであり、業務の拡大は自治体の組織の拡大に結びつかざるを得ない。職員が増加し、人件費を膨張させる。しかし、膨張する需要を賄うだけの財源が乏しく、経費の削減が常に課題とならざるを得ない。歳出の構成の変化はこうした市町村の志向の表現となるが、その詳細についての検討はきわめて煩瑣なことになるので、ここでは、人件費と投資的経費の割合の変化だけにとどめておく。**表71**は、歳出に占める人件費の割合について表示しているが、歳入の上で大きな変化がみられたのとは対照的に、二つの年次の間の変化は、1981年に比べて2006年にはやや構成比を低下させる傾向にあるものの、数値の動きはごくわずかである。もっとも、この間に財政規模はかなり膨らんでいることを考慮すれば、金額としては拡大されているとみてよいであろうが、財政の中から人件費に充当できる比率はほとんど変わらないとみるべきなのかもしれない。これに対して**表72**に示した投資的経費においては、1981年に対して2006年には大きくその割合を低下させている。1981年には85％を超える圧倒的に多くの市町村が歳出の30％以上を投資的経費に充当していたが、2006年にはそうした市町村は全国のわずか5％弱にまで低下してしまっている。逆に、1981年には2％に満たない市町村のみにみられた投資的経費20％未満という市町村が、2006年には8

割近くになっている。市町村の業務の中で投資的経費とかかわりの深い各種の建設事業の比重が低下し、福祉関連の業務などが大きな比重を占めるようになったことが、こうした歳出構成の変化をもたらしているものと思われる。

表71　歳出に占める人件費の割合別市町村の分布

	～10%	～15%	～20%	～25%	25%～	全体	実数
1981	0.3	9.0	33.9	39.7	17.2	100.0	1596
2006	0.7	7.0	36.1	41.9	14.3	100.0	1827

表72　歳出に占める投資的経費の割合別市町村の分布

	～10%	～15%	～20%	～25%	～30%	～40%	～50%	50%～	全体	実数
1981	0.4	0.3	1.1	3.9	8.8	37.4	34.3	13.7	100.0	1596
2006	23.5	30.0	24.6	12.0	5.0	3.9	0.8	0.2	100.0	1827

8-2　財政規模の変化

市町村財政にみられるこうした特色は、地域の条件とどのようにかかわりを持っているのであろうか。まず、自治体の財政規模をとらえる必要がある。この場合、決算書に示される歳入額・歳出額の総額が財政規模となるが、2006年度の歳入額の最も高額の市町村は大阪市の1兆5905億円、次いで横浜市の1兆3338億円であり、逆に最も小額なのは御蔵島村（東京都）の9億3258万円、次いで清内路村（長野県）の9億4437万円ということになる。これを単純に比較するならば、大まかにいえば人口規模の大きい自治体は財政規模が大きく、人口少数の自治体は財政規模が小さいという、当然の結果が得られるに過ぎないであろうし、金額の開きも大きく、意味のある集計を行うことは困難でもある。そこで、ここでは歳入総額（歳出額も大きな差がないので、ここでは歳入額による。）を人口数で除した住民1人当たり財政規模について検討することとした。これは数値の幅を狭くする意味での処理であるが、人口規模の大きい市の場合には、除数が大きいために1人当たりの歳入額が小額になり、人口規模の小さい町村では除数が小さいことから1人あたりの歳入額が大きくなる、という問題点が予想される。この傾向は1981年には顕著に見られたが、2006年になるといささか不鮮明になっている。

表73　市町村区分別の人口当たり歳入額に基づく市町村の分布

		～30万円	～40万円	～50万円	～60万円	60万～	全体	実数
1981	人口30万以上の市	92.6	7.4	0.0	0.0	0.0	100.0	27
	人口10万以上の市	100.0	0.0	0.0	0.0	0.0	100.0	68
	人口5万以上の市	95.0	3.0	1.0	0.0	1.0	100.0	101
	人口5万未満の市	89.8	9.3	0.8	0.0	0.0	100.0	118
	人口2万以上の町村	97.9	2.1	0.0	0.0	0.0	100.0	143
	人口1万以上の町村	86.3	10.1	2.2	1.4	0.0	100.0	366
	人口5千以上の町村	47.9	33.6	12.9	4.0	1.7	100.0	480
	人口3千以上の町村	12.1	32.7	20.7	22.4	12.1	100.0	174
	人口3千未満の町村	1.7	9.3	14.3	23.5	51.2	100.0	119
	合計	62.9	17.9	7.8	5.7	5.7	100.0	
	実数	1004	285	125	91	91		1596
2006	特別区	8.7	52.2	21.7	8.7	8.6	100.0	23
	政令指定都市	0.0	47.1	35.3	11.8	5.9	100.0	17
	中核市	11.4	68.6	20.0	0.0	0.0	100.0	35
	特例市	34.1	56.8	4.5	4.5	0.0	100.0	44
	人口10万以上の市	30.5	52.4	15.2	1.8	0.0	100.0	164
	人口5万以上の市	24.6	47.8	17.0	8.3	2.2	100.0	276
	人口5万未満の市	1.2	29.3	38.2	15.4	15.9	100.0	246
	人口2万以上の町村	39.4	33.5	14.7	5.5	6.9	100.0	218
	人口1万以上の町村	8.0	35.0	23.8	13.5	19.7	100.0	311
	人口5千以上の町村	0.4	12.0	13.9	24.8	48.9	100.0	266
	人口3千以上の町村	0.0	0.9	1.7	8.6	88.8	100.0	116
	人口3千未満の町村	0.0	0.0	0.9	0.0	99.1	100.0	111
	合計	13.9	31.4	18.2	10.9	25.6	100.0	
	実数	254	574	332	200	467		1827

表73にみるように、1981年の場合には、人口30万以上をはじめ1万以上の市町村では、ほぼ9割前後が30万円以上であるのに対して、人口1万未満の町村ではより高額になっており、3千未満の町村では半数以上が60万円以上となっている。小規模な自治体でも、一定程度の行政サービスが確保される必要があり、歳入額を人口当たりにすると小規模な自治体の効率の悪さが明瞭になるということができよう。けれども、ここに見る市町村の分布は、単に分母となった人口規模のみによって規定された結果とは言いがたいものである。規模の大きな市の中にも金額の大きい市町村も含まれており、

他方人口の少ない町村でも金額の小さいものも含まれている。そうした人口当たり歳入額の分散の傾向は、町村の場合に特に目につくことである。すなわち、市の場合には、30万円未満に集中しており、市の中では分散的な人口5万未満の市の場合にも30万円を超える市は1割にも満たない。それに対して町村の場合には、人口規模が小さいほど人口当たり歳入額は高額になる傾向を見せると同時に、小額から高額にいたるほとんどすべてのセルに分散しており、町村の方が財政状況は多様性に富んでいる。

一方、2006年については、まず1981年に比べてより高額のセルに移行している場合が多く、財政規模の膨張が進んでいることが見て取れる。規模の大きな市の場合にも多くが30万～40万円と、1981年当時より1ランク上がった形になっている。全体の平均は、31％が30万～40万円で、50万円未満までで全地域の3分の2近くが含まれることになるのであるが、大規模な自治体ではこれよりも低額になり、小規模な自治体の場合には、より高額になるということが明瞭に示されている。東京特別区は、人口規模は多様であることから分散した状況を見せている。人口規模100万人以上とされる政令指定都市は、30～50万円にほとんどが収まっているが、70万円未満までの広がりも見られ、中核市や特例市よりも分散していることが目を引く。これに対し、人口30万以上で指定を受けられる中核市や、20万以上の特例市の場合には、より財政規模の小さい方向に傾斜している。政令指定都市の場合には、一般の市町村においては県の仕事とされている事項のいくつかを権限委譲されていることから、事務量が増えて関連する財政規模の拡大が生じていることも推測できる。中核市や特例市でも、それぞれに権限委譲が行われているとされているが、さほどの影響を及ぼすほどでないということかもしれない。

人口規模のさほど大きくない市の場合、そしてとりわけ町村の場合には、人口規模が小さくなるのに並行するように住民1人当たりの歳入額は大きくなる。人口3000人未満の町村の場合には、78％の地域が100万円以上となる。規模が小さくとも、地方自治体として担わなければならない仕事があり、それに要する財政を維持していくとき、住民1人当たりの財政規模は、

分母となる人口が小さいだけに、大きな金額にならざるを得ないものと考えられる。そうなると、まず問題にしなければならないのは、こうした財政をどのようにして構築しているのか、歳入の構成、言い換えれば自治体の財源であろう。

8-3　歳入の構成
8-3-1　歳入の構成要素

表74は、2006年の財政において、歳入を構成する主要な費目について、その歳入に占める割合別に地域数を示したものである。最も基本的な財源というべき地方税は、全国の地域を平均すると歳入の28%を占めている。比率のもっとも大きい地域では77.2%を占めているが、歳入のわずか1.5%しかない地域もある。地方税収入が歳入の5割以上の地域は12.4%に過ぎず、2割未満の地域がほとんど40%に及んでいる。これに対して、地方税とほとんど同じ比重を占めているのが地方交付税であり、平均で28.7%、最も多い地域では歳入の71%を占めている。地方交付税が歳入の5割以上の地域は11.8%で、地方税の場合とほとんど同じである。ただし、交付税の場合は10%未満の市町村が2割近くあって地方税の場合よりも厚みがあり、このうちのいくつかの地域はゼロとなっている。いわゆる不交付団体とみることができる。補助金を含む国庫支出金や県支出金は、歳入の10%未満という地域がほとんどであるが、40%におよぶ地域を含めて例外的にではあるが、かなり大きな比重を占めている地域もある。いわゆる依存財源に相当するものとして、地方交付税と国庫支出金および県支出金を合計したものの歳入に占める割合についてみると、全国平均では41.4%に達する。地方税を大きく上回る比重を占めており、これが歳入の過半を占める地域が37.3%ある。なかでも最も多い地域では歳入の82.7%を占めている。今日の地方自治体の活動が、地方税を中心とする自主的な財源とともに、多分に大きな部分を、交付税や補助金などの形で国や県から受け入れる財源に依拠していることが浮かび上がってくる。

表74 歳入の主要な構成要素（2006年）

	~10%	~20%	~30%	~40%	~50%	50%~	全体	平均	最大値	最小値	実数
地方税	12.8	27.0	19.0	15.5	13.3	12.4	100.0	28.0	77.2	1.5	1827
地方交付税	19.4	14.3	16.1	19.4	18.9	11.8	100.0	28.7	71.0	0.0	1827
国庫支出金	82.3	16.2	1.4	0.1	0.1	0.0	100.0	7.1	40.1	0.1	1827
県支出金	93.2	5.5	0.7	0.5	0.1	0.0	100.0	5.7	41.0	1.1	1827
交付税＋国・県支出金比率	2.6	13.0	13.3	16.2	17.6	37.3	100.0	41.4	82.7	2.5	1827

　歳入のこうした構成は、地方自治体の規模や制度とどのように関連しているのであろうか。表74に示した区分に基づいて、地方税、地方交付税、それに依存財源（地方交付税＋国庫支出金＋県支出金）のそれぞれの歳入に占める割合の分布を見ていくこととしたい。

8-3-2 地方税

　表75は、歳入に占める地方税の割合について、市町村区分に基づいて市町村の分布を示しているが、1981年の場合には、人口の多い市ほど地方税の割合が大きく、人口の小さい町村では、地方税の占める割合が低くなっている。すなわち、人口30万以上ならびに10万以上の市では歳入に占める地方税の割合が40％以上という市が最も多いが、人口3千未満の町村では10％未満が8割、3千から5千の町村では7割、5千から1万の町村でも20％未満が8割を超えている。また、市町村区分ごとに地方税の割合が集中的であるか分散的であるかという点では、上記の10万以上の人口規模の大きい市と、人口5千未満の人口規模の小さい町村の場合には集中的であり、その中間に当たる人口規模の小さい市や規模の大きい町村の場合には分散的であるということが指摘できる。人口10万以上の市の場合には、税収も確保できて財政的に安定していると思われるのに対して、人口5千未満の町村のほとんどは、歳入の10〜15％ほどの税収しか得られず、歳入のうちのきわめて多くの部分を地方交付税などに依存せざるを得ないという状況がうかがえる。

表75 市町村区分別の歳入に占める地方税の割合に基づく市町村の分布

		～10%	～20%	～30%	～40%	40%～	全体	実数
1981	人口30万以上の市	0.0	0.0	3.7	18.5	**77.8**	100.0	27
	人口10万以上の市	0.0	0.0	10.3	29.4	**60.3**	100.0	68
	人口5万以上の市	0.0	6.0	25.7	**42.5**	25.7	100.0	101
	人口5万未満の市	1.7	33.1	**39.0**	20.3	5.9	100.0	118
	人口2万以上の町村	0.0	15.4	**42.7**	30.8	9.2	100.0	143
	人口1万以上の町村	7.9	**53.0**	29.2	6.5	3.2	100.0	366
	人口5千以上の町村	37.5	**47.1**	10.2	3.3	1.8	100.0	480
	人口3千以上の町村	**69.0**	27.5	3.4	0.0	0.0	100.0	174
	人口3千未満の町村	**79.8**	10.0	4.2	3.4	2.5	100.0	119
	合計	26.7	34.3	19.3	11.3	8.5	100.0	
	実数	426	547	308	180	135		1596
2006	特別区	0.0	21.7	**34.8**	21.7	21.7	100.0	23
	政令指定都市	0.0	0.0	0.0	41.2	**58.8**	100.0	17
	中核市	0.0	0.0	11.4	22.9	**65.8**	100.0	35
	特例市	0.0	0.0	9.1	13.6	**77.3**	100.0	44
	人口10万以上の市	0.0	4.3	15.2	17.1	**63.4**	100.0	164
	人口5万以上の市	0.0	12.3	21.0	27.2	**39.5**	100.0	276
	人口5万未満の市	2.8	**37.0**	35.8	16.7	7.7	100.0	246
	人口2万以上の町村	0.9	19.7	17.9	22.0	**39.5**	100.0	218
	人口1万以上の町村	7.4	**38.3**	25.1	13.8	15.4	100.0	311
	人口5千以上の町村	20.3	**49.6**	13.5	7.9	8.7	100.0	266
	人口3千以上の町村	**55.2**	37.1	4.3	0.0	3.5	100.0	116
	人口3千未満の町村	**75.7**	17.1	2.7	0.9	3.6	100.0	111
	合計	12.8	27	19	15.5	25.7	100.0	
	実数	234	493	348	283	469		1827

　一方2006年についてみると、大づかみにいえば、規模の大きな自治体の場合には歳入に占める地方税の比率が高く、規模の小さい自治体においてはその比重が小さいという傾向が見られるが、その関連は、1981年の場合に比べて不明確になっている。すなわち、政令指定都市をはじめ人口10万以上の市では、歳入の30％以上の地方税収入を得ているのに対して、人口5万未満の市の場合には30％以上の税収を得ている市はほぼ4分の1しかない。さらに人口3千以上の町村では55％、3千未満の町村では75.7％が歳入の10％未満の税収しか得ていない。全体的に1981年に比べて歳入に占める地

方税の割合を高めている市町村が多い傾向がみえるとはいうものの、規模の小さい市町村の歳入構成が改善されたという傾向はほとんど読み取れない。

8-3-3 地方交付税と依存財源

表76は、同じように地方交付税の歳入に占める割合を見たものであるが、ここでは、ちょうど地方税の場合とは対称的に規模の大きな地方自治体においてその比率が低く、規模の小さい自治体では比率が高いという傾向を示している。すなわち、東京特別区はいずれも不交付団体であり、政令指定都市・中核市・特例市は、いずれもその9割以上が歳入に占める地方交付税の割合が20％未満となっている。交付税の割合が20％未満の地域の割合は、人口10万以上の市では7割、5万以上の市では5割となり、5万未満の市では13.4％にまで低下する。町村の場合には、人口2万以上の場合には30％未満の地域が7割に及ぶが、1万～2万の地域では20％～50％に4分の3が含まれる。さらに人口5千未満では40％～60％にほぼ8割が、3千未満では60％以上も1割以上含まれるようになる。

さらに、依存財源に相当する地方交付税と国および県支出金の合計額の歳

表76　地方交付税の歳入に占める割合別地域数（2006年）

	～10%	～20%	～30%	～40%	～50%	～60%	60%～	全体	実数
特別区	**100.0**	0.0	0.0	0.0	0.0	0.0	0.0	100.0	23
政令指定都市	**70.6**	29.4	0.0	0.0	0.0	0.0	0.0	100.0	17
中核市	40.0	**48.6**	11.4	0.0	0.0	0.0	0.0	100.0	35
特例市	**70.5**	20.5	9.1	0.0	0.0	0.0	0.0	100.0	44
市・10万以上	**52.4**	22.6	18.9	6.1	0.0	0.0	0.0	100.0	164
市・5万以上	25.4	**29.3**	24.3	16.7	4.3	0.0	0.0	100.0	276
市・5万未満	4.5	8.9	22.0	**39.0**	25.6	0.0	0.0	100.0	246
町村・2万以上	22.0	**24.3**	21.6	17.0	12.4	2.8	0.0	100.0	218
町村・1万以上	10.9	7.7	18.3	26.7	**29.3**	6.8	0.3	100.0	311
町村・5千以上	7.5	4.5	8.3	19.9	**33.1**	24.8	1.9	100.0	266
町村・3千以上	2.6	1.7	1.7	10.3	34.5	**44.8**	4.3	100.0	116
町村・3千未満	2.7	0.0	5.4	16.2	22.5	**42.3**	10.8	100.0	111
合計	19.4	14.3	16.1	19.4	18.9	10.5	1.3	100.0	
実数	355	262	294	355	346	192	23		1827

入に占める割合をみると、地方交付税においてみられた傾向が、ここにも現れていることが指摘できる。人口20万以上となる、政令指定都市・中核市・特例市の場合には、大部分が10％～30％の範囲に収まっていて、40％を超える地域は3地域しかみられない。これに対して、これらを除く人口10万以上の市以下の市・町村の場合には、歳入に占める区分のほとんどに少しずつではあれ分散していることが注目される。ことに市の場合には、最も多数を占めるセルの数値も地域の20％～30％程度で、分散傾向が見られる。町村の場合には、規模の比較的大きい町村では市にみられるのと同様の分散傾向にあるが、人口5千未満になるとその多くが依存財源に大きく依存する事態となっている。同じ規模の場合にも、さまざまな条件によって、依存財源の歳入に占める割合の高い町村と低い町村があるとはいえ、依存財源に過半を依存する町村が、人口2万以上で17.9％、1万以上で41.2％、5千以上で65.8％、3千以上で84.4％、3千未満で90.1％と、規模が小さくなるに従って増加し、人口5千未満の町村ではそのほとんどがそれに該当することは見逃すことのできない点であろう。

規模の小さい自治体において依存財源の歳入に占める割合が高くなること

表77　依存財源の歳入に占める割合別地域数（2006年）

	～10％	～20％	～30％	～40％	～50％	～60％	60％～	全体	実数
特別区	4.3	87.0	8.7	0.0	0.0	0.0	0.0	100.0	23
政令指定都市	0.0	41.2	52.9	5.9	0.0	0.0	0.0	100.0	17
中核市	0.0	28.6	37.1	25.7	8.6	0.0	0.0	100.0	35
特例市	0.0	45.5	34.1	20.5	0.0	0.0	0.0	100.0	44
市・10万以上	2.4	37.2	24.4	18.3	15.9	1.8	0.0	100.0	164
市・5万以上	1.4	18.5	20.7	27.2	20.7	10.5	1.1	100.0	276
市・5万未満	0.0	3.3	7.3	18.7	27.2	33.7	9.8	100.0	246
町村・2万以上	6.4	16.1	21.1	22.9	15.6	13.8	4.1	100.0	218
町村・1万以上	3.9	6.4	7.4	16.7	24.4	27.7	13.5	100.0	311
町村・5千以上	2.6	1.9	6.4	7.9	15.4	30.8	35.0	100.0	266
町村・3千以上	2.6	0.0	2.6	0.9	9.5	28.4	56.0	100.0	116
町村・3千未満	1.8	0.9	0.0	1.8	5.4	22.5	67.6	100.0	111
合計	2.6	13.0	13.3	16.2	17.6	20.3	17.0	100.0	
実数	47	238	243	296	321	371	311		1827

は、そうした地域における歳入に占める地方税の割合が低いことと対応する事態であり、自治体として処理しなければならない事業を支えるために、国や県からの交付税や補助金に大きく依存しなければならない事態がうかがえる。その結果、これら依存財源の住民1人当たりの金額も、規模の小さい自治体においては相対的に大きな額とならざるを得ない。表78は、それぞれの地域における地方交付税と国庫支出金および県支出金の合計額を人口で除した数値に従って地域数を表示したものである。表にみるように特別区を含めて、特例市までの各市では90％前後の地域が住民1人当たりの依存財源は15万円未満にとどまっており、20万円を越えるのは1地域のみであるのに対して、人口5万未満の市では、半数以上が20万円以上となり、人口5千以上の町村では、30万円以上が6割となり、人口3千未満の町村では9割以上が50万円以上となる。もちろん、それぞれの自治体において計上される依存財源の金額は、表示する住民当たりの金額に人口数を乗じた額であるから、金額そのものは規模の大きい自治体の方が大きいことはいうまでもない。

表78 住民1人当たり依存財源額別地域数（2006年）

	～10万円	～15万円	～20万円	～30万円	～50万円	50万円～	全体	実数
特別区	**91.3**	8.7	0.0	0.0	0.0	0.0	100.0	23
政令指定都市	**52.9**	47.1	0.0	0.0	0.0	0.0	100.0	17
中核市	**62.9**	22.9	11.4	2.9	0.0	0.0	100.0	35
特例市	**75.0**	15.9	9.1	0.0	0.0	0.0	100.0	44
市・10万以上	**62.8**	18.9	11.6	6.7	0.0	0.0	100.0	164
市・5万以上	**42.8**	26.1	12.7	13.4	5.1	0.0	100.0	276
市・5万未満	6.5	19.1	21.1	**32.5**	19.5	1.2	100.0	246
町村・2万以上	**51.8**	15.6	10.1	15.1	7.3	0.0	100.0	218
町村・1万以上	17.7	17.4	17.4	**25.1**	17.4	5.1	100.0	311
町村・5千以上	6.0	6.0	9.4	18.0	**42.9**	17.7	100.0	266
町村・3千以上	2.6	0.9	0.9	6.0	36.2	**53.4**	100.0	116
町村・3千未満	0.0	0.0	0.9	1.8	4.5	**92.8**	100.0	111
合計	27.9	15.3	11.9	16.3	16.0	12.6	100.0	
実数	509	280	217	297	293	231		1827

8-3-4 住民の税負担と課税所得

これと表裏をなすのが、地方税収入であるが、住民1人当たりの地方税額は表79に見るように、多分に複雑である。大きな流れとしては、規模の小さい自治体では住民当たりの金額が小さく、規模の大きい自治体で金額が大きいとみることはできるが、その差異は小さく、またこうした流れから外れる例が少なくない。表79に示した2006年の状況では、政令指定都市では15万円～20万円、中核市・特例市・10万以上・5万以上の市では10万円～15万円に多くの地域が集まっており、5万未満の市および町村では10万円未満に多くの地域が集まっている。しかし、人口3千未満の町村は、3千以上の町村よりも高額の方向に傾斜しており、とりわけ最も高額の50万円以上の割合は、（それ自体少数ではあるにしても）人口3千未満が最も多いのである。

表79　住民1人当たり地方税額別地域数（2006年）

	～10万円	～15万円	～20万円	～30万円	～50万円	50万円～	全体	実数
特別区	**43.5**	30.4	13.0	4.3	8.7	0.0	100.0	23
政令指定都市	0.0	17.6	**64.7**	17.6	0.0	0.0	100.0	17
中核市	0.0	**51.4**	45.7	2.9	0.0	0.0	100.0	35
特例市	0.0	**56.8**	40.9	2.3	0.0	0.0	100.0	44
市・10万以上	8.5	**60.4**	24.4	6.7	0.0	0.0	100.0	164
市・5万以上	24.6	**55.4**	14.9	5.1	0.0	0.0	100.0	276
市・5万未満	**51.2**	41.5	5.7	1.2	0.4	0.0	100.0	246
町村・2万以上	**43.6**	40.8	11.5	3.7	0.5	0.0	100.0	218
町村・1万以上	**60.8**	24.8	8.0	3.5	2.6	0.3	100.0	311
町村・5千以上	**63.2**	22.9	4.5	4.1	4.1	1.1	100.0	266
町村・3千以上	**74.1**	13.8	6.0	3.4	1.7	0.9	100.0	116
町村・3千未満	**56.8**	21.6	9.0	6.3	2.7	3.6	100.0	111
合計	44.8	36.9	12.2	4.1	1.5	0.5	100.0	
実数	819	674	222	75	28	9		1827

表79においてもう一つ留意する必要があるのは、全体として地域間の差が小さいことであろう。住民1人当たり地方税額の最も少ない地域は、3万2800円となっているが、10万円未満に44.8％、20万円未満まで含めると

81.7％が含まれ、30万円をこえる地域は6％あまりに過ぎない。依存財源の住民1人当たりの金額の地域間の広がりと対比したとき、その広がりの小さいことは明らかであろう。

　注意する必要があるのは、ここで問題にしているのが地方税（市町村税）であることであり、市町村民税以外に、法人税や固定資産税などを含んだ総額であることである。規模の小さい自治体に、大規模な企業や特定の施設等が所在して、多額の固定資産税などの住民税以外の税収が得られる場合など、地方税の額が相対的に大きくなり、人口数で除した場合に大きな金額になることは十分に想定できることである。こうした住民税以外の税収は、規模の大きな自治体でも収入している地域は少なくないと思われるが、人口数が大きいだけに住民1人当たりの数値としては大きい数値になることは少ないものと思われる。

　地域の経済力をより直接に反映するものとして、市町村税のうち個人の所得に応じて課税される市町村民税について、その分化の状況をとらえておこう。地域の富裕度を測る指標の一つとして、市町村ごとの地方税課税対象所得額を人口で除した「人口当たり課税対象所得額」をとらえることができる。**表80**は、1991年と2006年の市町村ごとのこの数値を対照したものである。1991年には、100万円未満という市町村が54.5％と半数を超えていたが、2006年には32.3％に減少し、140万円以上の市町村が11.6％から22％へと増加しており、この間に若干の上昇を示していることが指摘できる。

表80　人口当たり課税対象所得の変化

	～80万円	～100万	～120万	～140万	～160万	160万～	全体	実数
1991	28.2	26.3	20.8	13.2	6.5	5.1	100.0	1596
2006	10.1	22.2	25.3	20.4	12.7	9.3	100.0	1827

　1991年のこの数値と都市・農村の区分との関連をとらえたのが**表81**である。農村では、77.5％の市町村が100万円未満であるのに対して、都市では8.5％に過ぎず、140万円以上の市町村は、都市では49.2％とほぼ半数に及ぶのに対して、農村ではわずかに1.6％見られるに過ぎない。都市・準

表81　都市・農村別に見た人口当たり課税対象所得（1991年）

	～80万円	～100万	～120万	～140万	～160万	160万～	全体	実数
都市	2.8	5.7	20.4	22.0	19.8	29.4	100.0	177
準都市	8.8	26.4	30.4	24.8	8.0	1.6	100.0	125
中間地域	13.4	23.5	21.7	16.6	14.8	10.1	100.0	217
準農村	25.7	29.0	25.2	15.3	3.9	0.6	100.0	455
農村	46.3	31.2	15.2	5.6	1.3	0.3	100.0	622
合計	28.2	26.3	20.8	13.2	6.5	5.1	100.0	
実数	450	420	331	211	103	81		1596

都市の優位、農村・準農村の劣位が明瞭に現れている。

　表82は、2006年の個人の市町村民税について、その基礎となる課税所得額を納税義務者数で除した数値であり、個人の納税義務者1人当たりの課税所得額を自治体単位で平均した数値である。また、表83は、このうちの上位の10地域を具体的に表示したものである。

　ここでは、表82に見るように東京特別区では23区のうちの15区が400

表82　納税義務者1人当たり課税所得額による地域数（2006年）

	～250万円	～280	～300	～350	～400	400～	全体	実数
特別区	0.0	0.0	0.0	8.7	26.1	**65.2**	100.0	23
政令指定都市	0.0	0.0	0.0	**64.7**	23.5	11.8	100.0	17
中核市	0.0	0.0	20.0	**62.9**	14.3	2.9	100.0	35
特例市	0.0	2.3	9.1	**50.0**	31.8	6.8	100.0	44
市・10万以上	0.0	12.8	18.9	**34.8**	25.0	8.5	100.0	164
市・5万以上	2.9	23.6	23.6	**37.0**	9.8	3.3	100.0	276
市・5万未満	14.6	**48.4**	21.5	14.6	0.8	0.0	100.0	246
町村・2万以上	7.8	26.1	22.9	**30.3**	9.2	3.7	100.0	218
町村・1万以上	24.8	**39.2**	15.8	18.0	2.3	0.0	100.0	311
町村・5千以上	30.5	**36.8**	16.2	13.5	2.3	0.8	100.0	266
町村・3千以上	35.3	**41.4**	12.9	10.3	0.0	0.0	100.0	116
町村・3千未満	26.1	**31.5**	22.5	12.6	3.6	3.6	100.0	111
合計	15.8	31.0	18.7	23.9	7.4	3.2	100.0	
実数	289	566	342	436	136	58		1827

万円以上の相対的に高い所得をあげる住民が多いことを示しており、表83に示すように納税義務者あたり課税所得額の上位を占める地域のほとんどが東京23区のうちでも中心区であり、東京の中心部に高額所得者が集住していることが示されている。そして、表82にみるように、ほぼ人口規模の大きい都市から小規模な町村に向かって、課税所得額が低くなるという傾向を示しているが、それはあまり明瞭なものではない。所得に応じた棲み分けが見られるとはいいがたい。注意しておいてよいことは、表79と表82を対比した場合に、表82では地域ごとの分化が大きいのに対して、表79では分化がはるかに小さくなっていることである。所得額に見られる分化は、地方税額となると多分に収斂されたものとなっているということである。

表83　納税義務者あたり課税所得額の高額の地域（2006年）

港区	特別区	1007万円
千代田区	特別区	820万円
渋谷区	特別区	734万円
芦屋市	兵庫県	630万円
目黒区	特別区	576万円
文京区	特別区	576万円
中央区	特別区	576万円
世田谷区	特別区	535万円
新宿区	特別区	510万円
杉並区	特別区	507万円

8-3-5　財政力指数

ここまで市町村自治体の歳入とその構成について検討してきたが、そのまとめの意味で、市町村区分別の財政力指数の状況について確認しておくこととする。財政力指数は、それぞれの自治体が標準的な税制度によって計上することができる市町村税収入としての基準財政収入額を、当該自治体が制度上担う必要のある行政活動を遂行するために必要とされる経費としての基準財政需要額で除した数値である。したがって、これが同額であれば指数は100になり、必要な行政活動を行うのに要する額に見合う税収が見込めない場合には100を下回る数値を、余裕のある税収が見込める場合には100を

上回る数値を示す。

表84　財政力指数別地域数

		～50	～75	～100	100～	不明	全体	実数
1981	人口30万以上の市	0.0	22.2	**74.1**	3.7	0	100.0	27
	人口10万以上の市	0.0	42.6	**51.5**	5.9	0	100.0	68
	人口5万以上の市	12.9	**66.3**	13.9	6.9	0	100.0	101
	人口5万未満の市	**61.9**	32.2	5.1	0.8	0	100.0	118
	人口2万以上の町村	**53.8**	37.8	5.6	2.8	0	100.0	143
	人口1万以上の町村	**90.2**	7.7	0.8	1.4	0	100.0	366
	人口5千以上の町村	**94.2**	5.2	0.2	0.4	0	100.0	480
	人口3千以上の町村	**100.0**	0.0	0.0	0.0	0	100.0	174
	人口3千未満の町村	**94.1**	4.2	1.7	0.0	0	100.0	119
	合計	77.1	15.8	5.6	1.5	0	100.0	
	実数	1231	252	89	24			1596
2006	特別区	0.0	0.0	0.0	0.0	23	0.0	23
	政令指定都市	0.0	29.4	**64.7**	5.9	0	100.0	17
	中核市	2.9	37.1	**45.7**	14.3	0	100.0	35
	特例市	0.0	27.3	**43.2**	29.5	0	100.0	44
	市・10万以上	10.4	29.9	**39.6**	20.1	0	100.0	164
	市・5万以上	23.6	**42.4**	23.9	10.1	0	100.0	276
	市・5万未満	**63.0**	28.0	6.5	2.4	0	100.0	246
	町村・2万以上	31.2	**39.4**	19.3	10.1	0	100.0	218
	町村・1万以上	**65.6**	20.6	8.7	5.1	0	100.0	311
	町村・5千以上	**81.6**	10.2	2.6	5.7	0	100.0	266
	町村・3千以上	**95.7**	1.7	0.0	2.6	0	100.0	116
	町村・3千未満	**96.4**	2.7	0.0	0.9	0	100.0	111
	合計	52.4	24.8	14.9	8.0		100.0	
	実数	945	447	269	143	23		1827

表84は、市町村区分別に1981年と2006年の財政力指数を示したものであり、この間の変化を示そうとするものである。財政力指数は、前後3年の平均値が示されているが、二つの年次を対比させるには、若干の問題もあるように思われる。まず、東京特別区は、財政力指数の算定がされていないが、これらも不交付団体であるから事実上指数は100をこえており、2006年の財政力100以上の市町村にこの分を加えることも考えられ、それによって財政力100以上の割合は若干大きくなるのであるが、1981年の資

料では東京特別区は除外しているので、むしろこのままでよいといえよう。問題なことは、1981年と2006年のこの指数の算出方法が同一であるのかということである。一つは、1981年には指数は100を基準に示されていたが、2006年には1を基準に示されている。ここでは両者を共通にするために100を基準に修正している。さらに問題となるのは、この財政力指数は地方交付税の算定の基礎となるものであるが、地方交付税制度にもこの間にいくつかの修正が加えられており、基準財政需要額の算定の基礎として取り上げられる行政内容はおそらくこの間に変更が加えられていると思われ、また、基準財政収入額とされる地方税の積算についても、この間の地方税制度の変更が影響しているものと思われる。こうした問題点が想定されるのではあるが、それらを考慮して数値の修正を加えることは事実上できないので、単純に両年次の結果を対照することとする。

表84は、市町村区分別に財政力指数の状況を示したものであるが、まず、上段の1981年についてみると、財政力指数が100を超える、自治体の行う行政を支えるだけの税収が見込める市町村は、全体としては1.5％しかなく、全国の市町村の4分の3以上が、税収が需要額の半分以下しかないというきびしい状況にあることが注目されるところであった。下段の2006年には、財政力指数が100をこえる自治体は8％となり、需要額の半分以下の市町村の割合は52％あまりとなった。1981年に比べて税収の乏しい市町村が減少したことはともかくも認められる。このことの背景の一つはこの間のいわゆる平成の大合併によって、規模の小さい自治体の統合が進められたことであるということはできよう。しかしながら、2006年においても依然として財政力指数に現れた市町村の財政状況はきわめて厳しいといわざるを得ない。2006年度においても、全国の地域を平均すると財政力指数は50であり、各市町村は平均すると行政を担うのに必要な財源の半分しか得られていないということになる。全国的にみると指数の最も低いのは10で、必要な額の1割しか収入がないことになる。一方、富裕な自治体では、需要額を上回る収入が見込め、財政力指数の最大の自治体では280という数値を示している。100を超えている市町村は、1981年よりも比率を高めたといっても、市町

村の1割にも満たない。

　表に見るように、いずれの年次においても、規模の大きな自治体では比較的財政力指数が大きいが、2006年の政令指定都市や中核市・特例市などにおいても指数が75を下回る地域が少なくないことは目を引く。町村ではそのほとんどが財政力指数が50以下という状況にあり、表示はしていないが規模の小さい町村になるとそのほとんどが指数25未満となっており、必要な経費の4分の1以下の収入しかえられないということを示している。すでに見たように、地方自治体の財政のきわめて大きな部分を地方交付税や国・県支出金でまかなわざるを得ないという状況が一般化していることを示しており、大多数の地域が地方自治体という名称にもかかわらず財政面で自立的な基盤を失っているといわざるを得ない。累積する赤字にあえぐ自治体も少なくない状況であるが、そこまでの厳しさは免れている場合でも、自ら必要な資金を支弁できなくなっている自治体がむしろ一般的なのである。

8-4　歳出の構成
8-4-1　人件費

　今日の市町村自治体は、地域生活にかかわる広範な領域にわたってその活動を広げており、しかもそのうちのかなり多くの部分には、国や県の規定や指導に基づいて一定の内容や水準が求められている。それに加えて各自治体では、さまざまな創意工夫を重ねて、住民生活の福祉や地域の活力の向上を目指した活動を展開している。その結果として、各種の行政領域に予算を配当せねばならず、税収の水準を超えて財政規模を拡大することとなる。行政領域の拡大にともなって、自治体は組織を拡張し、多数の職員を擁することになっていく。それは財政面では人件費の膨張をもたらす要因となるのであるが、一方で財政改革の課題をかかえ、人件費の抑制を通じて状況の改善を図ろうとして努力を重ねている。

　表85は、歳出に占める人件費の割合について二つの年度を並べて表示したものである。合計に示された両年度の全国の市町村の人件費の割合別の分布は、ほとんど変わっていないというべきであろう。両年度とも7割以上

表85 歳出に占める人件費の割合別地域数

		～10%	～15%	～20%	～25%	25%～	全体	実数
1981	人口30万以上の市	0.0	3.7	14.8	51.9	29.6	100.0	27
	人口10万以上の市	0.0	0.0	17.6	55.9	26.5	100.0	68
	人口5万以上の市	0.0	4.0	23.8	49.5	22.8	100.0	101
	人口5万未満の市	0.0	0.0	24.6	50.8	24.6	100.0	118
	人口2万以上の町村	0.7	7.0	30.1	42.7	19.6	100.0	143
	人口1万以上の町村	0.3	8.7	28.1	42.6	20.2	100.0	366
	人口5千以上の町村	0.0	8.3	39.6	36.9	15.2	100.0	480
	人口3千以上の町村	0.6	18.4	40.8	30.5	9.8	100.0	174
	人口3千未満の町村	0.8	20.2	54.6	21.0	3.4	100.0	119
	合計	0.3	9.0	33.9	39.7	17.2	100.0	
	実数	4	143	541	634	274		1596
2006	特別区	0.0	0.0	8.7	56.5	34.8	100.0	23
	政令指定都市	0.0	17.6	64.7	17.6	0.0	100.0	17
	中核市	0.0	2.9	42.9	45.7	8.6	100.0	35
	特例市	0.0	2.3	29.5	56.8	11.4	100.0	44
	人口10万以上の市	0.0	3.7	31.7	48.2	16.4	100.0	164
	人口5万以上の市	0.0	4.3	34.8	43.1	17.8	100.0	276
	人口5万未満の市	0.4	5.7	41.1	41.1	11.8	100.0	246
	人口2万以上の町村	0.0	6.4	33.0	46.8	13.7	100.0	218
	人口1万以上の町村	1.0	5.8	34.7	43.7	14.8	100.0	311
	人口5千以上の町村	0.8	8.3	35.7	39.5	15.8	100.0	266
	人口3千以上の町村	1.7	17.2	44.8	26.7	9.5	100.0	116
	人口3千未満の町村	3.6	15.3	38.7	32.4	9.9	100.0	111
	合計	0.7	7.0	36.1	41.9	14.2	100.0	
	実数	12	128	660	766	261		1827

の市町村が15%～25%の間にあり、2006年には全国の自治体の78%が、その歳出の15%～25%を人件費に充てている。それ以下のものは1割弱、それ以上のものは15%前後という状況である。2006年度の場合には、歳出に占める人件費の割合は、平均20.7%と財政の5分の1を占めているが、地域によってはさらに大きな割合を占めており、最大の地域では38.6%と歳出の4割近くを占めるところもある。表示した市町村区分のほとんどは、このような全国の状況と大きく異なることのない人件費の比重を示しているが、そうした中で若干興味深いのは、1981年の場合に、「人口1万以上の町村」よりも規模の大きな市町村では、20%～25%の人件費である市町村

が半数をやや上回るなど各規模の市町村のうちで最も多い数値を示しているのに対して、「人口5千以上の町村」以下の3つの規模では、最も多数であるのはこれより1ランク低額の15%〜20%となっており、規模の大きな市町村で人件費の割合が高く、規模の小さい町村で相対的に割合が小さいという傾向が、明瞭に現れていた。しかしながら、2006年になると、こうした傾向は一応見られるものの、1981年に比べて自治体の規模と人件費の割合との関連は曖昧になっている。2006年度では、東京特別区だけは、そのほとんどが20%〜30%という、より高い比率を示しており、逆に人口5千未満の町村では、他に比べて15%未満の割合の地域が多くなっている。かなり長い期間を経たにもかかわらず、全体的な構成に大きな変化がないということは、今日の自治体が、財政をめぐる上記の相反する要請の中で、動きがとれない状況にあることを暗示しているように思われるが、一方では、歳出削減が強く求められるようになる中で、それぞれの市町村の取り組みが活発化してきていて、人口規模などの規定要因に影響されるところが少なくなったものとも考えられる。

表86　自治体の職員数別地域数（2006年）

	〜100人	〜200	〜400	〜1000	1000〜	全体	実数
特別区	0.0	0.0	0.0	0.0	**100.0**	100.0	23
政令指定都市	0.0	0.0	0.0	0.0	**100.0**	100.0	17
中核市	0.0	0.0	0.0	0.0	**100.0**	100.0	35
特例市	0.0	0.0	0.0	0.0	**100.0**	100.0	44
市・10万以上	0.0	0.0	0.0	**53.7**	46.3	100.0	164
市・5万以上	0.0	0.0	15.6	**81.5**	2.9	100.0	276
市・5万未満	0.0	2.8	**67.5**	29.7	0.0	100.0	246
町村・2万以上	0.0	43.6	**55.5**	0.9	0.0	100.0	218
町村・1万以上	10.3	**75.6**	14.1	0.0	0.0	100.0	311
町村・5千以上	**58.6**	40.6	0.8	0.0	0.0	100.0	266
町村・3千以上	**94.8**	5.2	0.0	0.0	0.0	100.0	116
町村・3千未満	**100.0**	0.0	0.0	0.0	0.0	100.0	111
合計	22.4	24.7	20.6	21.2	11.1	100.0	
実数	409	451	376	388	203		1827

人件費の多寡を規定する要素は、自治体の職員の人数と給与水準である。

2006年の場合について、これらが市町村区分ごとにどのように分布しているのかを示すのが、表86と表87である。このうち、職員数については、東京特別区を含めて人口20万以上の地域はすべて1000人以上の職員を擁しており、このうち、3000人以上の地域も41を数える。それ以下の市や町村の規模に対応して職員数は少なくなり、人口3000人未満の町村では100人以下となっている。それぞれの人口規模ごとに最も大きな割合を示すセルと隣接するセルを加えるとほとんど9割に達する場合が多く、人口規模に応じて多くの職員数が必要とされるという事情を推量することができる。これに対して職員給与の場合には、規模の大きな自治体で給与水準が高く、小さな規模の自治体で相対的に給与が低いという傾向は一応みられるものの、職員数の場合に比べて多分に分散したものとなっている。給与の場合には当該地域の環境条件の影響するところが大きいことは考慮する必要があろう。地域の人件費額は、これらの職員数と給与額とによって決められるものである。

表87　職員1人当たり給与額別地域数（06年）

	～550万円	～600	～650	～700	700～	全体	実数
特別区	0.0	0.0	0.0	17.4	**82.6**	100.0	23
政令指定都市	0.0	0.0	5.9	41.2	**52.9**	100.0	17
中核市	0.0	0.0	**40.0**	34.3	25.7	100.0	35
特例市	0.0	0.0	31.8	25.0	**43.2**	100.0	44
市・10万以上	0.6	8.5	28.7	29.9	**32.3**	100.0	164
市・5万以上	1.4	23.6	**40.6**	22.8	11.6	100.0	276
市・5万未満	9.3	34.1	**42.7**	12.6	1.2	100.0	246
町村・2万以上	13.3	**36.7**	33.9	14.2	1.8	100.0	218
町村・1万以上	17.4	**42.1**	31.5	7.4	1.6	100.0	311
町村・5千以上	22.6	**39.8**	30.1	6.8	0.8	100.0	266
町村・3千以上	35.3	**37.1**	23.3	2.6	1.7	100.0	116
町村・3千未満	**47.7**	30.6	15.3	5.4	0.9	100.0	111
合計	14.5	30.5	32.2	14.1	8.6	100.0	
実数	265	557	589	258	158		1827

8-4-2　投資的経費

　一般に市町村の財政を検討し、市町村行政が何を志向しているのかを検討しようという場合には、その歳出の構成が問題にされる。その場合、よく利用されるのは、民生費・農林水産業費・商工費・土木費・教育費などに区分される目的別の歳出構成である。目的別というとおりに、予算を使って何を行っているのかが明らかになるだけに、歳出の分析においてはこの目的別の歳出構成が用いられることが一般的である。しかしながら、ここでの検討においては、残念なことにこのような検討を行うことはできない。市町村の財政に関する資料としてここで利用している『市町村別決算状況調』（地方財務協会）には、目的別歳出については、市のみに表示されており、町村については示されていない。市と町村の両方に示されている歳出の内容は、性質別構成のみである。性質別構成は、自治体の歳出を、人件費・扶助費・公債費・投資的経費（普通建設事業費・災害復旧事業費・失業対策事業費）・物件費・補助費・積立金・貸付金などに区分されるものである。ここでは、この性質別構成によって歳出の検討を行うほかないのである。

　従来、地方自治体の歳出において人件費とともに大きな比重を占めていたものは、投資的経費であった。投資的経費は、国・県の補助事業を含む土木建設事業にかかわる予算費目であり、地域の産業基盤をはじめ生活関連のさまざまな建設工事を賄うものとして重要な位置を占めていたのであるが、市町村の財政が窮屈になるのにともなって、国や県の補助を受けずに行われる単独事業が大きく減少し、近年ではその比重を大きく低下させている。**表88**は、二つの年度の歳出に占める投資的経費の割合を示したものであるが、この間に劇的といってもよいほどに投資的経費の割合が低下したことが示されている。ことに規模の大きい市町村で、大きく減少している。1981年の場合でも規模の小さい町村で投資的経費が歳出の50％以上を占める市町村が4分の1や3分の1におよんでいたように、規模の小さい町村でこの割合が高かったのであるが、その傾向は2006年にも残されている。投資的経費の歳出に占める割合は、全国平均で15.6％であるが、最大の地域では67.2％を占めており、大きな幅がある。15％未満が全国の自治体の53.5％

を占め、これに20％未満を加えると78％に達する。

表88　市町村区分別の歳出に占める投資的経費の割合別市町村数

		～10%	～20%	～30%	～40%	～50%	50%～	全体	実数
1981	人口30万以上の市	3.7	7.4	33.3	51.9	3.7	0.0	100.0	27
	人口10万以上の市	2.9	1.5	29.4	50.0	14.7	1.5	100.0	68
	人口5万以上の市	0.0	5.9	20.8	50.5	19.8	3.0	100.0	101
	人口5万未満の市	0.0	0.0	24.6	55.9	17.8	1.7	100.0	118
	人口2万以上の町村	0.0	0.7	14.7	42.7	32.2	9.8	100.0	143
	人口1万以上の町村	0.8	2.2	12.6	39.1	33.9	11.4	100.0	366
	人口5千以上の町村	0.0	0.6	9.2	33.1	41.7	15.5	100.0	480
	人口3千以上の町村	0.0	0.6	4.6	25.3	43.7	25.8	100.0	174
	人口3千未満の町村	0.0	0.0	5.0	21.0	42.0	31.9	100.0	119
	合計	0.4	1.4	12.8	37.4	34.3	13.7	100.0	
	実数	6	22	204	597	548	219		1596
		～10%	～20%	～30%	30%～			全体	実数
2006	特別区	34.8	56.5	8.7	0.0			100.0	23
	政令指定都市	11.8	70.6	17.6	0.0			100.0	17
	中核市	14.3	74.3	11.5	0.0			100.0	35
	特例市	15.9	75.0	9.1	0.0			100.0	44
	人口10万以上の市	34.1	53.6	10.9	1.2			100.0	164
	人口5万以上の市	25.7	59.7	13.4	1.1			100.0	276
	人口5万未満の市	17.9	62.6	18.7	0.8			100.0	246
	人口2万以上の町村	21.6	59.2	16.5	2.8			100.0	218
	人口1万以上の町村	28.6	46.3	18.3	6.8			100.0	311
	人口5千以上の町村	20.3	50.7	18.5	10.5			100.0	266
	人口3千以上の町村	24.1	47.4	22.4	6.0			100.0	116
	人口3千未満の町村	16.2	39.6	25.2	18.9			100.0	111
	合計	23.5	54.6	17.0	4.9			100.0	
	実数	429	998	310	90				1827

投資的経費の比重の低下にかわって、市町村財政の中で比重を高めてきているのが、生活保護費をはじめとする扶助費と借金の返済に当たる公債費であり、全国の市町村の歳出の構成の変化を見ると、1996年には人件費が20.8％、投資的経費が28.7％、扶助費が8.8％、公債費が10.0％であったのに対して、2006年度には人件費21.1％、投資的経費14.8％、扶助費14.5％、公債費13.5％と、その構成を大きく変え、市町村が果たしている役割が、

基盤整備から福祉などへと変化してきていることを示している。

9 諸要因の連関と地域格差

　これまで、各種の統計データを利用して、全国の地域の状況を検討してきた。個々の事項についての地域分化についてみてきたところであるが、ここでは2005年の資料に基づいてさらに二つの検討を行って、本章を締めくくることとする。

9-1 人口変動と諸項目との相関関係

　その一つは、ここで取り上げてきた諸要因の相互の関係についての検討である。多くの変数の間の関係をとらえる統計的な手法はいくつかあげられるが、ここでは、重要と思われる項目とここで取り上げてきた多くの項目との間の相関関係をとらえることを通じて、諸要因の連関を示すこととした。具体的には、人口の変動と地域の都市的・農村的な類型という二つの項目に関して、それぞれに多様な項目との相関係数をみることによって、この課題に応えることとする。

　まず、人口変動については、1955年から2005年までの50年間の人口変動と、1985年から2005年までの20年間の人口変動のそれぞれについて、これまで見てきた事項との単相関係数をとらえ、それを**表89**と**表90**に表示した。相関係数は、プラス・マイナスともに0.5以上の場合に相関が認められるとみなすことが一般的であるので、相関の認められる項目を係数の大きいものから並べている。表の左側にはプラスの相関のみられるもの、右側にはマイナスの相関がみられるものが示されている。

　表にみられるように、さまざまな領域にわたる多数の項目が人口変動との相関がみられることは注目される。まず、人口の変動については、当然のことのようにもみえるが、10年毎の人口の対比においては、すべての年次について相関が認められた。また5年毎の人口の増減率については、1985年からの20年間の対比と1955年から1960年の増減率との間に相関が認め

られず、1955年からの50年間の人口対比においても、同じ時期の増減率が、0.50と相関は認められるものの、他の年次に比して飛びぬけて低い。上記のように、1960年以降とその前とでは人口の変動に差異がみられることがここでも裏付けられているように思われる。人口に関しては、高齢者率がきわめて強い相関を示しているほか、高齢者に関連する事項が並ぶ。人口増減にかかわる項目と高齢者にかかわる項目を除くと、相関がみられる項目のほとんどが自治体財政にかかわる項目であることは注目されるところであろう。それに対して、産業別人口構成は、50年間の対比に第一次産業人口率が上がっているほかは見られず、農業関係の項目もすべて消えていることは興味のあるところである。

表89　1955年と2005年との人口対比と各要因との相関

	単相関係数		
人口対比（05/65）	0.9206	高齢者率（07年）	− 0.8532
人口増減率（75～70）	0.8882	人口当たり交付税＋国・県支出金額	− 0.8207
人口増減率（70～65）	0.8847	人口当たり交付税額	− 0.8111
人口対比（05/75）	0.8543	人口当たり歳入額	− 0.7890
人口増減率（80～75）	0.8036	人口当たり歳出額	− 0.7842
人口対比（05/85）	0.7975	対歳入、交付税比率	− 0.7728
職員1人当たり人口数	0.7901	対歳入、交付税＋国・県支出金比率	− 0.7551
人口増減率（65～60）	0.7887	高齢者のみ世帯の割合	− 0.7219
人口増減率（90～85）	0.7793	高齢者を含む世帯の割合	− 0.7199
人口増減率（85～80）	0.7781	単身世帯中の高齢単身世帯	− 0.6680
対歳入、地方税比率	0.7700	人口当たり人件費	− 0.6507
財政力指数	0.7534	地域類型	− 0.6489
人口対比（05/95）	0.7126	行政区分	− 0.5959
人口当たり課税対象所得	0.7055	経常収支中の公債費比率	− 0.5949
人口増減率（95～90）	0.6948	第1次産業人口率	− 0.5840
集中人口比率（％）	0.6936	対一般世帯、総農家率	− 0.5640
納税義務者当たり課税対象所得	0.6784	人口当たり投資的経費	− 0.5442
人口増減率（00～95）	0.6544	公債費負担比率（％）	− 0.5433
国調人口（05年）	0.6374		
集中地区面積比率	0.6071		
人口対納税義務者比率	0.5644		
人口増減率（60～55）	0.5010		

表90 1985年と2005年との人口対比と各要因との相関

	単相関係数		
人口対比（05/75）	0.9023	高齢者率（07年）	－0.8102
人口対比（05/65）	0.8571	高齢者を含む世帯の割合	－0.7254
人口対比（05/55）	0.8199	高齢者のみ世帯の割合	－0.7180
人口増減率（95～90）	0.8165	人口当たり交付税＋国・県支出金額	－0.6917
人口増減率（90～85）	0.8162	人口当たり交付税額	－0.6783
人口対比（05/95）	0.7982	単身世帯中の高齢単身世帯	－0.6664
人口増減率（00～95）	0.7713	対歳入、交付税比率	－0.6645
人口増減率（85～80）	0.7528	対歳入、交付税＋国・県支出金比率	－0.6552
人口増減率（05～00）	0.7490	人口当たり歳出額	－0.6517
人口増減率（80～75）	0.7217	人口当たり歳入額	－0.6485
人口増減率（75～70）	0.7095	人口当たり人件費	－0.5336
職員1人当たり人口数	0.6841	経常収支中の公債費比率	－0.5131
人口増減率（70～65）	0.6586		
対歳入、地方税比率	0.6471		
財政力指数	0.6374		
人口当たり課税対象所得	0.5940		
納税義務者当たり課税対象所得	0.5750		
人口増減率（65～60）	0.5333		

表91 地域類型（都市――農村）と各要因との相関

	単相関係数		
対一般世帯、総農家率	0.8417	人口集中地区人口比率	－0.9063
対一般世帯、販売農家率	0.7540	人口増減率（65～60）	－0.7302
対歳入、交付税比率	0.6325	人口増減率（70～65）	－0.6950
高齢者率（07年）	0.5995	第3次産業人口率	－0.6901
対歳入、交付税＋国・県支出金比率	0.5812	人口集中地区面積比率	－0.6848
人口当たり交付税額	0.5680	人口対比（05/55）	－0.6754
第1次産業人口率	0.5677	国調人口（05年）	－0.6608
人口当たり交付税＋国・県支出金額	0.5627	納税義務者当たり課税対象所得	－0.6436
単身世帯中の高齢単身世帯の割合	0.5495	人口増減率（75～70）	－0.6219
人口当たり歳入額	0.5206	人口当たり課税対象所得	－0.6197
人口当たり歳出額	0.5099	人口対比（05/65）	－0.5996
		職員1人当たり人口数	－0.5924
		人口増減率（60～55）	－0.5909
		対歳入、地方税比率	－0.5747
		財政力指数	－0.5522
		職員当たり職員給	－0.5382

表91は、都市的地域と農村的地域を区分した地域類型と、諸項目との相関をとらえたものである。ここでの地域類型は、人口集中地区人口比率、対一般世帯総農家率、第3次産業人口比率に基づいて、都市的・農村的と地域を類型化したものであるから、表記のうちでこれらは除外してみていく必要がある。ここでも人口増減率や人口対比が多く表示されているが、例えば、人口対比についてみると、1955年からと1965年からの50、40年間の変化とは相関があるものの、それ以外は相関がみられないことや、5年毎の人口増減率においても、1955年から1975年までは相関がみられるものの、その後の期間においては相関がみられないことは留意する必要がある。都市・農村の区分との対比でありながら、農業関係の項目が類型の定義に含まれている農家率以外には、まったくみられないことは注目すべきことであろう。第一次産業人口率が顔を出しているが、これは定義に含まれている第三次産業人口比率との関係で数値が出てきているものとみるべきであろう。さらに、ここでも自治体財政に関する項目との相関が一定程度みられることは、留意されるべきであろう。

9-2 地域条件による分類

最後に試みるのは、近年のわが国の地域構成において問題とされている地域格差の様相を一定の観点から把握し、その分布状況を明らかにすることである。ここまでの検討の中で、人口の増減、高齢化の進展、住民の所得格差の拡大といった要素が、今日の地域格差と深くかかわっていることが感じられた。上に見た諸項目間の相関係数の検討においても、人口対比、高齢者比率、課税対象所得などが、表89から表91のいずれにも見出される。そこで、一方の極に「近年人口が増加し、高齢化の進行がなお緩やかで、住民の所得が高い」という多分に恵まれた条件にある地域、他方の極に「人口が減少し、高齢化が激しく進み、住民の所得が低い」という困難な条件におかれている地域を想定し、その両極を結ぶ尺度上に各市町村を位置づけることを試みた。こうした分析を行う統計的な手法はいくつかあげられるが、コンピュータのブラックボックスの中での処理に依存するよりも、過程の明白な手作業での

処理によって進めることとし、以下のような手続きに従った。

　まず、尺度化に用いる項目として、①最近の人口増減の状況を示す指標である 1995 年から 2005 年までの 10 年間の人口対比、② 2005 年国勢調査における高齢化率、③ 2006 年度の住民税課税対象所得を人口で除した 1 人当たり課税対象所得、の 3 項目を取り上げ、これらを加算して合計点数を求めることとした。しかしながら、この 3 つの数値は、その平均の大きさにかなりの差があり、単純に加算すると平均値の大きい項目の影響が大きくなりすぎる。また、高齢化率は人口対比との間でマイナスの相関関係が見られるから、これを加算することは両者を相殺し合う結果になる。そこで、3 つの項目がほぼいずれも平均値が 50 程度になるようにそれぞれに一定数を乗じることとし、また高齢化率については逆数を利用する、すなわち非高齢者人口率（総人口に占める 65 歳未満人口の割合）とすることとした。このような調整を加えた上で、各市町村について 3 つの項目の数値を合算した。

　このようにして得られた合計点は、全市町村の平均が 156.1、最大値は 399（東京港区）、最小値は 64.5（福島県昭和村）ということになり、その分布は下の図のようになった。平均値に近い点数を中心にやや高点に傾斜した形で正規分布に近い分布を示しているが、その一方で、230 から 400 近くまでごく少数の高点の市町村が連なっていることが見出せる。

図 1　合計点数別市町村の分布

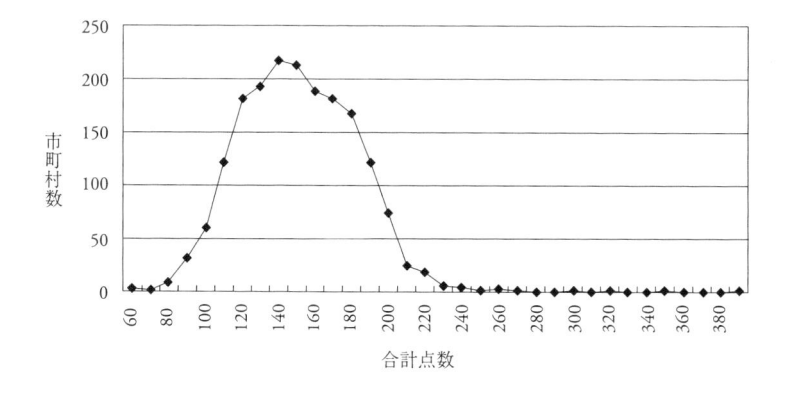

表92 都道府県別の合計点の平均値

県名	市町村数	平均点数	県名	市町村数	平均点数
東京	62	212.6	群馬	38	156.0
神奈川	33	195.0	福岡	66	155.9
愛知	63	193.0	佐賀	23	154.0
埼玉	70	187.1	広島	23	153.3
大阪	43	181.9	宮城	36	152.5
千葉	56	177.5	奈良	39	152.1
滋賀	26	175.1	沖縄	41	150.6
静岡	42	171.6	岡山	27	145.3
茨城	44	171.4	長野	81	144.9
兵庫	41	170.6	山口	22	144.8
栃木	31	170.4	新潟	35	143.4
富山	15	170.0	北海道	180	142.7
岐阜	42	169.3	長崎	23	141.8
京都	26	165.1	徳島	24	140.1
三重	29	163.3	山形	35	139.3
石川	19	161.6	福島	60	139.3
山梨	28	160.8	愛媛	20	138.9
福井	17	159.5	和歌山	30	138.9
香川	17	156.8	鳥取	19	138.0
全国	**1827**	**156.1**	大分	18	136.9
			熊本	48	134.5
			岩手	35	133.6
			青森	40	133.6
			宮崎	30	132.2
			島根	21	132.1
			秋田	25	131.0
			鹿児島	49	126.6
			高知	35	122.0

　これらの「恵まれた条件にある市町村」と「困難な条件に置かれている市町村」が、どのように分布しているのかが問題である。表92は、都道府県ごとの市町村の合計点数の平均点を高点順に並べたものである。左側は全国平均を上回る点数、右側は下回る点数の県が並べられている。もちろん、それぞれの県の中に含まれる市町村の間で合計点の高低があるところではあるが、都道府県別にまとめて平均値を算出した結果でも、トップにある東京は

212点、最も低い点の高知は122点と90点もの開きがある。左側の平均点の高い県の上位を占めているのは、南関東と愛知、大阪であり、関東地方では群馬を除く各県、近畿地方では奈良を除く各県、中部地方では長野を除く各県、北陸は新潟を除く3県、などが平均を上回る側にある。これに対して、北海道、東北各県、中国、香川を除く四国3県、九州各県は、いずれも左側の平均値を下回るところに位置している。大雑把に言うならば、関東・中部・北陸・近畿という中心部と、北海道・東北ならびに中国・四国・九州という中心部をはさむ両側との間で、多分に明確な分化が生じている。それぞれの地方の内部では、県ごとの条件の違いが見られるものの、大まかに地方ごとにまとまった位置にあることはこの分化が多分に明確なものであることを感じさせる。

表93　合計点数の上位・下位の市町村

上位10市町村

市町村名	県名	合計点
港区	東京	399.0
千代田区	東京	352.1
渋谷区	東京	323.4
中央区	東京	303.8
目黒区	東京	276.5
文京区	東京	267.3
浦安市	千葉	263.7
芦屋市	兵庫	261.9
世田谷区	東京	257.3
新宿区	東京	249.4

下位10市町村

市町村名	県名	合計点
昭和村	福島	64.5
南牧村	群馬	66.6
大豊町	高知	69.7
金山町	福島	73.1
大鹿村	長野	78.7
上関町	山口	81.2
神流町	群馬	81.2
上勝町	徳島	81.7
天龍村	長野	83.4
仁淀川町	高知	83.5

　地方別、都道府県別の平均値の状況は、おおむね今日の地域構成についての一般的な理解とも整合するものとして、実態を反映するものということができるように思われる。そのことは、ここでの合計点数が一定の意味を持つものであることが想定される。次に、具体的にどの市町村が「恵まれた条件」にあり、あるいは「困難な条件」にあるのか、を検討することとする。全市町村の分布は、本書の巻末に附表（p.261-p.269）として掲出するが、ここでは合計点の上位と下位の10傑を表示した。表93の左側が上位10番

まで、右側が下位10番までの各市町村とそれぞれの点数である。

上位の市町村には、東京のいわゆる都心3区をはじめ特別区が8区顔を出しており、そのほかに千葉県浦安市・兵庫県芦屋市という大都市郊外の都市が名を連ねているが、10市町村のうちで8市町村を東京が占めて東京に集中したような状況にある。一方、下位の市町村では、福島・群馬・長野・高知の4県からそれぞれ2町村と山口・徳島の各1町村で6県に分散している。6県はいずれも上の表92の右側の全国平均より低位に位置する県に属しているが、これらの中には全国平均に近い数値の県も含まれており、そうした県では県内部で合計点に開きのある市町村が含まれていることが推測されよう。町村名を見ると、これらの町村では山村地域が大部分を占めており、それらの地域の高齢化率が高く、課税所得額が低いといった特色を反映している。

以下では、この合計点とこれまでにも検討したいくつかの項目との関連を確かめておきたい。クロス集計の便宜から、合計点に基づいて高点順に7グループにまとめて、関連を見ることとする。

表94　市町村区分別にみた合計点

	200〜	180〜	160〜	140〜	120〜	100〜	〜100	全体	実数
特別区	**78.2**	21.7	0.0	0.0	0.0	0.0	0.0	100.0	23
政令指定都市	29.4	**47.0**	23.5	0.0	0.0	0.0	0.0	100.0	17
中核市	11.4	34.3	**45.7**	8.6	0.0	0.0	0.0	100.0	35
特例市	25.0	**38.6**	34.1	2.3	0.0	0.0	0.0	100.0	44
市・10万以上	25.0	31.1	**34.4**	17.7	1.8	0.0	0.0	100.0	164
市・5万以上	9.8	26.1	**30.0**	25.0	8.7	0.4	0.0	100.0	276
市・5万未満	0.8	5.3	17.4	**51.5**	28.1	6.9	0.0	100.0	246
町村・2万以上	7.8	**34.0**	25.6	17.0	12.9	2.3	0.5	100.0	218
町村・1万以上	1.6	7.4	20.9	29.6	**29.9**	10.0	0.6	100.0	311
町村・5千以上	0.8	3.4	12.8	25.9	**36.5**	17.7	3.0	100.0	266
町村・3千以上	0.0	2.6	6.9	16.3	31.9	**34.5**	7.8	100.0	116
町村・3千未満	4.5	0.9	5.4	8.1	21.6	**36.9**	22.5	100.0	111
合計	7.5	15.7	20.3	23.6	20.6	10.0	2.5	100.0	
実数	137	288	370	430	375	182	45		1827

まず、表94では市町村の制度や規模とのかかわりを示している。表にみ

るように合計点の高低は市町村の規模と緩やかなかかわりを持っている。すなわち、特別区は200点以上が8割近くを占めそのすべてが180点以上であり、政令指定都市は180〜200点を中心に160点以上のみであり、中核市・特例市は140〜160点をごく少数含むもののほとんどが平均点を上回る160点以上となっている。それ以外の市は、より低い点になるが100点未満はない。町村のみに見出される100点未満は、町村の規模が小さくなるにつれて増加している。市町村の区分のそれぞれにおいて最も大きいパーセントを示したものを太字にしてあるが、町村の場合には、人口5千から2万の場合に120〜140点、5千未満の場合に100〜120点が中心となっている。これらからいえることは、人口規模の大きい市町村の場合に好条件の地域が多く、人口規模の小さい町村の多くが困難な条件に置かれるようになっているということである。

表95　地域類型別にみた合計点

	200〜	180〜	160〜	140〜	120〜	100〜	〜100	全体	実数
都市	23.5	**39.9**	24.6	10.4	1.2	0.5	0.0	100.0	414
準都市	11.6	22.2	27.0	**28.5**	10.1	0.5	0.0	100.0	207
中間	4.6	16.5	**38.0**	22.9	17.9	7.8	2.3	100.0	218
準農村	1.0	6.6	24.7	**36.1**	25.0	5.9	0.7	100.0	288
農村	0.4	3.2	11.4	24.9	**34.0**	20.7	5.4	100.0	700
合計	7.5	15.7	20.3	23.6	20.6	10.0	2.5	100.0	
実数	137	288	370	430	375	182	45		1827

そのことは言い換えれば、概して都市は好条件にあり、農村は困難な条件にあるということを想定させるのであるが、そのことを検討しようとするのが表95である。ここからは事態はさほど単純ではないことが読み取れる。たしかに、「都市」と「農村」の両者のみを比べるならば、前者の方に好条件の市町村が多く、後者には困難な条件のそれが多いということはできる。また、200点以上、180点以上の各区分ごとの相違、120点以下のそれぞれにおける区分ごとの相違、には想定を裏づけるところもみられる。しかし、都市にも平均点以下の地域、農村にも高点の地域が見られるなど、事は都市・農村という観点だけでとらえられるほどに単純なものではないことも、

見落としてはならないであろう。この観点を基調としながらも、より多くの要因の介在を考えなければならない。

表96　1955年と2005年との人口対比と合計点の関連

合計点 \ 人口対比	～50%	～70%	～90%	～100%	～110%	～130%	～150%	150%～	全体	実数
200～	1.5	2.2	4.4	0.7	1.5	0.7	2.2	86.1	100.0	137
180～	0.0	0.0	1.7	0.3	1.7	4.9	8.3	82.6	100.0	288
160～	0.8	3.0	6.2	9.2	11.9	26.2	15.4	27.3	100.0	370
140～	4.7	12.8	47.2	18.8	6.0	7.4	1.2	1.9	100.0	430
120～	18.9	58.7	21.6	0.8	0.0	0.0	0.0	0.0	100.0	375
100～	59.9	37.4	2.7	0.0	0.0	0.0	0.0	0.0	100.0	182
～100	97.8	2.2	0.0	0.0	0.0	0.0	0.0	0.0	100.0	45
合計	11.6	19.6	17.7	6.6	4.2	7.9	4.9	16.8	100.0	
実数	249	358	323	120	77	144	89	307		1827

表96は、1955年以降の50年間を超えた人口の対比との関連をみるものである。ここではまず、困難な条件にある地域におけるこの半世紀における人口減少の大きさに注目する必要がある。120～100点の地域ではその6割、100点未満では1町村を除くすべてが、半世紀の間に人口を半減させている。120～100点の地域でも人口を3割以上減じた地域とみれば97％に達する。これらの地域には半世紀の間に人口の増加をみた地域はまったく見出せない。そのことは、ここでみている地域の条件が、合計点の算出において取り上げている項目は最近時点のものであり、現状での困難な条件を示しているのではあるが、その条件は単に近年に生じたものではなく、半世紀にわたる地域の変動と深く結びついているものであることを意味しているということができよう。

一方、合計点の高い地域についていうならば、180点以上、200点以上というきわめて好条件にあると見られる地域では、この半世紀に人口を50％以上増加させている。この点でも、現在の変化が半世紀の変化と深く結びついていることがうかがえるのである。さらに、合計点の全国平均である156点を含む140～160点を境に上下に二分してみると、それより高点に属す

る地域では、50年間に人口の増加をみた（100％以上の）地域が大多数を占めるのに対して、それより下位の地域では、逆に減少した地域が多数を占めている。ただ、留意する必要があるのは、合計点の低い地域においては、50年間に人口の増加をみた地域は皆無に近いのに対して、高点の地域のうちには、大多数は人口の増加した地域ではあるものの、人口の減少した地域も含まれ、少数ながらも1955年当時の人口の半数や3割を減じている地域もみられるということである。それは具体的にいえば、東京都の都心区などである。上にあげた合計点の高い10傑に含まれていた東京特別区のうち、千代田区はこの50年間の人口対比は0.34で1955年当時の12万2千から4万1千と3分の1の規模に縮小している。中央区は0.57、港区は、0.73で人口規模をそれぞれ4割、3割減じており、渋谷区も0.83となっている。これらの地域における人口減少については、それなりの理解が必要である。

表97　依存財源（地方交付税・国庫補助金・県補助金）の歳入に占める割合と合計点の関連

依存財源率　　合計点	～10%	～20%	～30%	～40%	～50%	～60%	60%～	全体	実数
200～	10.9	**73**	10.2	2.2	0.7	1.5	1.5	100	137
180～	6.6	36.8	**38.2**	15.3	2.1	0.3	0.7	100	288
160～	2.7	7	24.9	**42.4**	17	4.9	1.1	100	370
140～	0.2	0.9	5.1	18.8	**44.4**	23.3	7.2	100	430
120～	0.3	0.3	0.8	2.9	12.5	**50.4**	32.8	100	375
100～	0.5	0.5	0.5	0	7.1	29.7	**61.5**	100	182
～100	0	0	2.2	0	0	15.6	**82.2**	100	45
合計	2.6	13	13.3	16.2	17.6	20.3	17	100	
実数	47	238	243	296	321	371	311		1827

　これまでの検討においても地域の社会的・経済的格差との関連を示してきた市町村財政との関連について、**表97**でみることとする。この表では、歳入に占める依存財源、すなわち地方交付税と国や県の補助金の合計、の割合との関連を示している。依存財源の割合は、端的に言えば、その地域の地方税などの自主的な財源の割合の逆であり、依存財源の比重が高いことは、そ

の地域で十分な税収が得られず、国や県に依存せざるを得ないことを意味している。表にみるように、合計点の高い地位では依存財源の比重が小さく、合計点が低い地域ほど依存財源の比重が大きくなっている。依存財源が歳入の過半を占めている地域が、120〜140点では8割、100〜120点では9割に達し、100点未満の地域では依存財源が6割以上の地域が8割に達している。全国平均を上回る高点の合計点160点以上では、依存財源が過半を占める地域は少数になり、180点以上となると数えるほどになる。一方、依存財源が3割以下ということでみると、200点以上の好条件にある地域では9割以上、180〜200点でも8割以上であり、これら高点の地域では自主財源の厚さが見出せる。

　こうした状況について、合計点の低い困難な条件におかれている地域はすでに地方自治体としての自立的な基盤が極めて脆弱になってしまっているということもできようし、またこうした地域が地方自治体として存立を続けていくためには国や県の手厚い援助が必要不可欠になっているということもいえるであろう。一方には厚みのある自主財源を確保している好ましい条件にある地域も存在しており、今日の地域社会は多分にきびしい地域格差を内包していることがあらためて確認されるのである。

第2章
地域変動の諸相
——二つの時点の対比による検討——

1 はじめに

　これまで2005年の国勢調査等に基づく近年の地域の状況を、1980年前後の統計等に基づく1980年頃の地域の状況と関連付けながら検討を加えてきた。前章に示したところを通じて、それぞれの記述や取り上げた数値等によって、この間のほぼ4半世紀におけるわが国の社会的な変動、とりわけ地域変動の概観を得ることができた。しかし、例えば多くの地域において人口の高齢化が進行しているということが指摘できたとしても、高齢化の進行が激しかった地域と緩やかであった地域とがどのように分布し、そうした差異がどのような地域的条件と関連を持っているのかといった問題について、さらに立ち入ってダイナミックに考察しようとする場合には、二つの時点における市町村別集計を比較するという全体的な把握だけでは、容易に推論しがたい。こうした考察を行うためには、個々の市町村について、二つの時点における数値を対比し、その間の異同の分布やそれにかかわる条件等をとらえることが必要となる。ここでの分析においては、近年の状況については、2007年度の全国の1827市町村（東京23区を含む）のデータを整理しており、1980年頃の状況については、「地方自治体の農業政策に関する実態調査アンケート」に回答を寄せた当時の市町村3225の49％にあたる1596の市町村についてのデータを整理している。これら二つのデータを統合して、個々の市町村の二つの時点の状況を対比して分析することによって、この間の地域変動の様相をより仔細に検討することができるものと思われる。

　しかしながら、用意されているデータによってこうした統合・関連分析を行うことを困難にする事態がある。いわゆる平成の大合併によって、市町村

の大規模な合併・再編が行われた結果、二つの時点における共通の市町村範域をとらえることが簡単にはできなくなったためである。名称は同一であっても、1980年当時に比べて市域を大きく拡大した場合もあり、1980年当時に存在した町村がすでに他の市町村に吸収されてしまっている場合もある。二つのデータを結び付けようとするならば、それに先立って、1980年頃の市町村区分を2007年の市町村区分に組み替えなければならない。ところが、ここに用意してあるデータは、1980年頃の市町村については、全体の半数弱の市町村についてのデータしかない。これらを新しい市町村に対応して組み替えたとしても、合併の結果成立している市町村のうちの一部を満たすに過ぎない場合が多数生じることが想定され、その場合には二つの時期を比較することはできないといわざるを得ない。1980年頃の1598市町村についてのデータをすべて活用することは、あきらめざるを得ない。

　次善の策としてここで行うこととしたのは、平成の大合併に際して合併に対応せず、したがって市町村区域の変化を経験しなかった地域だけについて、1980年頃と2007年前後のデータを接合してその間の変動を分析することである。2007年時点の全国の市町村1804（東京23区を除く）のうち、その69％に相当する1238は、いわゆる平成の大合併の時期に町村合併を行っていない。これらについては、基本的に二つの時点での市町村の範域に違いがないものと思われるので、二つの時点のデータを対比することに意味があるといえる。そこで、これらの非合併市町村のうちで、上記のように「アンケート」に回答があり、データの用意があった市町村を選び出し、二つの時点のデータを接合することとした。このようにして、二つの時点のデータを接合して、両者の関連についての分析の対象とすることができた市町村は574市町村となった。この数は、1980年頃のデータの用意がある市町村1598の36％に相当する。以下は、このようにして取り出された574市町村についての分析である。

　あらかじめ、このようなデータの制約があったことから予想される偏りについてふれておく必要があろう。当然予想されるのが、こうした制約によって二つの面から偏りが生じるであろうということである。第1は、ここで

対象とするのが、「アンケート」回答市町村に限られるということである。この「アンケート」は、すでに前章で説明したように市町村の農政担当者を対象に「地方自治体の農業政策に関する実態調査アンケート」として郵送で行われたものであり、49％という当時の郵送調査としては高い回収率の得られた調査である。全市町村に等しく郵送されたものであり、回答のあった市町村には、農村地域に限らず大都市も含まれているが、回答があったものが全体の半数弱であることからすれば、何らかの偏りがあることは否定できないであろう。

　しかし、より問題が予想されるのが、第2の非合併市町村に限定したという点である。このことは上記のように技術的にやむを得ず行ったことであるが、広範な合併が行われた中で、それに加わらなかったということにはそれなりの条件があったと考えられる。非合併という中には、すでに相当程度の規模や立地条件を備えていて合併の必要性が乏しかったものをはじめとして、立地条件から合併が困難なために残留したもの、地域政治の動向によって残留したもの、など、いくつもの要因が考えられるが、それらが複雑に関連してある種の偏りを生むであろうことは否定できない。また、いわゆる平成の大合併は、国や県の指導ないし誘導が、大きく影響して進められたといわれており、県によって合併の進展状況には少なからぬ差異が見られる。ほとんど合併が行われなかった県もあれば、大規模に市への合併が進められて町村をほとんど解消してしまった県もある。この結果、そしてさらに対象を「アンケート」回答市町村に限定した結果、ここでの分析の対象に1市町村も選ばれなかった県もあれば、相当数の市町村が選ばれる結果となった県も見られることになった。したがって府県別の構成には、かなりの偏りが生じたことは否定できない。それが各事項にどのように影響し、偏りを生んでいるのかは、つまびらかにすることは困難であるが、何らかの偏りがあろうことを否定するつもりはない。いずれにしても、ここでの処理によってとらえられた限りでの地域の動向について問題にするにとどまるものである。

　予想されるこうした偏りがどの程度のものであるかをとらえる意味で、ここで取り上げる対象と全体的な数値とを、二つの項目について対照して示し

ておく。一つは、地方別の市町村数であり、もう一つは人口規模別・行政区分別の市町村数である。なお、表は次の項の記述と関連するので**表1**, **表2**として後に掲出する。地方別の市町村の構成を見ると、ここで対象とする574市町村（「対比対象」として表示）は、2007年の全国の市町村の地方別構成と比べて、北海道と東北で多く、近畿・中国・四国で少ない、という偏りがあるが、一応全地方に分散しており、こうした偏りがあることを念頭に置くならば、以下の分析の結果を十分に参考にしうる程度の偏りであると見てよいであろう。

また、人口規模および市・町村別の構成についてみると、町村特に人口1万未満の3つのカテゴリーにおいて2007年の全国の構成割合よりも多く、人口5万未満までの市において少ないこと、したがって全体に規模の小さい市町村に傾斜していることが見出せる。しかし、ここでも取り上げた対象は、一応30万以上の規模の大きな都市から3千未満の町村まで広く分布しており、小規模な市町村にやや偏重していることを考慮に入れることで、分析結果を参考にしうるものと考えられる。

なお、この二つの表から見る限り、ここでの対比対象に見られる全国の構成との偏りは、主に平成の大合併において非合併に終わった市町村に限定したことから生じたものであるとみることができよう。合併の推進において県の対応には少なからぬ差異があったとみることができること、合併の結果人口規模の大きな市町村が生じた反面、相対的に規模の小さい町村が非合併にとどまった例が少なくないこと、が上記の偏りの主要な要因とみなせるのである。

なお、本章では、表の表記においては、スペースの関係から1980年を「80年」、2007年を「07年」等と記すことにする。

2　市町村の人口規模と平成の大合併

1980年当時には3255を数えた市町村は、2007年には1804に減少した。そのほとんどはいわゆる平成の大合併による市町村の統合の結果である。**表1**は、地方別の市町村数の変化を示している。1980年と2007年の地方別

の市町村数(表の太字)と地方別の構成割合に加えて、1980年の市町村数に対する2007年の割合を「増減率」として表示し、さらに先にふれたこの章で対象とする574市町村の全国のそれとの偏りを見るための「対比対象」の市町村の構成比を示している。1980年に比して2007年には市町村数は55.4%に減少しているが、増減率に見るように地方別に数値は大きく相違し、合併が地方によって強力に進められた場合とさほど強力には進められなかった地方とがあることが明らかになる。中国と北陸では市町村数はほぼ3分の1にまで減少したが、北海道では85%、ほとんど合併の行われなかった大阪府を含む近畿では72%と合併による減少は全国平均に比べて限定的であった。こうしたことから、市町村の地方別の構成比はこの四半世紀の間にいささか変化があったということになる。

表1 地方別に見た市町村の構成

	北海道	東北	関東	北陸	中部	近畿	中国	四国	九州・沖縄	全体
80年全国・実数	**212**	**406**	**461**	**223**	**518**	**326**	**319**	**216**	**574**	**3255**
構成比	6.5	12.5	14.2	6.9	15.9	10.0	9.8	6.6	17.6	100.0
07年全国・実数	**180**	**231**	**311**	**86**	**256**	**234**	**112**	**96**	**298**	**1804**
構成比	10.0	12.8	17.2	4.8	14.2	13.0	6.2	5.3	16.5	100.0
増減率(80年/07年)	84.9	56.9	67.5	38.6	49.4	71.8	35.1	44.4	51.4	55.4
対比対象構成比	14.3	15.7	17.2	4.0	15.0	11.3	3.1	3.8	15.5	100.0 (574)

一方、表2は、同じように1980年と2007年の市町村の構成を、人口規模や市町村の区分に応じて表示したものである。ここでも「増減率」にまず着目すると、市と町村とで大きな違いがあることが指摘できる。すなわち、市の場合にはいずれも増減率が100を超えており、この間に市の数が増加したことを示しており、ことに人口10万から30万の市では57市から71市へと3割を超える増加を見せている。これに対して町村の場合にはいずれも町村数を減じており、ことに人口5千から1万の減少が著しい。町村の増減率はいずれも大きく減少したことを表しているが、その中ではもっとも規模の小さい3千人以下の町村の減少率が低いことは興味深い。この結果全体として市町村数は55%ほどに減少したにもかかわらず、市の数は増

加し、市町村数の減少はもっぱら町村で進行したことが明らかになる。平成の大合併の結果をこのように受け止めることができる。

表2 市町村別および人口規模別に見た市町村の構成

	人口30万以上の市	人口10万以上の市	人口5万以上の市	人口5万未満の市	人口2万以上の町村	人口1万以上の町村	人口5千以上の町村	人口3千以上の町村	人口3千未満の町村	全体
80年全国・実数	57	139	218	237	313	796	959	307	229	3255
構成比	1.8	4.3	6.7	7.3	9.6	24.4	29.5	9.4	7.0	100.0
07年全国・実数	71	189	277	246	218	311	266	115	111	1804
構成比	4.0	10.5	15.4	13.6	12.1	17.2	14.7	6.4	6.2	100.0
増減率	124.6	136.0	127.1	103.8	69.6	39.1	27.7	37.5	48.5	55.4
対比対象80年	2.4	6.1	10.3	9.8	11.8	21.3	23.5	9.4	5.4	100.0(574)
対比対象07年	3	7.3	9.9	8.7	12.9	18.1	20.4	10.6	9.1	100.0(574)

表3 対比市町村の人口規模の変化

	～3千	～5千	～1万	～3万	～5万	～10万	～30万	30万～	全体
80年実数	32	54	136	192	54	56	37	14	574
構成比	5.6	9.4	23.7	33.4	9.4	9.8	6.4	2.4	100.0
07年実数	52	63	114	165	64	57	42	17	574
構成比	9.1	10.8	20.0	28.7	11.1	9.9	7.3	2.9	100.0
増減率	162.5	116,7	83.8	85.9	118.5	101.8	113.5	121.4	100.0

しかしながら、市町村の人口規模は、市町村合併によってだけ変化するわけではない。1980年から2007年への、経済的・社会的な変化に影響されてそれぞれの地域において人口の変動が生じることは当然のことである。1980年以降は人口の移動はそれ以前の最も変化の激しかった時期に比べて緩やかになっているとはいえ、人口移動の流れが消えたわけではない。ところが、この間の市町村の人口規模について合併の影響を除外してその変化を把握することは容易ではない。合併の規模がきわめて大きいだけに、それを除いた人口規模の変化をとらえるには工夫がいる。ここでは、いわゆる平成の大合併とのかかわりを持たなかった市町村である対比対象の574市町村について、この四半世紀の間に各市町村の人口規模はどのように変化したのかをとらえることとする。これらの市町村における人口規模の変化は、合併

の影響を除外した変化ということができる。

　表3は、本章で対象とする574市町村について1980年と2007年の人口規模を対比したものである。人口5千から1万、1万から3万の全体の半数前後を占める部分で市町村数の減少がみられるほかは、5千未満の小規模な町村でも、3万以上の市町村でも、若干の増加がみられ、中間が減少して両極が増加する傾向をみせているが、全体として増減率はプラスマイナス10％前後で、変化は大きいとはいえないように見える。

表4　対比市町村の人口規模の変化クロス集計

80年＼05年	～3千	～5千	～1万	～3万	～5万	～10万	～30万	30万～	全体	実数
～3千人	**93.8**	6.2	0.0	0.0	0.0	0.0	0.0	0.0	100.0	32
3～5千人	38.9	**51.9**	9.3	0.0	0.0	0.0	0.0	0.0	100.0	54
5千～1万人	0.7	24.3	**66.2**	8.1	0.0	0.0	0.0	0.0	100.0	136
1～3万人	0.0	0.0	9.9	**75.5**	13.5	1.0	0.0	0.0	100.0	192
3～5万人	0.0	0.0	0.0	16.7	**61.1**	22.2	0.0	0.0	100.0	54
5～10万人	0.0	0.0	0.0	0.0	8.9	**76.8**	14.3	0.0	100.0	56
10～30万人	0.0	0.0	0.0	0.0	0.0	0.0	**91.7**	8.3	100.0	37
30万人～	0.0	0.0	0.0	0.0	0.0	0.0	0.0	**100.0**	100.0	14
合計	9.1	10.8	20.0	28.7	11.1	9.9	7.3	2.9	100.0	
実数	52	63	114	165	64	57	42	17		574

　しかしながら、1980年と2005年との関連を表すクロス集計（表4）を見るといささか印象が変わることになる。表にみるように1980年の人口が1万人～3万人のラインで上下に区分してみると、それより規模の小さかった市町村では、2005年までの間に人口がこの表で示した規模のくくりを超えて減少し、その結果下位のセルに移行したものが多く、3万人以上であった市町村では、増加したものの方が多い。3千人から5千人であった場合には4割弱、5千人から1万人であった場合には3割強がこのような形での人口の減少を示している。逆に10万人以上であった場合には、こうした形での減少はみられない。一方では、各層において10％前後の規模ではあるがここでのくくりを超えて人口を増加させている市町村もみられる。表示の574のうち、両年度とも同じ人口階層にある太字の市町村は、72.6％に当た

る417であり、上位のセルに移行した増加市町村が69（12%）、下位のセルに移行した減少市町村が88（15.3%）、合わせて変動した市町村が27.3%にのぼる。全体の4分の1をこえる市町村が増減を示しそれらが相殺された結果として、表3の10%前後の増減率となっているのであろうと思われる。

そこで一つの試算として、もし1980年当時の3255の市町村が、この574の対比市町村と同じ人口の変化を各人口規模ごとに見せたとすると、平成の大合併がなかった場合に、社会的経済的条件の変化に基づく人口変動が市町村規模のどのような変化として現れるかを推測することができ、その結果を合併を経験した2005年の市町村の人口規模の分布（実際には2007年の市町村の2005年国勢調査による人口）と対照することによって、平成の大合併の影響をあらためてとらえることができるのではないかと思われる。このようにして試算した結果得られたところが表5である。

表5　合併を除外した市町村人口規模の変化の推計

	～3千	～5千	～1万	～3万	～5万	～10万	～30万	30万～	全体
80年全国	229	307	960	1081	262	220	139	57	3255
構成比	7.0	9.4	29.5	33.2	8.0	6.8	4.3	1.8	100.0
07年推計	341	472	780	870	326	239	158	69	3255
構成比	9.1	10.8	20	28.7	11.1	9.9	7.3	2.9	100.0
07年実態	111	116	263	510	259	281	189	71	1800
構成比	6.2	6.4	14.6	28.3	14.4	15.6	10.5	3.9	100.0
差引	△230	△356	△517	△360	△67	42	31	2	△1455
増減率	32.6	24.6	33.7	58.6	79.4	117.6	119.6	102.9	55.3

表の「07年推計」は、「80年全国」として示した1980年時点の人口規模別の市町村について、2007年までに人口規模各層ごとに表4にみるのと同様に人口増減があったと仮定した場合に想定された市町村の人口規模別の分布である。この場合には、合併は想定されていないので、市町村の総計は、1980年と同一の3255である。これに対して「07年実態」は、この間の平成の大合併を経た2007年の実際の市町村の人口規模別の分布である。「差引」は、「07年推計」から「07年実態」を引いた数で、各層ごとの町村合

併による変動の数を意味している。「増減率」は、「07年実態」を「07年推計」で除した数値で、合併の結果残存した市町村の割合を示している。このようにしてみると、平成の大合併は、人口3千から5千の町村を4分の1に減少させたのをはじめ、人口3千未満、5千から1万の町村を3分の1にしたが、1万から3万では6割、3万から5万では8割の減少にとどまった。逆に人口10万以上の市は1割強の増加をみせたということになる。

3 高齢化の進行の地域差

　高齢化の進行は地域に多様な問題を引き起こしており、高齢化にかかわる問題は、今日の重要な社会問題となっている。ことにわが国では、長寿化と少子化とが同時に進行する結果、急激に人口の高齢化が進んでおり、必要な対応が後手にまわることも指摘されている。ここでは資料の入手の関係から1990年の国勢調査の結果と2005年の国勢調査の結果とによって、15年間の高齢化の進行の状況を検討する。

　高齢化の進行には地域差もあることがいわれているが、具体的にはどのような形で地域差が現れるのか、検討する必要があろうと思われる。表6は、両年度の高齢者率のクロス表である。両年度が同じ構成比階層にある太字の地域は、27市町村しかなく、ほとんどの市町村が太字を結んだ対角線より上の、より高率のセルに移行しており、2カテゴリー上に移行している地域が大多数を占めており、変化の幅の大きいいことが見出せる。注目されるのは、きわめて多数の地域で高齢化が進行しており、しかも、この15年の間に大幅な高齢者率の上昇をみている地域が少なくないことである。例えば、2005年に35％以上の高齢者率を示す地域の中に、1990年には20％未満の地域が10、25％未満の地域が27含まれている。このうち前者の10地域は表7に示す北海道5市町村・九州3町村などであり、後者の27地域は地方別にみると、北海道3、東北5、北陸2、中部5、近畿3、中国1、四国7、九州1となっている。ただし、これらの市町村名や地方別分布は、ここで対象としている575市町村のうちでのことであり、あくまで一つの例示と

いわなければならない。いずれにしても、近年の高齢者率の高い地域の中に、15年前にすでに多分に高齢化が進んでいた地域だけでなしに、この間に急速な進行をみせた地域が含まれていることは指摘しておくことができる。もっとも、数は少ないが高齢者率の低下のみられる地域もある。これらの市町村名をあわせて表7に示しておく。

表6　高齢者率の変化

90年 ＼ 05年	～15%	～20%	～25%	～30%	～35%	35%～	全体	実数
～15%	**7.4**	42.6	41.0	8.6	0.4	0.0	100.0	256
～20%	0.0	**3.2**	14.4	51.4	26.4	4.6	100.0	216
～25%	0.0	0.0	**1.4**	13.5	48.6	36.5	100.0	74
～30%	0.0	0.0	9.1	**0.0**	9.1	81.8	100.0	22
～35%	0.0	0.0	0.0	0.0	**0.0**	100.0	100.0	3
35%～	0.0	0.0	33.3	33.3	33.3	**0.0**	100.0	3
合計	3.3	20.2	24.4	25.1	16.9	10.1	100.0	
実数	19	116	140	144	97	58		574

表7　高齢化の急激に進行した地域と高齢化率の低下した地域

90年に20%未満、05年に35%以上	90年に比して05年に低率の高齢化率
北海道・夕張市	北海道・紋別市
北海道・赤平市	茨城・堺町
北海道・古平町	長野・野沢温泉村
北海道・下川町	愛知・御津町
北海道・津別町	沖縄・座間味村
青森・西目屋村	
奈良・吉野町	
熊本・五木村	
熊本・球磨村	
宮崎・椎葉村	

　次に進めるべき分析は、クロス集計において見出された、この間における変動の量的・質的な差異が、地域のどのような特性と関連しているのか、言い換えればどのような地域でどのような変化が生じているのか、を明らかにすることであろう。それによって、この間に進行した地域変動の特質により深く接近することができるであろうし、この間にわが国において進行した地

域分化の様相を明らかにすることにも結びつくであろう。高齢化については、近年高い高齢者率を示している地域の中には、1990年当時にすでに高齢化が進んでいた地域とともに、その後に高齢化が進んだ地域がみられること、一方には高齢化がさほど進んでいない地域も若干見出せること、などを指摘したが、これらの高齢化の進行の上での差異が、どのような地域特性と関連しているのかが検討の課題となる。このような作業は、一つの方法としては、クロス集計について、地域特性にかかわる項目との更なるクロス集計（三重ないし四重クロス集計）を行って、そこに見出される特性をとらえることが考えられるが、単純にこうした多重クロス集計を行った場合には、きわめて煩瑣で大きな表を取り出すことになり、大きな流れを見出すことがむしろ困難にならざるを得ない。それを避けるために、ここでは、クロス集計の結果に基づいて、対象とした574市町村を数個のグループに分類し、それと地域特性等の項目とのクロス集計を進めることで、地域分化の様相を捉えることとした。

　表8以下では、両年の高齢者率について、Ⅰ―高齢化の進行が微弱な地域（両年ともに20％未満）、Ⅱ―近年やや高齢化が進行しつつある地域（90年20％未満、05年20～30％）、Ⅲ―近年高齢化が進行している地域（90年20％未満、05年30％以上）、Ⅳ―早期から高齢化が進行しておりその後も若干高齢化が進んでいる地域（90年20％以上、05年35％未満）、Ⅴ―早期から高齢化が進行しその後も一層高齢化している地域（90年20％以上、05年35％以上）の5グループに分類し、いくつかの地域特性とのクロス集計の結果を示している。このように分類すると、全体の46.9％がⅡの「近年やや高齢化」となり、23.5％がⅠの「微弱」となる。高齢化の進行がより著しいその他の3グループはそれぞれ10％前後になっている。

　これを地方別にみたのが、表8である。ここで注目されるのは、関東で51.5％、近畿で35.4％が、Ⅰの「微弱」となっていることであり、高齢化が全国的に進んでいるとはいっても首都圏や近畿圏などの大都市では、なお進行は微弱であることが見出せる。これと対照的に、Ⅴの高齢化が早期から進みさらに近年進行している地域は、四国の40.9％、中国の22.2％などで

あり、これらの地方で早期から高齢化が進んでいたことが指摘できる。この両地方にはIの「微弱」の市町村が皆無であることも目を引くところである。一方、すでに指摘したように、北海道と東北、とりわけ北海道の場合には、1990年当時にはまだ高齢者率が20％未満であったがその後高齢化が大きく進行しており、IIとIIIの近年高齢化進行の地域が、「やや」と「近年進行」を加えると北海道で85％、東北で75％におよぶなど、他の地方に比べて多数を占めている。

表8 地方別にみた高齢者率の変動パターン

	I 微弱	II 近年やや高齢化	III 近年高齢化進行	IV 早期高齢化	V 早期高齢化、一層進行	全体	実数
北海道	3.7	48.8	37.8	6.1	3.7	100.0	82
東北	7.8	54.4	20.0	8.9	8.9	100.0	90
関東	51.5	39.4	3.0	5.1	1.0	100.0	99
北陸	13.0	60.9	4.3	8.7	13.0	100.0	23
中部	26.7	40.7	5.8	14.0	12.8	100.0	86
近畿	35.4	46.2	3.1	6.2	9.2	100.0	65
中国	0.0	55.6	0.0	22.2	22.2	100.0	18
四国	0.0	50.0	4.5	4.5	40.9	100.0	22
九州・沖縄	28.1	46.1	7.9	14.6	3.4	100.0	89
合計	23.5	46.9	11.8	9.4	8.4	100.0	
実数	135	269	68	54	48		574

2005年のデータに基づいて都市地域・農村地域などに地域を類型化した結果とこの高齢化の変動パターンとのクロス集計をみると、上記の地方別の差異の意味するところの一端を見出すことができる。すなわち、都市地域の場合には62.7％、準都市地域の場合には44.6％が、高齢化の進行が微弱な地域であり、IIの近年やや高齢化が進行という地域を加えると9割を超える地域がこれに含まれる。これに対して農村地域でIの微弱に含まれる地域はわずかに3％、準農村地域でも15％にとどまる。早期から高齢化の進んだIV・Vの地域が最も多いのは農村地域であり、IIIの近年高齢化の進行している地域も農村地域と準農村地域でその大部分を占めることになる。農村地域に比べて都市地域では高齢化の進行は相対的に微弱ないしは近年になって

やや進行するようになったという状況であり、高齢者率の高い地域の多くは農村地域に位置している。

表9 地域類型別にみた高齢者率の変動パターン

	I 微弱	II 近年やや高齢化	III 近年高齢化進行	IV 早期高齢化	V 早期高齢化、一層進行	全体	実数
都市地域	62.7	34.1	1.6	1.6	0	100	126
準都市地域	44.6	46.2	7.7	1.5	0	100	65
中間地域	12.7	63.6	7.3	3.6	12.7	100	55
準農村地域	15.4	55.1	19.2	6.4	3.8	100	78
農村地域	3.2	47.2	16.8	17.6	15.2	100	250
合計	23.5	46.9	11.8	9.4	8.4	100	
実数	135	269	68	54	48		574

表10は、2005年の国勢調査に基づく人口規模別に高齢化の進行パターンをみたものである。表にみるように人口規模に応じて高齢化の進行には大きな差異がみられる。人口5万以上の地域では、そのすべてがIの微弱か、IIの近年「やや高齢化」が進んでいるという状況であるのに対して、人口1万未満の市町村では高齢化が微弱という地域は数えるほどしかなく、3千人未満の市町村ではその半数近くが以前から高齢化が進行して近年さらに高齢化の進んでいる地域に含まれる。

表10 05年国調人口規模別にみた高齢化の進行パターン

	I 微弱	II 近年やや高齢化	III 近年高齢化進行	IV 早期高齢化	V 早期高齢化、一層進行	全体	実数
～3千	3.8	21.2	17.3	13.5	44.2	100.0	52
～5千	1.6	22.6	24.2	27.4	24.2	100.0	62
～1万	5.2	53.9	20.9	13.0	7.0	100.0	115
～3万	15.2	64.2	10.9	8.5	1.2	100.0	165
～5万	39.1	56.3	3.1	1.6	0.0	100.0	64
～10万	61.4	38.6	0.0	0.0	0.0	100.0	57
10万～	69.5	30.5	0.0	0.0	0.0	100.0	59
合計	23.5	46.9	11.8	9.4	8.4	100.0	
実数	135	269	68	54	48		574

表11　85年から05年の人口増減率別にみた高齢化の進行パターン

	Ⅰ 微弱	Ⅱ 近年やや高齢化	Ⅲ 近年高齢化進行	Ⅳ 早期高齢化	Ⅴ 早期高齢化、一層進行	全体	実数
－30％～	0.0	2.9	47.1	2.9	47.1	100.0	34
～－30％	0.5	42.1	23.8	18.7	15.0	100.0	214
0～－10％	3.3	89.0	1.1	6.6	0.0	100.0	91
0～＋10％	21.1	72.4	0.0	6.6	0.0	100.0	76
～＋30％	65.2	33.9	0.0	0.9	0.0	100.0	115
＋30％～	90.9	6.8	0.0	2.3	0.0	100.0	44
合計	23.5	46.9	11.8	9.4	8.4	100.0	
実数	135	269	68	54	48		574

　さらに表11では、ほぼ対象としている時期に対応する1985年から2005年の間における人口の増減率と高齢化の進行パターンの関連を示している。ここでみられるのは、まずⅤの以前から進行していた高齢化がさらに進行している地域は、この間に人口が10％以上減少した市町村のみで見出せること、人口が30％以上減少した市町村ではその47％までがこれに含まれることであろう。逆に、高齢化の進行が微弱な地域はそのほとんどがこの間に人口の増加した市町村であり、10％以上増加した市町村の65％、30％以上増加した市町村の90％が微弱な地域に含まれる。

　こうした結果をまとめるならば、全国の市町村の半数近くでは、高齢者率は1990年の20％未満から2005年には20～30％にまで若干の増加をみせているが、農村地域・人口規模の小さい市町村・この20年間の人口減少率が10％以上の市町村では、それ以上に高齢化の進行がみられ、逆に、都市地域・人口10万以上の市町村・この間に10％以上人口の増加した市町村などでは、高齢化の進行は依然として20％未満にとどまる地域が多い。高齢化の進行はとりわけ四国・中国で早くから進み、北海道・東北でそれより遅れて進行してきている。こうした分岐は、多分に明瞭な傾向を示している。

4　産業別人口構成の変動と第三次産業

　この四半世紀の間に産業別の就業人口の構成は大きく変化した。第一次産

業の全面的な後退、第二次産業の後退、そして第三次産業の大幅な増大というのがその概要である。この動向を両年度の市町村の産業別人口の割合をクロス表にして検討してみる。表12,13,14は、両年次のクロス表の形で、それぞれ第一次・二次・三次産業人口の割合別の市町村の分布を示している。このうち第一次産業人口については、この4半世紀の間に著しい減少がみられる。太字で示した両年度に共通のセルに対して、より上位のセルに移行した地域（すなわち第一次産業人口の割合が増大した地域）はわずかに2地域に過ぎない。両年度が同一のセルである太字の地域は、両年度とも10％未満のすでに1980年時点で第一次産業の比重のきわめて低かった地域を除いてそれぞれ1割前後しかない。1980年度の各カテゴリーの8割以上がより低い構成比のセルに移行しているということであり、中には1980年当時には40％以上の構成比を示していたにもかかわらず2005年には10％未満にまで激減している地域もみられるなど、減少幅の大きさが注目される。

表12　第一次産業人口構成比の変化

80年＼05年	～10%	～20%	～30%	～40%	～50%	50%～	全体	実数
～10%	**99.3**	0.7	0.0	0.0	0.0	0.0	100.0	141
～20%	85.3	**14.7**	0.0	0.0	0.0	0.0	100.0	102
～30%	29.1	59.1	**11.0**	0.8	0.0	0.0	100.0	127
～40%	1.0	47.6	40.0	**11.4**	0.0	0.0	100.0	105
～50%	2.9	15.9	37.7	33.3	**10.1**	0.0	100.0	69
50%～	0.0	0.0	26.7	26.7	43.3	**3.3**	100.0	30
合計	46.5	26.5	15.7	7.7	3.5	0.2	100.0	
実数	267	152	90	44	20	1		574

これに対してより緩やかにではあるが減少基調を示しているのが、第二次産業の場合である。ここでは、1980年に比してより上位のカテゴリーに移行する形で第二次産業人口の増加した地域も37地域（全体の6.4％）を数える。また、両年度に同じカテゴリーに属した、太字の部分に全体の44％に当たる251地域が数えられるが、全体の半分に当たる地域では、より低率のカテゴリーに移行しており、この場合にも大きく減少した地域が含まれて

はいるが、ほとんどは構成比を10%程度低下させて、隣接する下位のセルに移行した地域である。こうしたことから、第一次産業の場合にほとんど全面的後退がみられたのとは異なって、第二次産業の場合には緩やかな後退がみられたということになろう。

表13 第二次産業人口構成比の変化

80年＼05年	～10%	～20%	～30%	～40%	～50%	50%～	全体	実数
～10%	**100.0**	0.0	0.0	0.0	0.0	0.0	100.0	2
～20%	12.3	**70.2**	17.5	0.0	0.0	0.0	100.0	57
～30%	0.5	35.8	**53.7**	8.9	1.1	0.0	100.0	190
～40%	0.0	2.6	49.2	**44.0**	4.1	0.0	100.0	193
～50%	0.0	1.9	20.0	59.0	**19.0**	0.0	100.0	105
50%～	0.0	0.0	11.1	25.9	55.6	**7.4**	100.0	27
合計	1.7	20.0	40.2	29.8	7.8	0.3	100.0	
実数	10	115	231	171	45	2		574

これに対して、第三次産業の場合には、第一次産業や第二次産業とは大きく異なって、1980年に属していたカテゴリーからより低率のカテゴリーに移行した地域はまったくみられない。すべてが増加か同じカテゴリーに位置している。しかも、同じカテゴリーに属した、太字の地域は、全体の1割にも満たない56のみであり、それ以外はより上位のカテゴリーに移行している。上位に移行した地域の中には、大きく増加をみせた地域も少数みられるが、大部分は隣接する上位のカテゴリーに移行するという形で、全体として緩やかな増加をみせたということができる。

産業別人口の構成の変化は、この間におけるわが国の産業構造の変化にともなって生じた現象である。農林漁業などの第一次産業が後退した上に、工業部門も生産拠点の海外流出などによっていわゆる脱工業化の進行がみられた。その結果、第一次産業人口の広範な減少に続いて、第二次産業人口も緩やかな減少をみせることになった。その結果、第三次産業人口の増加をみることになり、広い範囲にわたってその傾向が生じたものである。

表14　第三次産業人口構成比の変化

05年	～40%	～50%	～60%	～70%	～80%	80%～	全体	実数
～40%	**7.3**	52.4	35.1	4.0	0.8	0.4	100.0	248
～50%	0.0	**4.4**	49.7	43.4	2.5	0.0	100.0	159
～60%	0.0	0.0	**10.4**	62.5	26.0	1.0	100.0	96
～70%	0.0	0.0	0.0	**16.7**	79.6	3.8	100.0	54
～80%	0.0	0.0	0.0	0.0	**66.7**	33.3	100.0	15
～90%	0.0	0.0	0.0	0.0	0.0	**100.0**	100.0	2
合計	3.1	23.9	30.7	25.8	14.6	1.9	100.0	
実数	18	137	176	148	84	11		574

　ここでは第三次産業人口の変動について5つのパターンに区分していくつかの地域的条件との関連を検討することとしたい。上の**表14**に基づいて、Ⅰ——高率・増加（1980年60％以上、2005年70％以上など）、Ⅱ——伸長（1980年60％未満、2005年70％以上）、Ⅲ——中位・維持（1980年40～60％、2005年50～70％）、Ⅳ——低位・伸長（1980年40％未満、2005年50～70％）、Ⅴ低位・停滞（1980年50％未満、2005年50％未満）の5パターンに区分した上で、同じように地域特性とのクロス集計を行った。

　表15は、市町村区分とのクロス集計である。ここではまず、全般に第三次産業人口の割合が高くなっている中で、とりわけ「高率・増加」としたパターンは、市部と規模の大きな町村に多く、人口30万以上の市ではその3分の2近くがこのパターンとなっている。「伸長」「中位・維持」はこの「高率・増加」に準じるような分布となっている。それに対して、2005年には第三次産業人口の割合を50％以上に高めてはいるものの1980年に40％未満であった「低位・伸長」は市部では少なく、町村部なかでも規模の小さい町村に比較的多い。そのことは2005年でも50％未満の「低位・停滞」のパターンの場合に一層顕著で、人口1万未満の町村の場合にはその4割から5割がこのパターンを示している。他方、60市近くを数える人口10万以上の市では、このパターンを示す地域は皆無であり、同じく60市近くの人口5万以上の市にわずか1地域をみるに過ぎないのである。「低位・伸長」の場合にも、人口10万以上の市で1地域、人口5万～10万の市で1地域

をそれぞれ数えるに過ぎない。これらの地域では第三次産業人口がもともと一定の厚みを持っており、近年さらに比重を高めていることが指摘できる。

表15 市町村区分と第三次産業人口の変化のパターンの関連

	I 高率・ 増加	II 伸長	III 中位・ 維持	IV 低位・ 伸長	V 低位・ 停滞	全体	実数
人口30万以上の市	64.7	5.9	29.4	0.0	0.0	100.0	17
人口10万以上の市	45.2	9.5	42.9	2.4	0.0	100.0	42
人口5万以上の市	26.3	8.8	61.4	1.8	1.8	100.0	57
人口5万未満の市	10.0	2.0	68.0	14.0	6.0	100.0	50
人口2万以上の町村	17.6	10.8	40.5	13.5	17.6	100.0	74
人口1万以上の町村	3.8	1.9	42.3	21.2	30.8	100.0	104
人口5千以上の町村	1.7	4.3	30.8	23.1	40.2	100.0	117
人口3千以上の町村	0.0	3.3	14.8	27.9	54.1	100.0	61
人口3千未満の町村	3.8	9.6	13.5	23.1	50.0	100.0	52
合計	12.4	5.7	38.0	16.9	27.0	100.0	
実数	71	33	218	97	155		574

そのことは、表16に示す地域類型との関連と符合するものとみることができよう。都市地域の場合には、「低位・伸長」「低位・停滞」は皆無であり、準都市地域に後者4地域を見出すのみである。それに対して農村地域の場合には、この2つのパターンの地域が8割に達しており、「低位・停滞」のパターンの地域の84％が農村地域に含まれる。他方、「高率・やや増加」のパターンの地域の8割以上、「伸長」のパターンの地域の5割以上が都市地域に含まれ、前者は農村地域や準農村地域にはまったく見られない。その上、中間地域や準都市・準農村などの中間的な地域の場合には、「中位・維持」の割合が高い。

第三次産業人口が都市的な地域で多数を占めることは、産業構成から自然なことであろう。その意味では、第一次産業の後退や脱工業化にともなって、全般的にいずれの地域においても第三次産業人口が比重を高め、その結果、都市・農村といった地域特性とのかかわりを不明瞭なものとするのではないかと思われるだけに、今日なお第三次産業人口の分布のパターンが都市・農村、市町村の規模といった特性と多分に明瞭な関連をもっていることを指摘

する必要がある。すなわち、第三次産業人口は全般にその比重を高めているとはいえ、従来の分布のあり方を全体的に変化させるというよりは、従来の厚薄をそれなりに維持しつつ、全体に底上げするような形で進行してきているものと想定されるのである。

表16　地域類型（07年）と第三次産業人口の変化のパターンとの関連

	I 高率・ 増加	II 伸長	III 中位・ 維持	IV 低位・ 伸長	V 低位・ 停滞	全体	実数
都市地域	46.8	13.5	39.7	0	0	100	126
準都市地域	10.8	6.2	76.9	6.2	0	100	65
中間地域	9.1	9.1	49.1	7.3	25.5	100	55
準農村地域	0	3.8	56.4	25.6	14.1	100	78
農村地域	0	1.6	18.8	27.6	52	100	250
合計	12.4	5.7	38	16.9	27	100	
実数	71	33	218	97	155		574

表17　地方別にみた第三次産業人口の変化のパターン

	I 高率・ 増加	II 伸長	III 中位・ 維持	IV 低位・ 伸長	V 低位・ 停滞	全体	実数
北海道	8.5	1.2	40.2	18.3	31.7	100.0	82
東北	4.4	3.3	20.0	22.2	50.0	100.0	90
関東	18.2	12.1	43.4	13.1	13.1	100.0	99
北陸	4.3	4.3	43.5	21.7	26.1	100.0	23
中部	5.8	4.7	34.9	18.6	36.0	100.0	86
近畿	16.9	9.2	55.4	12.3	6.2	100.0	65
中国	0.0	5.6	66.7	11.1	16.7	100.0	18
四国	4.5	0.0	50.0	9.1	36.4	100.0	22
九州・沖縄	27.0	5.6	28.1	18.0	21.3	100.0	89
合計	12.4	5.7	38.0	16.9	27.0	100.0	
実数	71	33	218	97	155		574

　第三次産業人口の変化のパターンの地方別の差異は**表17**に示すところである。ここでは東北のみが「低位・停滞」に50％が含まれ、それに次ぐ四国・中部の36％を大きく上回っていること、近畿・関東・中国では逆に「低位・停滞」のパターンが少ないことがまず目を引く。「高率・増加」は、全国平均で12％余しかないが、九州・沖縄で27％を見るほか、関東・近畿

で平均を上回っている。こうした傾向も農業県を多く含む地方と大都市を含む地方との差異を反映したものということができよう。

表18 納税義務者当課税対象所得（06年）と第三次産業人口の変化のパターンとの関連

	Ⅰ 高率・ 増加	Ⅱ 伸長	Ⅲ 中位・ 維持	Ⅳ 低位・ 伸長	Ⅴ 低位・ 停滞	全体	実数
～250万円	2.6	0.9	16.4	26.7	53.4	100.0	116
～270	6.2	3.5	31.0	22.1	37.2	100.0	113
～290	7.5	4.7	41.1	19.6	27.1	100.0	107
～320	16.0	4.7	53.8	12.3	13.2	100.0	106
～350	19.1	4.4	64.7	5.9	5.9	100.0	68
～400	29.2	22.9	37.5	6.3	4.2	100.0	48
400～	56.3	25.0	6.3	0.0	12.5	100.0	16
合計	12.4	5.7	38.0	16.9	27.0	100.0	
実数	71	33	218	97	155		574

　表18は、06年の納税義務者1人あたりの課税対象所得の差異と第三次産業人口の変化のパターンとの関連を示したものである。地域の平均課税対象所得額によって、その地域の住民の富裕度を推測しうるものと考えるならば、産業構成の変化との関連をとらえることに一定の意味があると思われる。ここでは、所得額と第三次産業人口の変化との間に緩やかな関連を見出すことができる。大まかにいって所得の高い地域ほど第三次産業人口の比重が大きく、この間に増加の方向にあり、逆に所得の低い地域ほど第三次産業人口の比重が低く伸びも大きくない。これが、都市・農村の差異という地域類型の反映であるのか、産業構成の変化自体がもたらすものであるのかは判然としないが、今日の地域変動の特質の一端を現しているものと思われる。

5　農業の変化

　第一次産業人口の広範な減少は、主として農業の変化を反映したものであり、また農業の変化を推進するものでもあった。地域の農業に関する主要な指標として、一般に、農家戸数・農業就業人口・農地面積があげられるが、

ほとんどの地域においてこれらのいずれもがこの期間に大幅な減少を示している。表19には、これら3項目のこのほぼ4半世紀における増減率を示している。この期間にこれらにおいて増加をみせた地域は、耕地面積では13地域があるが、農家数や農業就業人口では3地域に過ぎず、それ以外はいずれも減少をみせている。平均の欄は、対象とした地域の平均の増減率を表しているが、いずれもほぼ半数を減じたことを示している。そのうち、もっとも大きく減少したのは農業就業人口であり、6割に近い減少を示している。耕地面積と農家数はそれより低い減少率となっている。減少率別の分布においても、農業就業人口の場合には、50％以上の減少をみた地域が7割に及んでいるのに対して、農家数では42％、耕地面積では47％となっている。就業人口を減少させながら、省力化された形で農業を継続する農家・耕地が少なくないことを示しているとみられよう。

表19 農家数・農業就業人口・耕地面積の増減率

	−60〜	〜−60	〜−50	〜−40	〜−30	〜−20	〜0	0〜	不明	全体	平均
農家数	5.4	6.6	29.7	34.2	10.3	12.0	1.2	0.5		100.0	−44.0
	31	38	171	196	59	69	7	3		574	
農業就業人口	18.0	25.3	27.9	19.0	7.3	1.8	0.2	0.5		100.0	−58.1
	103	145	160	109	42	10	1	3	1	573	
経営耕地面積	16.0	13.8	17.1	15.4	14.0	16.7	4.7	2.3		100.0	−47.6
	92	79	98	88	80	96	27	13	1	573	

表20 農家率別市町村分布の変化

80年＼05年	〜10%	〜20%	〜30%	〜40%	〜50%	〜50%	全体	実数
〜10%	**100.0**	0.0	0.0	0.0	0.0	0.0	100.0	110
〜20%	95.6	**4.4**	0.0	0.0	0.0	0.0	100.0	91
〜30%	42.1	57.9	**0.0**	0.0	0.0	0.0	100.0	76
〜40%	9.7	66.7	20.8	**1.4**	1.4	0.0	100.0	72
〜50%	4.3	36.2	42.0	14.5	**2.9**	0.0	100.0	69
〜60%	0.0	4.5	37.9	43.9	13.6	**0.0**	100.0	66
〜70%	1.8	8.9	10.7	39.3	33.9	5.4	100.0	56
70%〜	0.0	5.9	8.8	17.6	29.4	38.3	100.0	34
合計	41.9	22.8	13.6	11.8	7.1	2.7	100.0	
実数	240	131	78	68	41	16		574

農家数や耕地面積の大幅な減少は、農業が地域において占める位置を変化させることになる。それは端的には農家率の減少として現れる。表20は、1980年と2005年の農家率の対比を表示した表である。両年次ともに同一の農家率階層であるセルを太字にしてあるが、農家率のもっとも低い10％未満を除くと、太字のものは7市町村しかない。また、1980年に比して上位のセルに移行したのは1市町村しかない。圧倒的多数が農家率を低下させ、それも隣接の下位のセルに移行したものは少なく、例えば農家率50〜60％であった66市町村のうち42％にあたる28地域が30％未満に低下するなど、大きく農家率を低下させた市町村が大多数を占めている。ちなみに、1980年にはここで対象としている市町村の農家率の平均は33.4％、最大値は87.7％であったが、2005年には平均17.3％、最大値63.5％に低下している。

　農家率は地域の世帯数に対する農家の割合であるから、その低下は、農家の減少による場合と世帯数の増加による場合、ないしはその両者の重合した場合などが考えられる。全体的には、農家数が44％の減少率であったから、農家率が33.4％から17.3％に低下するのとほぼ対応しており、農家率の低下が主として農家の減少によって生じていると想定させるのであるが、地域の条件によって一様に農家の減少にその原因を帰することができるのか問題もあるように思われる。表20に基づいて、農家率の変化の5つのパターンをとりだし、それぞれについて検討することとした。5つのパターンは、Ⅰ低率（両年度を通じて20％未満の早くから農家率が低かった地域）、Ⅱ中：低（1980年には20〜50％、2005年には20％未満、中程度から低下した地域）、Ⅲ中：中（両年度を通じて20〜50％、中程度の農家率を維持している地域）、Ⅳ高：中（1980年には50％以上、2005年には40％未満、農家率の高い地域であったがやや低下した地域）、Ⅴ高率（1980年には50％以上、2005年には40％以上、全体の中で比較的高い農家率を維持している地域）である。

　まず、この農家率の対比の位置を確かめる意味で、前章において2005年の資料に基づいて都市的地域・農村的地域を区分した地域類型との関連を表21に示しておく。都市的地域は92％までが1980年からすでに農家率の低

い地域であり、準都市地域・中間地域も6割が低率、残りが中程度から低率に下がっており、これら3つの地域類型では、Ⅲ以下のパターンはまったく見られない。準農村地域は4分の3ほどが中程度から低率に移行したⅡのパターンである。農村地域の場合には、1980年に6割が農家率50％以上、4割がそれ以下という状況にあったが、前者の3分の1強が高率に残り、他は中程度にまで低下し、後者の半分近くが低率に近く農家率を低下させた。

表21 地域類型（05年）別の農家率の変化パターンの分布

	Ⅰ低率	Ⅱ中：低	Ⅲ中：中	Ⅳ高：中	Ⅴ高率	全体	実数
都市地域	92.1	7.9	0.0	0.0	0.0	100.0	126
準都市地域	63.1	36.9	0.0	0.0	0.0	100.0	65
中間地域	60.0	40.0	0.0	0.0	0.0	100.0	55
準農村地域	14.1	73.1	6.4	6.4	0.0	100.0	78
農村地域	0.0	18.0	22.0	38.0	22.0	100.0	250
合計	35.0	27.5	10.5	17.4	9.6	100.0	
実数	201	158	60	100	55		574

表22 農家数増減率と農家率の変化パターンの関連

	～-50%	～-40	～-30	～-20	全体	実数
Ⅰ低率	35.4	34.8	20.9	9.0	100.0	201
Ⅱ中：低	41.7	22.8	28.5	6.9	100.0	158
Ⅲ中：中	10.0	26.7	38.3	25.1	100.0	60
Ⅳ高：中	24.0	34.0	26.0	16.0	100.0	100
Ⅴ高率	1.8	20.0	43.6	34.5	100.0	55
合計	29.2	29.1	27.9	13.7	100.0	
実数	168	167	160	79		574

表22は農家数の増減率、表23は世帯数の増減率と農家率の変化パターンとの関連を示している。これらによって、農家率の低下が農家数の減少と世帯数の増加のいずれの要因によって生じたものであるのかを考察しようというわけである。まず、表22についてみると、Ⅰの「低率」の地域とともに、ⅡとⅣの農家率の低下した地域の場合に1980年から2005年の間に農家数が半減した地域が多く、ⅢやⅤの農家率低下の少ない地域では農家数が半減した地域は少ない。逆にこの間の農家数の減少率が20％未満の地域は、ⅢやⅤに多く、ⅠⅡⅣでは少ない。農家数の減少と農家率の低下とが結びつ

いていることが指摘できよう。

表23 世帯数増減率と農家率の変化パターンとの関連

	～-10%	-10～+10	+10～	全体	実数
Ⅰ低率	7.0	18.5	74.7	100.0	201
Ⅱ中：低	10.1	27.9	62.1	100.0	158
Ⅲ中：中	13.4	51.6	35.0	100.0	60
Ⅳ高：中	9.0	44.0	47.0	100.0	100
Ⅴ高率	34.5	54.6	10.9	100.0	55
合計	11.5	32.5	56.2	100.0	
実数	66	186	322		574

一方、表23では、Ⅰの低率とⅡⅣの農家率の低下した地域では世帯数が10％以上増加した地域が多く、農家率が引き続き高率のⅤでは少ない。Ⅴの農家率高率の地域では、その3分の1が世帯数を10％以上減じており、プラスマイナス10％以内の世帯数の増減の小さい地域とあわせると9割に及ぶ。Ⅴの高率の地域でも、世帯数が減少しても農家率が高くなった地域はなくて減少の方向にある。そのことは、農家率が相対的に高かった地域においても農家数の減少が農家率の低下に強く影響しており、世帯数の増加によって分母が大きくなったために農家率の低下が現れたものではないということを明らかにしている。また、ⅠⅡなどの地域では世帯数が10％以上増加した地域が多数を占めており、これらの地域では分母が大きくなっているのではあるが、表22で見たようにこれらの地域では農家数の減少率が大きいことから、分母が大きくなるのとあいまって農家率を大きく低下させているものと推測されるのである。このように考えるならば、この間に進展した農家率の大幅な低下の主たる要因は農家数の減少であったということができる。

あらためて農家数の減少の状況を確認する意味で、**表24**に各市町村の農家数がこの間にどのように変化したのかを示すこととしよう。1980年に比べて2005年により多くの農家数を示すカテゴリーに移行した地域は皆無であり、圧倒的に多くの地域でより少数のカテゴリーへと移行していることが見出せる。そうした中で、1980年に農家数300未満であった地域と1000

以上の地域という両極においては減少の幅が小さく、300から1000という中間的な地域において大幅減少が見られることが指摘できよう。

表24 地域における総農家数の変化

80年＼05年	～100	～300	～500	～700	～1000	～3000	3000～	全体	実数
～100	**100.0**	0.0	0.0	0.0	0.0	0.0	0.0	100.0	4
～300	53.7	**46.3**	0.0	0.0	0.0	0.0	0.0	100.0	41
～500	3.4	89.7	**6.9**	0.0	0.0	0.0	0.0	100.0	58
～700	0.0	24.3	70.3	**5.4**	0.0	0.0	0.0	100.0	74
～1000	0.0	7.6	48.1	41.8	**2.5**	0.0	0.0	100.0	79
～3000	0.0	0.8	4.7	16.7	34.2	**43.6**	0.0	100.0	257
3000～	0.0	0.0	0.0	0.0	0.0	70.5	**29.5**	100.0	61
合計	4.9	16.9	18.5	13.9	15.7	27.0	3.1	100.0	
実数	28	97	106	80	90	155	18		574

表24にもとづいてこの間における農家戸数の変化のパターンを取り出すとすれば、農家戸数は、全般的減少の様相を呈していることから、現状維持と減少の幅の大小による区分ということになろう。すなわち、Ⅰ——現状維持（両年度ともに同一のカテゴリーのセルに属している地域）、Ⅱ——やや減少（表24において1980年度に比して隣接下位のカテゴリーのセルに移行した地域）、Ⅲ——大幅減少（表24において1980年度に比して2枠以上下位のカテゴリーのセルに移行した地域）の3パターンがそれであり、これらと地域特性との関連を検討することとしたい。

まず、表25は地方別の状況である。合計欄にみられるように、全国平均では半数が「やや減少」、「大幅減少」が21％と、この間の農家戸数の減少の大きさを示しているが、それと同時に地方別の差異が全般に小さく、農家戸数の減少が全国的な現象として進行したことを示している。しかしその中で、北海道における大幅な減少は注意する必要がある。北海道では、現状維持は10％を切り、大幅減少が3分の1を上回っている。これを除くと地方別の差異は限定的である。Ⅰの現状維持についてみると北海道を除く8地方は、中部24.4％から、東北35.6％・近畿36.9％の範囲であり、Ⅱの「やや減少」は、近畿40％から四国63.6％の範囲、Ⅲの「大幅減少」も、四国

の4.5%を除くと、15.7%から23.1%の範囲に含まれている。

表25 地方別にみた農家戸数の変化のパターン

	Ⅰ維持	Ⅱやや減少	Ⅲ大幅減少	全体	実数
北海道	9.8	53.7	36.6	100.0	82
東北	35.6	46.7	17.8	100.0	90
関東	33.3	47.5	19.2	100.0	99
北陸	30.4	52.2	17.4	100.0	23
中部	24.4	53.5	22.1	100.0	86
近畿	36.9	40.0	23.1	100.0	65
中国	33.3	50.0	16.7	100.0	18
四国	31.8	63.6	4.5	100.0	22
九州・沖縄	28.1	56.2	15.7	100.0	89
合計	28.4	50.5	21.1	100.0	
実数	163	290	121		574

表26 市町村区分別にみた農家戸数変化のパターン

	Ⅰ維持	Ⅱやや減少	Ⅲ大幅減少	全体	実数
人口30万以上の市	70.6	23.5	5.9	100.0	17
人口10万以上の市	38.1	42.9	19.0	100.0	42
人口5万以上の市	38.6	52.6	8.8	100.0	57
人口5万未満の市	38.0	48.0	14.0	100.0	50
人口2万以上の町村	31.1	48.6	20.3	100.0	74
人口1万以上の町村	36.5	41.3	22.1	100.0	104
人口5千以上の町村	13.7	55.6	30.8	100.0	117
人口3千以上の町村	11.5	60.7	27.9	100.0	61
人口3千未満の町村	19.2	63.5	17.3	100.0	52
合計	28.4	50.5	21.1	100.0	
実数	163	290	121		574

全国的に農家戸数の減少が進み、地域的な差異が少ないというこうした特徴は、他の項目との関連においても共通するものであることが指摘できる。表26の市町村の規模などとの関連をみると、全体的に数値の差が小さい。その中で、Ⅰの「現状維持」が、人口30万以上の都市に特に多く、それ以下の規模の都市も規模の小さい町村より多いこと、Ⅲの「大幅減少」がむしろ人口が3千から1万程度の町村において目立つこと、などが注目される。

農家戸数が全国的に減少する中で、むしろ規模の大きな市や都市的な地域で減少の程度が小さく、町村部や農村地域周辺で大幅な減少を示していること、が読み取れるのではないかと思われる。

　前章に指摘しておいたように、2005年の農業センサスにおいては、農家のうちの販売農家のみについて専業・兼業別や経営規模など農業経営の内容についての調査を行っているのに対して、1980年にはまだ規模の小さい自給的農家と販売農家の区別がされていなかった。ここまで問題にしてきた農家数や農家率の場合には、2005年の農業センサスにおいても、販売農家のみでなく自給的農家も加えた総農家数をとらえているので、1980年センサスの結果と連続させてその間の異同を問題にすることができる。もちろん、センサス調査の過程でごく零細な農業を行っている世帯をどこまで農家と認定するのかについては、一定の基準は定められていることは当然であるが、年次によって、地域によって、差異がないとはいい難いところがあり、農家数の変動が実態以上に大きくなることはないとはいえない。しかし、1980年と2005年の農業にかかわるこのほかの項目についての対比的な検討を行うことは、ほとんど意味がないといわざるを得ない。両者が把握している農家の対象が異なっていることから、数値の変化を解釈するすべはないといわざるを得ない。比較的問題の少ないと思われる地域における主要な農産物の変化についてだけふれて、農業にかかわる変化を終えることとする。

　表27は、農産物販売額の最も多い作目の変化を示している。販売額が多いという意味での主要作目は、両年において全体の6割の地域では同一のカテゴリーに属している。作目別に同一カテゴリーであるものを見ると、野菜が84％、果実が83％、米が66％など、となるが、2007年に野菜が主である地域のうちで1980年以降に野菜が主となった地域は101地域でこの年に野菜が主である地域の58％に及ぶ。同様に、果実の場合には27地域（53％）と、これらの作目への移行が進んでいることが見出せる。これに対して、米の場合には、新たに米が主となった地域は30地域で2007年に米が主である地域の14.6％に過ぎず、畜産の場合も、米が主であった地域からの移行が若干みられるものの、全体としては、増加は少ない。養蚕が主で

あった地域の多くが野菜に移行したことは理解できることであろう。注意すべきは、畜産であろう。1980年頃に畜産が主であった地域182のうち、2007年にも畜産（ここでは肉牛から鶏まで細分化されているが）を主とする地域は78（42.8％）に過ぎない。新たに畜産を主にすることとなった地域を含めても91地域と1980年の半数に減少している。この間における畜産経営の規模拡大・集約化が投影されているのかとも推測される。

表27　販売額首位の農産物の変化

80年 05年	米	野菜	果実	花	肉牛	乳牛	豚	鶏	その他	なし	全体	実数
米	66.2	19.5	3.4	2.6	0.4	1.9	0.8	1.1	4.1	0.0	100.0	266
野菜	1.1	83.9	3.4	5.7	1.1	1.1	0.0	0.0	2.3	1.1	100.0	87
果実	0.0	13.8	82.8	3.4	0.0	0.0	0.0	0.0	0.0	0.0	100.0	29
養蚕	22.2	66.7	11.1	0.0	0.0	0.0	0.0	0.0	0.0	0.0	100.0	9
畜産	14.8	21.4	7.1	6.6	8.8	21.4	2.2	10.4	5.5	1.6	100.0	182
合計	35.9	30.3	8.9	4.4	3.1	7.8	1.0	3.8	4.0	0.7	100.0	
実数	206	174	51	25	18	45	6	22	23	4		574

こうした主要農産物の変化のパターンをとらえ、若干の検討をくわえることとしたい。主要農産物として、米・野菜・果実・畜産などがあり、両年度を通じて米である地域から、米から他の作目に移行した地域など、個々にいえば種々の組み合わせがみられるところであるが、表28は、米・野菜・果実・畜産のそれぞれについて、両年度ともに同一の主要農産物である場合と、他の作目から移行した場合とを地方別に表示したものである。ここで目を引くのは、北陸で91％までが「両年度とも米」と不動の稲作地域であることを示していることであろう。「両年度とも米」は、全国的には30％であるが、これを上回るのは、北陸に次いで東北と中国の50％、近畿の40％がある。野菜の場合には、「両年度野菜」は関東と四国で3割に及ぶが、全国では12％で、他の作目から「野菜に移行」した地域がその2倍を数える。特に四国・九州沖縄の伸びが大きい。果実は全体的に数が限られるが、「両年果実」が四国、「果実に移行」が関東で10％に及んでいる。畜産の場合は、この間に「畜産に移行」した地域は九州沖縄に2地域がみられるのみで、「両

年畜産」が北海道で 40％、九州沖縄で 20％など、みられるのとは大きく差が見られる。

表 28　地方別にみた主要農産物の変化のパターン

	両年米	米に移行	両年野菜	野菜に移行	両年果実	果実に移行	両年畜産	畜産に移行	その他	全体	実数
北海道	29.3	0.0	6.1	17.1	1.2	0.0	40.2	0.0	6.1	100.0	82
東北	53.3	4.4	1.1	23.3	5.6	0.0	11.1	0.0	1.1	100.0	90
関東	19.2	6.1	30.3	21.2	2.0	10.1	6.1	0.0	5.1	100.0	99
北陸	91.3	4.3	0.0	0.0	0.0	0.0	4.3	0.0	0.0	100.0	23
中部	19.8	10.5	16.3	29.1	5.8	4.7	8.1	0.0	5.8	100.0	86
近畿	40.0	9.2	13.8	26.2	7.7	1.5	0.0	0.0	1.5	100.0	65
中国	50.0	5.6	0.0	27.8	0.0	0.0	16.7	0.0	0.0	100.0	18
四国	9.1	0.0	27.3	40.9	13.6	4.5	4.5	0.0	0.0	100.0	22
九州・沖縄	11.2	3.4	9.0	34.8	3.4	2.2	20.2	2.2	13.5	100.0	89
合計	30.7	5.2	12.7	24.9	4.2	3.1	13.8	0.3	5.1	100.0	
実数	176	30	73	143	24	18	79	2	29		574

　個々の作目についての異動は煩瑣なことから、この表 28 に見られる両年度とも同一の作物を主要農産物とする地域を「変化なし」、両年度の主要農産物が相違する地域を「変化あり」としてまとめた結果を見ると、**表 29** の地方別では、北陸・北海道・東北で「変化なし」が 7 割を超えているのに対して、四国・中部・九州沖縄で「変化あり」が 4 割を超えており、これらの地方で作目の変化が進んでいることがうかがえる。

　表 30 は、主要農産物が地域の農業粗生産額に占める割合と、作目の変化の有無との関連を見たものである。主要農産物はそれぞれの地域の農業粗生産額のうちで最も金額の大きいものを指しているが、その場合にも他に競合する作目がいくつもある場合と、ほとんど専作に近い場合とがありうる。当然の結果ともいえるかと思われるが、専作に近いほど主要農産物に変化がなく、相対的にある作目が優位にあっても地域内で多様な農業が行われている場合には、主要農産物が変化することが多い傾向がある。粗生産額に占める割合が 50％前後が境目となっていて、それ以上であれば「変化なし」が多数であり、以下であれば「変化あり」が多数となっている。

表29　地方別に見た主要農産物の変化の有無

	変化なし	変化あり	全体	実数
北海道	76.8	17.1	100.0	82
東北	71.1	27.8	100.0	90
関東	57.6	37.4	100.0	99
北陸	95.7	4.3	100.0	23
中部	50.0	44.2	100.0	86
近畿	61.5	36.9	100.0	65
中国	66.7	33.3	100.0	18
四国	54.5	45.5	100.0	22
九州・沖縄	43.8	42.7	100.0	89
合計	61.3	33.6	100.0	
実数	352	193		574

表30　粗生産額中の主要農産物の割合と変化の有無

	変化なし	変化あり	全体	実数
～20%	0.0	44.4	100.0	9
～30%	31.5	53.7	100.0	54
～40%	40.5	55.9	100.0	111
～50%	49.2	48.4	100.0	122
～60%	71.2	24.0	100.0	104
～70%	84.7	12.5	100.0	72
～80%	94.5	3.6	100.0	55
80%～	93.5	4.3	100.0	46
不明	0.0	100.0	100.0	1
合計	61.3	33.6	100.0	
実数	352	193		574

6　市町村財政の変化

　次に、自治体財政の変化についてあとづけておくこととしたい。今日の社会では、国・地方自治体を通じて、国民・住民の生活にとって行政のかかわりが拡大してきており、それが行政組織や財政の肥大化をもたらしていること、同時に肥大化する行政に対応していくだけの財源・資源の確保が困難なことから繰り返し行政改革・緊縮化が求められていること、はあらためていうまでもない。こうした矛盾した要請の中で、それぞれの自治体がどのような変化を見せているのかが問題となる。そうした観点からまず問われるのは財政規模であろう。表31は、この間における市町村の財政における歳入額を対比して表示している。歳入額は、当然市町村の規模などによって大きく異なるが、この表では同一市町村が四半世紀を経てどの程度財政規模を拡大したのかをとらえることができる。

表 31　歳入額の変化

81年＼07年	2億5千万未満	5億未満	7億5千万未満	10億未満	15億未満	20億未満	25億未満	25億以上	全体	実数
2億5千万未満	**31.7**	59.8	6.7	1.8	0.0	0.0	0.0	0.0	100.0	164
5億未満	0.5	**36.0**	44.0	16.0	3.5	0.0	0.0	0.0	100.0	200
7億5千万未満	0.0	0.0	**17.2**	29.3	43.1	6.9	3.4	0.0	100.0	58
10億未満	0.0	0.0	0.0	**2.4**	41.5	41.5	9.8	4.9	100.0	41
15億未満	0.0	0.0	0.0	0.0	**7.0**	34.9	25.6	32.6	100.0	43
20億未満	0.0	0.0	0.0	0.0	0.0	**9.5**	19.0	71.4	100.0	21
25億未満	0.0	0.0	0.0	0.0	0.0	0.0	**0.0**	100.0	100.0	8
25億以上	0.0	0.0	0.0	0.0	0.0	0.0	0.0	**100.0**	100.0	39
合計	9.2	29.6	19.0	9.2	9.1	6.6	3.7	13.6	100.0	
実数	53	170	109	53	52	38	21	78		574

　歳入額の最も少なかったのは1981年度には3億4300万円、2007年には9億4400万円、最高額は1981年には6038億3100万円、2007年には1兆3338億円で、この間に全般に大きく規模を拡大している。1981年には対象とした市町村の63％が5億円未満の規模であったが、2007年には10億未満が67％を占めるようになっている。

　市町村の財政規模が主要には市町村の人口規模などと密接な関連を持ち、大きな市は財政規模が大きく、小さな村は歳入額も小さいということは当然のことである。しかし、人口規模が直ちに財政規模を規定するものではないこともまた当然のことである。表32は、市町村の人口規模別に2007年の歳入額の分布を示したものである。人口階層ごとにもっとも大きな数値を太字にしたが、人口10万・30万以上の市では、そのすべてが25億以上のセルに属しており、人口5千以上・3千以上の町村では5億未満、3千未満の町村では2億5千万未満に7割近くが属しており、これら人口1万未満の町村では7割近くが属するセルを見出すのであるが、その中間の人口1万から10万の市町村の場合には、太字のセルは40〜50％前後であり、例えば人口5万未満の市では歳入額は10億未満から25億以上にまで分化しているというように、大きく分散している。同一の人口規模の場合にも、歳入額の大きい市町村から小額のそれにまで広がりがみられる。

表32　市町村規模別の歳入額（07年）

	2億5千万未満	5億未満	7億5千万未満	10億未満	15億未満	20億未満	25億未満	25億以上	全体	実数
人口30万以上の市	0.0	0.0	0.0	0.0	0.0	0.0	0.0	**100.0**	100.0	17
人口10万以上の市	0.0	0.0	0.0	0.0	0.0	0.0	0.0	**100.0**	100.0	42
人口5万以上の市	0.0	0.0	0.0	0.0	0.0	40.4	28.1	31.6	100.0	57
人口5万未満の市	0.0	0.0	0.0	8.0	56.0	24.0	10.0	2.0	100.0	50
人口2万以上の町村	0.0	0.0	24.3	41.9	29.7	4.1	0.0	0.0	100.0	74
人口1万以上の町村	0.0	30.8	53.8	13.5	1.9	0.0	0.0	0.0	100.0	104
人口5千以上の町村	3.4	67.5	26.5	2.6	0.0	0.0	0.0	0.0	100.0	117
人口3千以上の町村	23.0	68.9	6.6	1.6	0.0	0.0	0.0	0.0	100.0	61
人口3千未満の町村	67.3	32.7	0.0	0.0	0.0	0.0	0.0	0.0	100.0	52
合計	9.2	29.6	19.0	9.2	9.1	6.6	3.7	13.6	100.0	
実数	53	170	109	53	52	38	21	78		574

表33　財政規模の増加率別市町村数

	～1.25	1.25～1.5	1.5～1.75	1.75～2	2～2.25	2.25～2.5	2.5～	全体
構成比	10.3	20.0	23.0	19.7	13.8	7.3	5.9	100.0
実数	59	115	132	113	79	42	34	574

表34　財政規模を大きく拡大した市町村（金額単位：百万円）

	歳入総額（81）	歳入総額（07）	対比
山梨・昭和町	1,810	9,914	5.48
三重・川越町	2,155	9,343	4.34
京都・精華町	2,850	11,976	4.20
新潟・川口町	2,169	9,111	4.20
富山・舟橋村	343	1,363	3.97
愛知・日進市	6,190	22,926	3.70
千葉・大網白里町	3,590	13,074	3.64
大阪・田尻町	1,646	5,600	3.40
宮崎・清武町	2,679	8,452	3.15
千葉・本埜村	1,048	3,267	3.12
宮城・名取市	7,307	22,325	3.06
宮崎・五ヶ瀬町	1,864	5,659	3.04
神奈川・寒川町	5,035	15,264	3.03
新潟・小千谷市	8,916	26,958	3.02
沖縄・読谷村	4,312	13,005	3.02

表31では、両年度とも同一のカテゴリーのセルにある市町村を太字にしてあるが、四半世紀を経ているだけに、この間にほとんどの市町村が財政規模を拡大している。全体的にみると、この間に歳入額は平均1.8倍に増加している。増加率別の市町村数の分布を表33に示したが、30％が1.5倍以内、42.7％が1.5～2倍、27％が2倍以上となっており、この間に3倍以上に歳入額を拡大した市町村も表34にみるように15を数える。そうした中で、25年以上を経てむしろ財政規模を縮小した市町村が表35に見るように、下位のセルに移行した1町村を含めて、8町村あることは注目すべきことである。

表35 財政規模の縮小した市町村（金額単位：百万円）

	歳入総額（81）	歳入総額07)	対比
北海道・神恵内村	2,117	1,843	0.87
北海道・浦臼町	2,744	2,466	0.90
北海道・池田町	6,143	5,672	0.92
滋賀・虎姫町	3,192	2,982	0.93
北海道・清水町	7,353	6,922	0.94
北海道・浦幌町	6,051	5,906	0.98
福岡・田川市	29,678	29,095	0.98
高知・東洋町	2,142	2,110	0.99

表36 地方別に見た歳入額の増加率別市町村の分布

	～1.25	1.25～1.5	1.5～1.75	1.75～2	2～2.25	2.25～2.5	2.5～	全体	実数
北海道	26.8	37.8	24.4	8.5	2.4	0.0	0.0	100.0	82
東北	8.9	21.1	26.7	26.7	11.1	3.3	2.2	100.0	90
関東	3.0	7.1	19.2	19.2	26.3	14.1	11.1	100.0	99
北陸	4.3	17.4	21.7	30.4	4.3	8.7	13.0	100.0	23
中部	9.3	16.3	19.8	24.4	12.8	8.1	9.3	100.0	86
近畿	7.7	23.1	18.5	23.1	15.4	7.7	4.6	100.0	65
中国	16.7	27.8	27.8	5.6	22.2	0.0	0.0	100.0	18
四国	27.3	36.4	27.3	0.0	4.5	4.5	0.0	100.0	22
九州・沖縄	3.4	13.5	27.0	21.3	15.7	11.2	7.9	100.0	89
合計	10.3	20.0	23.0	19.7	13.8	7.3	5.9	100.0	
実数	59	115	132	113	79	42	34		574

表36は、歳入額の拡大には地方別に差異がみられるのかを検討しようとするものである。ここでは、北海道（64.6％）・四国（63.7％）に増加率1.5倍未満が多く、2倍以上の増加率がごく少ないこと、逆に関東では2倍以上に拡大した市町村（51.5％）が多く、1.5倍未満が少ないこと、中間的な1.5倍から2倍の増加率が多いのは東北（53.4％）・北陸（(52.1％)）であること、などが注目される。

表37　歳入額の増加率と地域類型（07年）の関連

	都市地域	準都市地域	中間地域	準農村地域	農村地域	合計	実数
～1.5	7.5	9.2	12.6	19.0	51.7	100.0	174
1.5～2	20.4	11.4	9.8	10.6	47.8	100.0	245
2～	40.6	13.5	5.8	12.3	27.7	100.0	155
全体	21.9	11.3	9.6	13.6	43.6	100.0	
実数	126	65	55	78	250		574

表37は、歳入額の増加率と地域類型との関連をみたものである。ここでは、この間に財政規模を2倍以上に拡大した市町村の4割は都市地域で、対象全体に占める都市地域の割合を2倍近く上回っていること、歳入規模の増加率が1.5倍未満であった市町村の5割以上が農村地域であり、準農村地域を加えると7割に及ぶこと、などが目を引く。

ところで、財政規模の大小とその変化のパターンは、市町村の財政におけるどのような特質と関連するのであろうか。歳入額やその増加率と歳入に占める地方税や地方交付税の割合との関連をみることによって、考えてみることとしたい。

表38と表39は、2007年の歳入額とそれに占める地方税および地方交付税の割合をそれぞれ示している。また、表40と41は、この間の歳入額の増加率と地方税および地方交付税の歳入に占める割合との関連を示している。これらの表から、財政規模と財政状況との関連を読み取ることができる。

表38　歳入額（07年）別にみた地方税の割合

	～10%	～20%	～30%	～40%	～50%	50%～	全体	実数
2億5千万未満	**56.6**	22.6	11.3	0.0	3.8	5.7	100.0	53
5億未満	28.2	**37.6**	18.8	6.5	5.3	3.6	100.0	170
7億5千万未満	13.8	**34.9**	17.4	21.1	6.4	6.4	100.0	109
10億未満	7.5	15.1	18.9	**26.4**	24.5	7.6	100.0	53
15億未満	3.8	17.3	**36.5**	15.4	5.8	21.1	100.0	52
20億未満	0.0	15.8	13.2	18.4	18.4	**34.2**	100.0	38
25億未満	4.8	14.3	4.8	23.8	23.8	**28.5**	100.0	21
25億以上	0.0	3.8	7.7	14.1	29.5	**44.9**	100.0	78
合計	17.4	24.9	17.1	13.8	12.0	14.8	100.0	
実数	100	143	98	79	69	85		574

表39　歳入額（07年）別にみた地方交付税の割合

	～10%	～20%	～30%	～40%	～50%	～60%	60%～	全体	実数
2億5千万未満	5.7	1.9	5.7	11.3	20.8	43.4	11.3	100.0	53
5億未満	4.1	5.9	8.2	21.2	34.7	21.8	4.1	100.0	170
7億5千万未満	9.2	10.1	17.4	22.9	29.4	11.0	0.0	100.0	109
10億未満	20.8	24.5	22.6	17.0	13.2	1.9	0.0	100.0	53
15億未満	21.2	15.4	19.2	32.7	11.5	0.0	0.0	100.0	52
20億未満	39.5	15.8	28.9	13.2	2.6	0.0	0.0	100.0	38
25億未満	38.1	28.6	14.3	19.0	0.0	0.0	0.0	100.0	21
25億以上	64.1	24.4	11.5	0.0	0.0	0.0	0.0	100.0	78
合計	20.0	12.9	14.1	17.8	20.2	12.7	2.3	100.0	
実数	115	74	81	102	116	73	13		574

表40　歳入額の増加率と地方税の歳入に占める割合（07年）の関連

	～10%	～20%	～30%	～40%	～50%	50%～	全体	実数
～1.25	32.2	47.5	11.9	1.7	1.7	5.1	100.0	59
1.25～1.5	30.4	32.2	14.8	15.7	3.5	3.5	100.0	115
1.5～1.75	17.4	32.6	19.7	9.1	14.4	6.8	100.0	132
1.75～2	9.7	19.5	19.5	22.1	13.3	16.0	100.0	113
2～2.25	7.6	6.3	17.7	16.5	16.5	35.5	100.0	79
2.25～2.5	7.1	9.5	14.3	14.3	26.2	28.5	100.0	42
2.5～	8.8	11.8	17.6	11.8	17.6	32.3	100.0	34
合計	17.4	24.9	17.1	13.8	12.0	14.8	100.0	
実数	100	143	98	79	69	85		574

表41 歳入額の増加率と地方交付税の歳入に占める割合（07年）の関連

	～10%	～20%	～30%	～40%	～50%	50%～	全体	実数
～1.25	6.8	1.7	3.4	15.3	27.1	45.8	100.0	59
1.25～1.5	6.1	5.2	10.4	18.3	30.4	29.6	100.0	115
1.5～1.75	9.8	15.2	10.6	18.9	29.5	16.0	100.0	132
1.75～2	23.0	12.4	20.4	21.2	19.5	3.5	100.0	113
2～2.25	41.8	16.5	19.0	17.7	5.1	0.0	100.0	79
2.25～2.5	42.9	23.8	26.2	7.1	0.0	0.0	100.0	42
2.5～	41.2	29.4	11.8	17.6	0.0	0.0	100.0	34
合計	20.0	12.9	14.1	17.8	20.2	15.0	100.0	
実数	115	74	81	102	116	86		574

　表38に見るように、歳入に占める地方税の割合は、歳入額の大きい市町村の場合に大きな割合を占め、歳入規模の小さい市町村ではその割合が低いことが指摘できる。歳入額2億5千万未満では、8割ほどが地方税の割合が20％未満であり、7億5千万未満までの3階層では、20％未満が多数を占め、40％を超える市町村は1割前後に過ぎない。これに対して、15億以上の三つの階層では、地方税の割合が50％以上という市町村が最も多く、20％未満はごく少数になっている。もちろんこうした傾向を外れる、財政規模が小さくとも地方税の割合の高い市町村や、規模が大きいにもかかわらず税収の割合の低い市町村もみられるが、全体として、税収の割合と財政規模の間に一定の関連を読み取ることができる。

　これと裏腹な関係にあるのが、歳入に占める地方交付税の割合であろう。表39にみるように、歳入額の大きい市町村では地方交付税の割合が低く、歳入額の少ない市町村では地方交付税の割合が高い。歳入額2億5千万未満の市町村ではその半数以上が地方交付税の割合が50％以上であり、4分の3が40％以上となっている。逆に歳入額25億以上の市では、その9割ほどが地方交付税の割合が20％未満となっている。

　歳入額に比べればより曖昧になるが、歳入額の増加率と地方税や地方交付税の割合との関係についても、共通する傾向が読み取れる。表40にみるように、この間に財政規模を大きく拡大した市町村では地方税の割合が高く、地方交付税の割合が低い。これに対して、財政規模拡大が小さかった市町村

では、地方税の割合が低く、地方交付税の割合が高い。要するに、地方税が確保できる条件のある地域では、財政規模を拡大しうるのに対して、その条件に乏しい地域では地方交付税に依拠せざるを得ず、その場合には財政規模の拡大も抑制されざるを得ないということであろう。

ここでは 2007 年度の歳入に占める地方税や地方交付税について、その歳入規模や 1980 年からの歳入の拡大との関係をみたのであるが、地方税自体のこの間の変化についてもみておく必要があろう。表 42 は、この間における歳入に占める地方税の割合の変化を示している。対象とする 574 市町村のうち、太字で示した両年次とも同一のカテゴリーのセルに属する市町村は343（59.8％）で、2007 年に 1980 年に比べて地方税の割合を低下させて下位のセルに移行した市町村は 31（5.4％）に過ぎない。したがって全体の3分の1ほどの市町村はこの間に歳入に占める税収の割合を高めている。そのほとんどは隣接する上位のセルに移行したものであるが、少数とはいえその割合を大きく高めた市町村も見られる。

表42　歳入に対する地方税の割合の変化

81年＼07年	～10%	～20%	～30%	～40%	40%～	全体	実数
～10%	**68.0**	27.2	3.2	0.0	1.6	100.0	125
～20%	8.7	**58.7**	22.1	7.6	2.9	100.0	172
～30%	0.0	5.0	**43.8**	28.9	22.3	100.0	121
～40%	0.0	2.7	4.1	**35.6**	57.5	100.0	73
40%～	0.0	0.0	0.0	6.0	**94.0**	100.0	83
合計	17.4	24.9	17.1	13.8	26.8	100.0	
実数	100	143	98	79	154		574

表43　歳入に対する国庫支出金の割合の変化

81年＼07年	～10%	～20%	～30%	全体	実数
～10%	**95.2**	3.8	0.9	100.0	210
～20%	87.3	**12.4**	0.3	100.0	299
～30%	35.4	52.3	**12.3**	100.0	65
合計	84.3	13.8	1.9	100.0	
実数	484	79	11		574

このこととかかわりがあると思われるのが、表43に示した、歳入に対する国庫支出金の割合の変化である。ここでは、1980年には国庫支出金が歳入の10％未満であった地域は210地域であったのに対して2007年には2倍を越える484地域に増加していることに端的に現れているように、歳入に対する割合は全般に低下している。これは一方で近年の国の財政の窮迫化にともなう緊縮の影響と、他方で自治体財政の規模の拡大とが相乗して生じた変化とみることができよう。こうした全体的な傾向の中で、ごく少数ながら割合を高めている地域もみられることも見逃すことはできないであろう。

表44　歳出に対する人件費の割合の変化

07年 81年	～10%	～15%	～20%	～25%	25%～	全体	実数
～10%	**0.0**	50.0	50.0	0.0	0.0	100.0	2
～15%	1.8	**19.3**	49.1	24.6	5.3	100.0	57
～20%	1.6	10.4	**44.8**	37.2	6.0	100.0	183
～25%	0.4	5.2	29.7	**49.1**	15.6	100.0	232
25%～	1.0	1.0	8.0	53.0	**37.0**	100.0	100
合計	1.0	7.7	32.8	43.4	15.1	100.0	
実数	6	44	188	249	87		574

表45　歳出に対する投資的経費の割合の変化

07年 81年	～10%	～20%	～30%	30%～	全体	実数
～10%	**50.0**	50.0	0.0	0.0	100.0	2
～20%	66.7	**33.3**	0.0	0.0	100.0	12
～30%	34.9	55.4	**9.6**	0.0	100.0	83
30%～	24.1	52.0	18.7	**5.2**	100.0	477
合計	26.7	52.1	16.9	4.4	100.0	
実数	153	299	97	25		574

地方自治体の財政規模の拡大をもたらす要因は歳出の変化から推測されるであろう。要するに何に支出するようになって、地方税をより多く徴収して歳入額を膨らませなければならなかったのかということである。この点の詳細をとらえることは困難であるが、人件費と投資的経費の動向から推測することとしよう。表44は、歳出に占める人件費の割合の変化をみたものであ

る。ここでは、両年度を通じて同一のカテゴリーに属する地域は244、2007年には1980年よりも割合の低いカテゴリーに移行した地域が168、高いカテゴリーに移行した地域が162、と増減相半ばしている。それに対して、**表45**に示した投資的経費の場合には、高いカテゴリーに移行した地域はわずかに1地域、同一のカテゴリーの地域が7％にも満たない38地域で、他はすべて低いカテゴリーに移行しており、減少傾向が明確である。投資的経費の減少と人件費の分散傾向ということから推測されるのは、市町村の行政が多くの地域で肥大化しており、福祉等にかかわる給付などの膨張にともなって、投資的経費を押し下げているが、それだけでなしに税収を拡大して財政規模を拡大しているという状況であり、自治体財政がきびしさを増しているという状況がうかがえるといってよいであろう。

7　所得額の地域的分化

　人口や産業などの地域的分化の集約的な表現として、住民の所得の分化ないしは格差について検討しておきたい。総務省自治税務局によって「市町村税課税状況等の調」がまとめられており、各市町村の個人市町村民税の所得割の対象となった所得金額が示されている。ここでは、得られた資料から1991年度と2006年度について対比することとし、1991年度は『地域経済総覧'95』（東洋経済新報社）、2006年度は総務省統計局『統計でみる市区町村のすがた』によって、この数値をもとに住民の所得の分化についてみていくこととする。

　表46は、納税義務者一人当たりの課税対象所得の対比を示したものである。ここでは、多くの地域において2006年には1991年に比べて居住する納税義務者の課税対象所得の平均がより低額になるという傾向をみせている。両年度が同じカテゴリーに属する太字のものについてみると、1991年度に250万円未満であった地域ではその75％が同じ水準を維持しているが、1991年度の所得額が高いほど同じカテゴリーにとどまる率が低下し、500万円以上という最も高かった層では、1地域を除いてすべてがより低いカテ

ゴリーに移行してしまっている。もちろん他方にはより高次のカテゴリーに移行した地域もみられるが、それは全体として少数にとどまっている。この間の産業構造の変動に加えて、経済変動が多くの地域にきびしい状況を生み出していることをうかがわせる。

表46　納税義務者当課税対象所得の変化

91年＼06年	～250万円	～270	～300	～320	～350	～400	～500	500～	全体	実数
～250万円	**75.2**	23.0	0.9	0.0	0.9	0.0	0.0	0.0	100.0	109
～270	27.7	**54.2**	16.9	1.2	0.0	0.0	0.0	0.0	100.0	83
～300	6.6	23.5	**61.8**	7.4	0.0	0.0	0.0	0.0	100.0	136
～320	1.6	7.9	49.2	**31.7**	9.5	0.0	0.0	0.0	100.0	63
～350	1.9	3.8	25.0	44.2	**17.3**	3.8	1.9	0.0	100.0	52
～400	0.0	4.2	4.2	13.9	58.3	**19.4**	0.0	0.0	100.0	72
～500	0.0	0.0	0.0	4.0	19.6	56.9	**19.6**	0.0	100.0	51
500～	0.0	0.0	0.0	12.5	0.0	37.5	37.5	**12.5**	100.0	8
合計	20.2	19.7	25.5	11.7	11.9	8.4	2.4	0.3	100.0	
実数	116	113	146	67	68	48	14	2		574

そこで次には、地域の経済状態を示すものとして、この課税対象所得額の変化のパターンとそれにかかわる地域的な特性についてみていくこととしよう。ここでは、Ⅰ──高額・維持（両年度350万円以上）、Ⅱ──高額・低下（1991年350万以上、2006年320万未満）、Ⅲ──中間・維持（両年度270～320万）、Ⅳ──低額・上昇（1991年270未満、2006年270～320万）、Ⅴ──中間・低下（1991年270～320万、2006年270万未満）、Ⅵ──低額・停滞（両年度270万未満）、と6パターンに区分した。

まず、地方別に課税対象所得額の変化をみた**表47**についてみることとしよう。ここでまず注目されるのは、「高額・維持」の124地域のうち、関東・近畿・中部に合わせて109地域、このパターンの地域の88％が含まれること、他方、北陸・中国には皆無であり、東北・四国にはそれぞれ1地域をみるに過ぎないこと、である。1991年には320万以上の高額に属していた「高額・低下」を加えると、関東・近畿・中部の占める割合は80％になる。すなわち、1991年当時すでに地域の平均所得額にはかなりの地域格

差があり、高額の地域の80％が関東・近畿・中部に集中していたが、2006年にはそれがさらに進み、88％にまで高まっていること、他方、1991年には高額の所得とされていた地域の中で2006年にはその地位を低下させている地域が、東北では5地域のうち4地域、北海道では11地域のうち6地域、九州・沖縄では16地域のうち8地域など、多くの地域で低下をみせており、2006年には高額の地域をなくしてしまった北陸・中国にも1991年にはそれぞれ2地域みられたことなど、この間における地域格差の進行を浮かび上がらせている。

この対極にあるのが両年度ともに270万未満の「低額・停滞」であるが、ここでは東北の市町村のうち75％弱がこのパターンにあることが目を引く。それについで、中国・九州沖縄・四国・北陸などの地方の4割から5割の市町村がこのパターンを示している。これらの地方が地域格差の一方の極を担っていることが指摘できる。

全国的にみると最も多いパターンは「低額・停滞」の175地域（30.5％）であるが、それぞれの地方で最も多いパターンは、関東・近畿が「高額・維持」、北海道・北陸・中部が「中間・維持」、東北・中国・四国・九州沖縄が「低額・停滞」、ということになる。

表47　地方別にみた課税対象所得額の変化のパターン

	I 高額・維持	II 高額・低下	III 中間・維持	IV 低額・上昇	V 中間・低下	VI 低額・停滞	全体	実数
北海道	6.1	7.3	45.1	7.3	13.4	20.7	100.0	82
東北	1.1	4.4	10.0	4.4	5.6	74.4	100.0	90
関東	57.6	14.1	20.2	1.0	2.0	5.1	100.0	99
北陸	0.0	8.7	43.5	8.7	0.0	39.1	100.0	23
中部	26.7	10.5	32.6	1.2	11.6	17.4	100.0	86
近畿	44.6	21.5	21.5	3.1	7.7	1.5	100.0	65
中国	0.0	11.1	27.8	0.0	11.1	50.0	100.0	18
四国	4.5	0.0	40.9	0.0	9.1	45.5	100.0	22
九州・沖縄	9.0	9.0	22.5	1.1	11.2	47.2	100.0	89
合計	21.6	10.3	26.5	3.0	8.2	30.5	100.0	
実数	124	59	152	17	47	175		574

表48 市町村区分別にみた課税対象所得額の変化のパターン

	I 高額・ 維持	II 高額・ 低下	III 中間・ 維持	IV 低額・ 上昇	V 中間・ 低下	VI 低額・ 停滞	全体	実数
人口30万以上の市	76.5	17.6	5.9	0.0	0.0	0.0	100.0	17
人口10万以上の市	73.8	9.5	14.3	0.0	2.4	0.0	100.0	42
人口5万以上の市	52.6	15.8	22.8	1.8	5.3	1.8	100.0	57
人口5万未満の市	4.0	12.0	30.0	4.0	16.0	34.0	100.0	50
人口2万以上の町村	35.1	16.2	36.5	0.0	1.4	10.8	100.0	74
人口1万以上の町村	10.6	9.6	32.7	1.0	10.6	35.6	100.0	104
人口5千以上の町村	4.3	10.3	27.4	3.4	10.3	44.4	100.0	117
人口3千以上の町村	1.6	1.6	21.3	4.9	14.8	55.7	100.0	61
人口3千未満の町村	9.6	3.8	21.2	11.5	3.8	50.0	100.0	52
合計	21.6	10.3	26.5	3.0	8.2	30.5	100.0	
実数	124	59	152	17	47	175		574

　表48は、市町村の規模などとの関連を示したものである。ここでは規模の大きな市と小規模な町村との間での格差が明瞭である。人口10万以上、30万以上の市では、その4分の3ほどが「高額・維持」のパターンをみせており、「低額・停滞」という地域は皆無である。

　他方、人口1万未満の町村ではその半数程度が「低額・停滞」のパターンを示している。規模の小さい市と比較的大きな町村では「中間・維持」の割合が比較的高い。

　市町村の規模などとの関連にみられる変化のパターンの特徴は、**表49**に示す地域類型によるパターンの差異と関連することとして理解されるであろう。表49にみるように、地域の平均所得額の格差は、都市的・農村的といった地域の類型の差異と緩やかに関連している。すなわち、都市的地域ではその6割以上が「高額・維持」のパターンを示し、「低額・停滞」の地域は1.6％に過ぎないのに対して、農村地域では半数以上が「低額・停滞」であり、「高額・維持」は2.8％に過ぎない。別の言い方をすれば、「高額・維持」のパターンを示す地域の8割以上は都市地域・準都市地域に属し、「低額・停滞」の地域の9割は農村地域・準農村地域に属する。さらに、91年から06年までの格差の進行の指標という意味で、91年に高額であった地域

の「維持」と「低下」の割合を見ると、都市地域では、この間に「高額（ⅠとⅡ）」のうち「低下（Ⅱ）」となった地域の割合は22.2％であるのに対して、中間地域では47.4％、準農村地域では64.7％、農村地域では65％、と多数を占めており、農村的な地域においてこの間に高額な所得から低下した地域が非常に多いことを示している。また、準都市・準農村を含めた中間的な地域の場合には、「中間・維持」の割合が相対的に高いことも読み取れる。こうした地域類型との関連が市町村の規模の差異との関連の意味するところを示しているといってよいであろう。

表49　地域類型別にみた課税対象所得額の変化のパターン

	Ⅰ 高額・維持	Ⅱ 高額・低下	Ⅲ 中間・維持	Ⅳ 低額・上昇	Ⅴ 中間・低下	Ⅵ 低額・停滞	全体	実数
都市地域	61.1	17.5	17.5	0.0	2.4	1.6	100.0	126
準都市地域	36.9	6.2	40.0	0.0	9.2	7.7	100.0	65
中間地域	18.2	16.4	27.3	7.3	12.7	18.2	100.0	55
準農村地域	7.7	14.1	33.3	10.3	10.3	24.4	100.0	78
農村地域	2.8	5.2	25.2	2.0	9.2	55.6	100.0	250
合計	21.6	10.3	26.5	3.0	8.2	30.5	100.0	
実数	124	59	152	17	47	175		574

　所得の高さと都市・農村の区別が関連しているとするならば、さらにその根底には地域の産業構造の違いがあることが想定される。産業構造を示す指標の一つとして産業別就業人口の構成比があげられる。ここでは農村地域とかかわるものとして第一次産業、都市地域とかかわるものとして第三次産業の就業人口に占める割合との関連を、2005年の国勢調査の結果によって検討する。

　表50は第一次産業の構成割合との関連を示している。ここでは第一次産業人口10％の線を境に上下に截然と分かれた結果が見られる。すなわち、「高額・維持」のパターンの地域124のうち92％に当たる114では第一次産業人口の割合が10％未満であり、農業ないし第一次産業の比重が極めて低いということになる。第一次産業人口が10％をこえる地域にはこのパ

ターンの地域は10市町村しかみられない。他方、「低額・停滞」のパターンは、第一次産業10％未満の地域にはそのうちの6.4％しか見出せないのに対して、第一次産業人口が10％をこえる地域では半数以上を占めている。興味深いのは、10％のラインの上下でこのような截然とした区別が見られるにもかかわらず、10％以上の地域は第一次産業の割合が高まってもそこに含まれる地域のパターンの構成はほとんど変化していないということである。

表50　第一次産業人口率と課税対象所得額の変化のパターンとの関連

	Ⅰ 高額・維持	Ⅱ 高額・低下	Ⅲ 中間・維持	Ⅳ 低額・上昇	Ⅴ 中間・低下	Ⅵ 低額・停滞	全体	実数
〜10％	42.7	15.7	29.6	1.5	4.1	6.4	100.0	267
〜20％	3.3	6.6	25.7	2.6	10.5	51.3	100.0	152
〜30％	2.2	4.4	20.0	7.8	13.3	52.2	100.0	90
30％〜	4.6	4.6	24.6	3.1	12.3	50.8	100.0	65
合計	21.6	10.3	26.5	3.0	8.2	30.5	100.0	
実数	124	59	152	17	47	175		574

表51　第三次産業人口率と課税対象所得額の変化のパターンとの関連

	Ⅰ 高額・維持	Ⅱ 高額・低下	Ⅲ 中間・維持	Ⅳ 低額・上昇	Ⅴ 中間・低下	Ⅵ 低額・停滞	全体	実数
〜50％	3.9	3.9	22.6	3.9	6.5	59.4	100.0	155
〜60％	11.4	11.4	30.7	4.0	8.5	34.1	100.0	176
〜70％	32.4	10.8	31.8	2.0	9.5	13.5	100.0	148
70％〜	52.6	17.9	16.8	1.1	8.4	3.2	100.0	95
合計	21.6	10.3	26.5	3.0	8.2	30.5	100.0	
実数	124	59	152	17	47	175		574

これに対して表51に見る第三次産業人口率との関連の場合には、「高額・維持」が第三次産業の割合の高い地域に多く、「低額・停滞」が低い地域に多いというだけでなしに、この二つと「高額・低下」の三つのパターンの場合に、第三次産業人口率の高低に対応して増減を示している。さらに、1991年に320万以上であった地域のうち2006年にもその水準を維持していたか、2006年にはより低額に移行してしまったかを示す、ⅠとⅡの関係

についてみると、第三次産業人口60％未満の地域では、1991年に「高額」であった地域の半数はより低額のカテゴリーに移行しているのに対して、第三次産業人口が60％以上の地域ではこうした低下をみせた地域は4分の1に過ぎない。

もし課税対象所得額は地域の富裕度を現しているとみるならば、第三次産業人口の分布はそれと緩やかにではあれ関連を持っているということができよう。しかしながら、第一次産業人口の構成比は、それ自体としての地域の富裕度を規定する力をすでに失っており、主に第三次産業人口の増大によって第一次産業人口がごく低い構成比となった地域だけが、それ以外の地域との差異をみせるだけになっているように思われる。地域的な特色を強く持つように考えられてきた第一次産業が、このようにすでに地域的特色の規定力をきわめて弱いものとしてしまっていることは、今日の地域変動を考える上で重要な問題点といわざるを得ないのである。

表52　85年と05年の人口対比と課税対象所得額の変化のパターンの関連

	Ⅰ 高額・維持	Ⅱ 高額・低下	Ⅲ 中間・維持	Ⅳ 低額・上昇	Ⅴ 中間・低下	Ⅵ 低額・停滞	全体	実数
～70％	2.9	5.9	17.6	8.8	11.8	52.9	100.0	34
～90％	1.9	5.6	27.1	3.3	12.6	49.5	100.0	214
～100％	11.0	8.8	36.3	4.4	5.5	34.1	100.0	91
～110％	28.9	14.5	32.9	3.9	3.9	15.8	100.0	76
～130％	52.2	19.1	16.5	0.0	7.0	5.2	100.0	115
130％～	61.4	9.1	25.0	0.0	0.0	4.5	100.0	44
合計	21.6	10.3	26.5	3.0	8.2	30.5	100.0	
実数	124	59	152	17	47	175		574

しばしば富裕な地域には人口が集中し、低所得の地域の人口は流出するといわれる。表52は、こうした傾向の有無をとらえるために、ほぼ同じ時期の人口の増減率との関連を見たものである。ここでは人口の増加した地域（100％以上の地域）と減少した地域（100％未満の地域）との間で一定の関連が指摘できる。「高額・維持」のパターンは、この間に30％以上人口の増加した地域では、その6割を占めているが、増加率が下がるにつれて低い割

合になっていく。それに対して、「低額・停滞」のパターンは、この間に人口が30％以上減少した地域では半数以上を占めているが、人口減少率が小さくなるとともにその割合を小さくし、人口が30％以上増加した地域ではわずかに2地域（4.5％）を数えるに過ぎない。

このようにして、課税対象所得額の検討を通じて、進行している地域格差の様相を垣間見ることができるのである。

8　市町村の分類

ここまで、まずは人口・農業・自治体財政等にかかわる1980年前後と2005年前後の個々の項目についての地域特性を検討し、さらにいくつかの項目についてこの間の変化のパターンと地域特性との関係について検討を加え、今日の地域変動における分岐の様相を明らかにしようとしてきた。以下では、これまでの検討をふまえて、対象とした市町村を地域変動の様相に基づいて分類し、その特徴をとらえることとしたい。

表53　地域変動指数にかかわる項目と点数

点数	1	2	3	4	5	6
人口増減率（85年〜05年）	30％以上増加	10〜30％増加	10％未満増加	10％未満減少	10〜30％減少	30％以上減少
高齢化対比	両年20％未満	90年20％未満、05年20〜25％	90年20％未満、05年25〜30％	90年20％未満、05年30％以上	90年20％以上、05年35％未満	90年20％以上、05年35％以上
課税対象所得対比	両年320万以上	91年320万以上、06年320万未満	91年270〜320万、06年270万以上	91年270万未満、06年270万以上	91年270〜320万、06年270万未満	両年270万未満

これまで人口・農業・市町村財政等のさまざまな項目について、その数値を検討してきたが、今日の地域社会の変動にかかわる重要な項目として、ここでは、地域人口の増減、高齢化の展開、所得の変動の3つの項目に着目する。具体的な指標としては、①市町村の国勢調査人口の1985年と2005年との対比、②1990年と2005年との高齢化率の対比のパターン、③1991

年と 2006 年との課税対象所得額の対比のパターンを取り上げる。それぞれについて、**表 53** に示すように、数値の大小に基づいて 1 点から 6 点までの点数を定め、市町村ごとにこれを合計して、3 点から 18 点までの点数を算出する。すなわち、この間に人口の増加が見られ、高齢化の進行が微弱で、所得額の高い地域が最低 3 点からの点数の低いところを占め、逆に人口の減少が大きく、高齢化が早期から進行してさらに進んでおり、所得の低い地域が 18 点に近い位置を占めることになる。

表 54　地方別に見た地域変動指標合計点

	3〜4	5〜6	7〜8	9〜10	11〜12	13〜14	15〜16	17〜18	全体	実数
北海道	1.2	1.2	6.1	**19.5**	**29.3**	**23.2**	**17.1**	2.4	100.0	82
東北	1.1	5.6	7.8	3.3	8.9	**40.0**	**24.4**	**8.9**	100.0	90
関東	**41.4**	**24.2**	9.1	10.1	7.1	4.0	3.0	1.0	100.0	99
北陸	0.0	13.0	8.7	**21.7**	**21.7**	13.0	8.7	**13.0**	100.0	23
中部	**17.4**	**16.3**	**11.6**	**17.4**	7.0	5.8	**14.0**	**10.5**	100.0	86
近畿	**16.9**	**30.8**	**20.0**	7.7	6.2	10.8	6.2	1.5	100.0	65
中国	0.0	0.0	**11.1**	**27.8**	5.6	11.1	**22.2**	**22.2**	100.0	18
四国	0.0	4.5	**13.6**	**18.2**	4.5	13.6	**13.6**	**31.8**	100.0	22
九州・沖縄	7.9	**15.7**	**12.4**	7.9	**18.0**	**19.1**	**15.7**	3.4	100.0	89
合計	13.2	14.3	10.8	12.2	12.5	16.7	13.6	6.6	100.0	
実数	76	82	62	70	72	96	78	38		574

まず、このようにして得られた地域変動指標合計点数ごとの市町村の分布といくつかの指標との関連を見ておこう。**表 54** は、合計点数を 2 点ごとにまとめ、地方別の分布を見たものである。表では、全国合計のパーセントを上回っている場合を太字にしているが、地方ごとに一定の傾向が見受けられる。地域として好条件にあると見られる、合計点の数値の小さい部分の比重が高いのが、関東（3〜6 点が 65.6％）、近畿（47.7％）、中部（33.7％）、九州沖縄（23.6％）などであり、逆に合計点の大きい部分の比重が高いのが四国（15〜18 点が 45.4％）、中国（44.4％）、東北（33.3％）などである。特に、合計点 3〜6 点の市町村は、関東・近畿・中部の 3 つの地方に集中しており、中国には 0、四国に 1、北海道に 2 などを含めて、これに東北、北陸を加え

た5地方には12市町村を数えるに過ぎない。こうした傾向と同時に注意する必要があるのは、それぞれの地方の中に、合計点の小さい、好条件にある市町村と、合計点が大きく困難な条件にあるとみられる市町村とが含まれていること、すなわち地方間の分化とともに地方内での分化も無視しがたいということである。関東や近畿ではそのうちの3分の2ほどの市町村が好条件にあるがそれらの場合にも困難な条件にある市町村が含まれており、多くの地方では、合計点の大きい方と小さい方にそれぞれピークを持つような構成となっている。

表55　市町村区分別にみた地域変動指標合計点

	3～4	5～6	7～8	9～10	11～12	13～14	15～16	17～18	全体	実数
人口30万以上の市	**42.9**	**28.6**	**28.6**	0.0	0.0	0.0	0.0	0.0	100.0	14
人口10万以上の市	**45.7**	**31.4**	**14.3**	2.9	2.9	2.9	0.0	0.0	100.0	35
人口5万以上の市	**32.2**	**28.8**	**11.9**	15.3	6.8	5.1	0.0	0.0	100.0	59
人口5万未満の市	10.7	7.1	**14.3**	**16.1**	**12.5**	**25.0**	12.5	1.8	100.0	56
人口2万以上の町村	**22.1**	**26.5**	**14.7**	**16.2**	5.9	10.3	4.4	0.0	100.0	68
人口1万以上の町村	6.6	13.1	**14.8**	**13.9**	**18.9**	**18.9**	12.3	1.6	100.0	122
人口5千以上の町村	2.2	5.9	4.4	10.4	**19.3**	**23.7**	**23.0**	**11.1**	100.0	135
人口3千以上の町村	3.7	3.7	3.7	11.1	9.3	**20.4**	**27.8**	**20.4**	100.0	54
人口3千未満の町村	3.2	6.5	6.5	9.7	6.5	16.1	**22.6**	**29.0**	100.0	31
合計	13.2	14.3	10.8	12.2	12.5	16.7	13.6	6.6	100.0	
実数	76	82	62	70	72	96	78	38		574

それぞれの地方の内部に見られる分岐とかかわるのは、表55に見る市町村の区分であろう。ここには、市町村の区分や人口規模などとのかかわりが現れている。すなわち、人口30万以上の市ではそのすべて、10万以上の市では90％以上が8点未満であるのに対して、人口5万未満の市では、中間的な7～14点に68％が含まれる。さらに人口5千人以上の町村では11点以上、3千人以上の町村では13点以上、3千人未満の町村では15点以上にその多くが含まれる。もちろん、この場合にも、同一規模の市や町村でそのすべてが一定範囲の合計点に含まれるわけではない。そこには地方別の場合と同じように分岐を見出すことができる。

表56は、都市類型別に合計点の分布を見たものである。表55で示したように、規模の大きな市には好条件の地域が多く、規模の小さい町村には困難な条件の地域が多いことから推測されるとおり、ここでは都市地域に好条件の地域が多く、農村地域に困難な条件の地域が多いという傾向が読み取れる。ただし、ここでの傾向は、一応都市地域から農村地域への配列にしたがって合計点数のピークなどは配列されているとはいえ、ピークから外れる市町村の数が相当数あることをみるならば、表55でみた市町村規模などとの関連に比べて、地域類型と地域変動指標との間の関連は明瞭とはいえない。こうした主要な傾向から外れる市町村の一定の広がりを考慮に入れた上で、これら3つの表から今日の地域分化の概観を得ることはできるであろう。

表57に見るように、この地域変動合計点は、市町村の財政力指数とも一

表56 地域類型別にみた地域変動指標合計点

	3～4	5～6	7～8	9～10	11～12	13～14	15～16	17～18	全体	実数
都市地域	**38.1**	**34.1**	14.3	6.3	4.0	2.4	0.8	0.0	100.0	126
準都市地域	**29.2**	16.9	13.8	**15.4**	13.8	9.2	1.5	0.0	100.0	65
中間地域	5.5	14.5	**20.0**	16.4	10.9	16.4	12.7	3.6	100.0	55
準農村地域	5.1	11.5	11.5	15.4	**23.1**	**25.6**	5.1	2.6	100.0	78
農村地域	0.8	4.4	6.0	12.4	13.6	**23.2**	**26.0**	**13.6**	100.0	250
合計	13.2	14.3	10.8	12.2	12.5	16.7	13.6	6.6	100.0	
実数	76	82	62	70	72	96	78	38		574

表57 地域変動指標合計点と財政力指数（07年）との関連

	～0.25	～0.5	～0.75	～1.0	1.0～	全体	実数
3～4	0.0	1.3	19.7	**39.5**	**39.4**	100.0	76
5～6	0.0	4.9	**52.4**	30.5	12.2	100.0	82
7～8	3.2	27.4	**38.7**	19.4	11.3	100.0	62
9～10	8.6	**47.1**	32.9	7.1	4.3	100.0	70
11～12	22.2	**50.0**	19.4	5.6	2.8	100.0	72
13～14	35.4	**59.4**	5.2	0.0	0.0	100.0	96
15～16	**50.0**	**50.0**	0.0	0.0	0.0	100.0	78
17～18	**78.9**	15.8	5.3	0.0	0.0	100.0	38
合計	22.1	33.6	22.0	13.2	9.0	100.0	
実数	127	193	126	76	52		574

定の関連を見せる。人口当たり課税所得額が要素の一つに含まれていることもこの間の関連を導く要因になっているとは思われるが、人口増減や高齢化率などの人口要因も加えられた合計点であることを考慮するならば、この地域変動合計点が今日の地域変動をとらえる上で有効性のある指標であるとみることもできるものともわれる。しかしながら、表示はしないが、この合計点と農業関係の項目との間には顕著な関連を見出すことはできないことも付け加えておく。

　最後に、地域変動合計点の低い好条件にあると思われる市町村と合計点の高い困難な条件にあると思われる市町村を、それぞれ具体の市町村名を表示しておこう。もちろん、ここでの検討の対象としているのは、平成の大合併に際して合併を行わなかった市町村のうちで、先にわれわれが行った自治体農政に関するアンケート調査に回答した市町村であり、現在の市町村全体のうちのほぼ3分の1に過ぎない。それらについてだけの表示であるので、もし全市町村について同様の分類を行うならば、表示の3倍ほどの市町村が表示されることになる。当然好条件に、あるいは困難な条件にあると思われる市町村がもれていることが多いのであり、一つの例示としてのみとらえられるものである。

　表58には、合計点数の小さい市町村を列挙した。首都圏・中部圏・近畿圏などの都市地域が顔を並べている。いささか意外な市町村も顔を出しているが、こうした機械的な数値の処理の場合には、特に小さい町村などで突出した数値が出て意外な感を抱かせることもある。逆に、対象とした市町村が限られていることから、当然顔を出すはずの市町村がもれていることは多いものと思われる。一方、表59には、合計点数の高い市町村を表示した。個々の立地条件を考えるとき、今日の地域格差の一端を感じ取ることができよう。

表58 好条件にある市町村（合計点数3～4）の例示

北海道・札幌市	埼玉・白岡町	神奈川・平塚市	愛知・東浦町
宮城・利府町	埼玉・鷲宮町	神奈川・茅ヶ崎市	三重・鈴鹿市
茨城・東海村	埼玉・杉戸町	神奈川・大和市	三重・名張市
茨城・美浦村	千葉・松戸市	神奈川・寒川町	三重・川越町
栃木・小山市	千葉・流山市	神奈川・清川村	滋賀・草津市
埼玉・川越市	千葉・八千代市	山梨・昭和町	京都・精華町
埼玉・川口市	千葉・鎌ヶ谷市	岐阜・北方町	大阪・富田林市
埼玉・所沢市	千葉・白井市	静岡・富士市	大阪・四条畷市
埼玉・東松山市	千葉・印旛村	静岡・御殿場市	大阪・交野市
埼玉・上尾市	千葉・本埜村	静岡・長泉町	兵庫・加古川市
埼玉・草加市	千葉・大網白里町	愛知・碧南市	兵庫・宝塚市
埼玉・朝霞市	東京・小平市	愛知・安城市	奈良・生駒市
埼玉・和光市	東京・国立市	愛知・大府市	福岡・福岡市
埼玉・久喜市	東京・福生市	愛知・知立市	福岡・小郡市
埼玉・北本市	東京・稲城市	愛知・尾張旭市	福岡・筑紫野市
埼玉・坂戸市	東京・瑞穂町	愛知・豊明市	福岡・大野城市
埼玉・伊奈町	東京・小笠原村	愛知・日進市	福岡・那珂川町
埼玉・三芳町	神奈川・横浜市	愛知・東郷町	福岡・新宮町
埼玉・滑川村	神奈川・川崎市	愛知・大口町	佐賀・基山町

表59 困難な条件にある市町村（合計点数15～18）の例示

北海道・夕張市	秋田・東成瀬村	長野・南相木村	山口・美東町
北海道・芦別市	山形・村山市	長野・中川村	山口・秋芳町
北海道・赤平市	山形・西川町	長野・清内路村	徳島・勝浦町
北海道・神恵内村	山形・朝日町	長野・根羽村	徳島・上勝町
北海道・積丹町	山形・舟形町	長野・豊丘村	徳島・佐那河内村
北海道・古平町	山形・真室川町	長野・南木曽町	徳島・神山町
北海道・仁木町	山形・大蔵村	長野・木祖村	徳島・牟岐町
北海道・妹背牛町	山形・戸沢村	長野・王滝村	高知・東洋町
北海道・秩父別町	山形・小国町	長野・麻績村	高知・安田町
北海道・北竜町	山形・白鷹町	長野・生坂村	高知・土佐町
北海道・沼田町	山形・飯豊町	長野・小谷村	高知・越知町
北海道・当麻町	山形・遊佐町	長野・野沢温泉村	高知・三原村
北海道・愛別町	福島・三島町	長野・小川村	福岡・黒木町
北海道・下川町	福島・金山町	長野・中条村	福岡・矢部村
北海道・遠別町	福島・昭和村	岐阜・七宗町	福岡・星野村
北海道・滝上町	福島・古殿町	岐阜・東白川村	熊本・津奈木町
青森・今別町	福島・川内村	静岡・松崎町	熊本・多良木町
青森・西目屋村	茨城・大子町	静岡・川根町	熊本・五木村

青森・大鰐町	群馬・上野村	京都・伊根町	熊本・球磨村
青森・佐井村	群馬・六合村	奈良・御杖村	宮崎・えびの市
青森・新郷村	千葉・鋸南町	奈良・下北山村	宮崎・高原町
岩手・陸前高田市	新潟・出雲崎町	奈良・川上村	宮崎・野尻町
岩手・住田町	新潟・津南町	和歌山・太地町	宮崎・椎葉村
岩手・田野畑村	新潟・関川村	鳥取・若桜町	宮崎・日之影町
岩手・普代村	石川・珠洲市	鳥取・日南町	宮崎・五ヶ瀬町
岩手・川井村	石川・穴水町	岡山・矢掛町	鹿児島・阿久根市
岩手・九戸村	山梨・早川町	岡山・新庄村	鹿児島・頴娃町
岩手・一戸町	山梨・丹波山村	岡山・西粟倉村	鹿児島・菱刈町
秋田・藤里町	長野・小海町	山口・上関町	鹿児島・東串良町

附論 1
地方自治体とその農業施策

1　はじめに

　地域農業は、そこに生活する農家の営みによって形成されているものであるが、現代日本社会においては、国・県・地方自治体などの政策がそれに対して多大な影響を与えている。1960年代以降の基本法農政のもとでは、構造改善事業として大規模な土地改良や機械化が施策として推進され、1970年以降は国の計画に基づく米の生産調整が続けられて農家の営農計画はそれに規定されざるを得ない状況におかれてきている。農業政策に限らず、一般に、国の施策の多くの部分は、現実には県を通じ、さらには基礎自治体としての市町村を通じて実施に移される。その場合、県（詳しくいえば都道府県自治体）も、市町村も、それぞれ地方自治団体として独自の政策を実施する権限・責任を持っている。国の定めたところがそのまま実施されるだけでなしに、県の方針や市町村の方針によって、それに追加・補完・修正などが加えられることも珍しくない。さらに、県独自の施策や、市町村独自の施策も、少なからぬ意味を持つことは当然のことである。

　市町村自治体の農政はどのように行われているのであろうか。当然、その様相は、その時期の日本の地方自治体としての一定の条件の下で、地方によって、また自治体の規模によって、さまざまな立地条件によって、さらには首長をはじめとする関係者のあり方によって、多様な現れ方をしているものと思われる。その様相の一端をとらえ、市町村自治体の農政がどれほどの役割を果たしているのか、またそれぞれの自治体をめぐる条件によって自治体農政の役割にどのような変化がみられるのか、国・県との二重・三重の行政のもとで、市町村自治体の農政が独自性・自立性を確保しえているのか、またどのような条件がそれに影響しているのか、といった問題群を追及して

いくことは、地域農業や農村の考察にとっても、また地域における市町村自治体のあり方の考察にとっても、必要な課題であろうと思われる。

　これまでの農村社会学の研究においては、市町村自治体やその農政はいくつかの例を除くと、十分にとらえられてはこなかった。また、他の社会科学の諸分野における農政の研究においては、国の農政や国の農政機構についての研究は少なくないものの、市町村の農政やその機構などについての研究は限られていた。われわれの行ってきた地方自治体の研究においても、地方都市を対象としてきたこともあって、農政について特に取り上げることはしてこなかった。市町村自治体の農政に関する新たな研究が求められるところである。

　ここでの課題に応えるには、もちろん、特定の市町村自治体を対象とする詳細な事例研究が必要である。しかし、それと同時に、多数の自治体を対象として、その概観を把握することもまた必要であろう。とりわけ、市町村自治体の農政についてのこれまでの研究が乏しく、その概要が明らかでない場合に、また市町村自治体の農政に影響するさまざまな要因を解明しようということを考える場合には、限られた数の事例に対する集中的な分析以上に、多数の対象をとらえた包括的な解明がむしろ有効ではないかと思われる。そこで、この研究においては、全国の市町村自治体を対象とするアンケート調査を実施し、さらに各種の統計データの市町村別集計を活用して、それぞれの自治体の立地する地域の状況や地方自治体自体の特性を把握して、これらを統合して集計分析することによって、全体的な動向と市町村自治体の農政の果たしている役割に関連する条件を把握しようと試みた。もちろん、アンケート調査には、きわめて表面的な把握にとどまることが多いという問題がある。とりわけ、全国の地方自治体を対象とする場合には、到底訪問調査を行うことはできないから、郵送調査という方法によらざるを得ない。そのことから生じる制約もまた大きいものがある。それだけに、課題に対する十分な情報を得ることができたとはいえないのであるが、一つの試みとして、今後の研究に役立たせたいものと考えている。

　アンケート調査「地方自治体の農業政策に関する実態調査」は1984（昭和59）年に東京学芸大学社会学研究室におかれた現代農村研究会（東京学芸

大学教授 蓮見音彦、東京女子大学教授 山本英治、東京農工大学教授 高橋明善 いずれも当時の肩書き）によって企画され、実施され、それに関連して整理した統計資料を加えて分析が行われた。アンケート調査は、この年の市町村3255に対して、その農政担当部局宛にアンケート用紙を郵送し、記入の上返送するように求めて行われた。農業施策を問うものではあるが、農業の比重がきわめて低いと思われる大都市の市町村も除外することなく郵送した。ただし、東京特別区については対象に含めなかった。返信のあったうち、集計の可能なものは1596通で、49％の回答率であった。郵送調査としては高い回答率であったと思われる。回答のあった市町村の全国の市町村との偏りについては、本書第1章1-1において示したところである。アンケートは、枝問を除いて27問、5頁からなり、大部分の設問には、回答選択肢を用意した。以下は、このアンケート結果を中心とする概要である。

なお、このアンケート調査の末尾に、対象農村の社会的特質や集団構成を尋ねる項目を加えていたが、この部分は、市町村の農業政策とは多分に距離のあるところであるので、アンケート調査とは切り離して別に整理した結果を説明することとした。本書の附論2がそれである。ここでは農村の社会的特質の地域的分化の一端を見ることができ、また経済成長にともなうそれらの変化をうかがうこともできる。

2　地域農業の将来性と農政の役割

アンケートはまず、導入的な意味をこめて、「あなたの市町村の農業は、今後将来性があると思いますか。」という設問からスタートした。その回答分布は、「十分将来性がある」20.6％、「努力すればある程度発展する」46.3％、「現状維持だ」17.3％、「やや下降線をたどる」10.8％、「将来の見通しが立たない」5％、となっている。担当している仕事の将来性については他の部門の担当者等よりも強い確信がある、と予想される農政担当者の回答としてみると、半数が努力次第ということで、手放しで将来に確信が持てる状況にはないという見方が強いことが注目されよう。

当然のこととも思えるが、この農業の将来性についての見方は、地域の農業の条件に規定されるところが大きいようである。地域の農家の1戸当たり農業粗生産額（地域の総農業粗生産額を農家数で除した数値）の高低別にみると、表1にみるように粗生産額の高い地域では、「十分ある」が多数を占め、低い地域では「現状維持」以下の割合が大きくなっている。なお、この表では、以下この附論では断りのない限り同様であるが、該当する市町村の数を集計し、実数と不明の欄には実数を示しているが、その他の欄にはそれぞれに対応する百分比のみを表記している。例えば、1戸当たり農業粗生産額の平均が100万円未満の市町村は303を数え、そのうち農業の将来性が十分あるという回答をした市町村は、18（5.9％）であるが、表1では、18という実数を省略して、5.9％という百分比のみを示している。また、百分比は合計数から不明をのぞいた数に対する数値を示している。

表1　農家1戸当たり農業粗生産額別「農業の将来性」

粗生産額	十分ある	努力すればある程度	現状維持程度	やや下降線	将来の見通しが立たぬ	合計	不明	実数
～100万円	5.9	42.2	22.4	18.5	10.9	100.0	0	303
～150万円	11.3	48.4	22.2	11.9	6.3	100.0	1	321
～200万円	18.3	48.6	18.0	11.3	3.9	100.0	3	287
～300万円	25.8	47.5	14.6	8.6	3.4	100.0	1	384
～400万円	34.5	47.2	9.9	6.3	2.1	100.0	3	145
～500万円	39.6	47.9	10.4	2.1	0.0	100.0	1	49
～750万円	48.2	39.3	10.7	1.8	0.0	100.0	0	56
750万円～	54.0	38.0	6.0	2.0	0.0	100.0	0	50
不明（実数）	0	1	0	0	0		0	1
合計	20.6	46.3	17.3	10.8	5.0	100.0		
実数	327	735	274	171	80		9	1596

　農業粗生産額のうちで、もっとも金額の大きいものをその地域の主要農産物と見ると、「将来性が十分ある」という回答の比率が高いのは、野菜の29.9％で、「努力すればある程度」という回答が多いのは、米の50.3％である。一方、「やや下降線をたどる」と「将来の見通しが立たぬ」とをあわせた割合が最も高いのは、養蚕の36.4％である。地域の主要な農産物の差異

は、ある程度将来性についての見方に影響している。

　こうした事態が背景にあるものと思われるが、地域農業の将来性についての見方は、地方別にも多分に差異がみられる。表2にみるように、北海道では、他の地方と比べて、農業の将来性についての見通しが明るく示されている。将来性が「十分ある」が44.1％と全国平均の2倍以上の厚みがあり、これに「努力すれば」を加えると9割に近い高率になる。これに対して、「十分にある」が最も少ないのは中国の6.6％、北陸の9.4％などであり、「十分にある」と「努力すれば」を加えた百分比では、東北（80％）、九州（89.7％）が北海道に次ぐが、その他の地方の多くはほぼ55％前後にとどまっている。「やや下降線を」と「見通しが立たぬ」を加えた、見通しの不透明なものは、全国平均では16％足らずだが、関東では22.5％、中国で21.7％、中部で21.3％などとなっている。

表2　地方別「農業の将来性」

	十分ある	努力すればある程度	現状維持程度	やや下降線	将来の見通しが立たぬ	合計	不明	実数
北海道	44.1	44.1	5.9	3.4	2.5	100.0	0	118
東北	26.5	53.5	12.5	5.5	2.0	100.0	3	203
関東	20.1	34.0	23.4	17.2	5.3	100.0	2	211
北陸	9.4	45.7	26.8	14.2	3.9	100.0	0	127
中部	17.9	38.9	21.8	16.2	5.1	100.0	2	236
近畿	12.5	47.7	19.9	14.2	5.7	100.0	0	176
中国	6.6	50.7	21.1	11.8	9.9	100.0	0	152
四国	17.0	56.0	12.0	7.0	8.0	100.0	0	100
九州	28.4	51.3	10.7	5.2	4.4	100.0	2	273
合計	20.6	46.3	17.3	10.8	5.0	100.0		
実数	327	735	274	171	80		9	1596

　それでは、地域の農業の将来性についてこのような見通しを持ちながら、自らが担当している地域の農政は、どれほどの力を持つものと思われているのであろうか。「あなたの市町村の現在の農政は、地域の農業の将来性を変えるだけの役割をはたしていると思いますか。それとも地域農業のあり方を変えるほどの力はないとお考えですか。」とたずね、さらにこの設問に対し

て、「どちらともいえない」「あまり有効でない」「全く力がない」と答えた場合には、追いかけて「それでは、市町村の農政のあり方が変化すれば、そのような役割がはたせるようになると思いますか。」と尋ねたのが、「地域の農政の農業改革の効果」である。まず、「農業の将来性」の回答とのクロス集計を表3に示すこととする。

表3 「農業の将来性」と「地域の農政の農業改革の効果」

地域農政の効果 / 農業の将来性	大いに有効	ある程度有効	どちらともいえぬ－農政のあり方で有効に	どちらともいえぬ－農政が変わっても無理	あまり有効でない－農政のあり方で有効に	あまり有効でない－農政が変わっても無理	全く力がない－農政のあり方で有効に	全く力がない－農政が変わっても無理	合計	不明	実数
十分ある	35.6	52.5	6.4	1.2	1.8	1.5	0.6	0.0	100.0	1	327
努力すればある程度	9.9	62.3	13.6	4.1	5.7	2.9	0.3	0.1	100.0	0	735
現状維持程度	2.6	42.3	19.3	11.7	8.8	10.6	0.7	1.8	100.0	0	274
やや下降線	1.2	29.2	16.4	8.8	16.4	23.4	0.6	1.8	100.0	0	171
将来の見通しが立たぬ	5.0	16.3	10.0	17.5	12.5	17.5	7.5	10.0	100.0	0	80
不明	1	6	0	0	0	2	0	0		0	9
合計	12.7	51.0	13.2	6.0	6.9	7.0	0.8	1.1	100.0		
実数	203	814	210	95	110	111	13	17		1	1596

当該市町村の農政について、地域農業の将来性を変えるだけの役割を果たしている（「大いに有効」）という回答は、全体としては12.7％、「ある程度有効」は51％で、3分の2に近い市町村では、地域農政の有効性を評価している。とりわけ、「農業の将来性が十分ある」と見ている市町村では、「大いに有効」36.6％、「ある程度有効」52.5％と、9割近くがその有効性を評価している。地域農業の将来について、「努力すれば」とした市町村が、地域農政に依拠するところが大きいとみていることになろうが、これらの市町村では、「大いに有効」とするものは、全体の平均を下回る9.9％にとどまり、「ある程度有効」を62.3％があげる。さらに農業の将来性を、「下降線」や「見通しが立たぬ」とする市町村では、地域の農政の有効性の評価も低く

なり、その上、「今後農政が変わっても無理だ」という見方が増加する。農政の有効性の評価が「どちらともいえない」「あまり有効でない」「まったく力がない」とするもののうち、農政のあり方によっては役割が果たせるようになるというものが6割、地域の農政が変わっても無理だというものが4割ということになる。

表4　地域農政の重点施策

	第1位			3位までの計	
	%	実数		%	実数
基盤整備	48.6	773	基盤整備	67.0	1056
高生産性農業の確立	14.1	224	高生産性農業の確立	33.9	535
構造改善	7.4	118	農地の流動化	32.3	509
新規作目の導入	6.7	106	中核農家の育成	30.0	473
中核農家の育成	5.4	86	構造改善	21.0	331
農地の流動化	3.6	57	後継者の確保	20.1	317
後継者の確保	2.8	45	新規作目の導入	17.9	283
生活環境整備	2.1	34	生活環境整備	14.5	229
用水の確保	1.7	27	農家の組織化	11.6	183
兼業農家対策	1.4	23	兼業農家対策	9.3	147
農家の組織化	1.4	22	農産物の流通確保	9.2	145
農産物の流通確保	1.3	21	用水の確保	7.6	120
規模拡大	0.9	14	規模拡大	7.4	116
農村工業化	0.7	11	農村工業化	5.4	85
高齢者対策	0.5	8	高齢者対策	3.2	50
その他	0.5	8	コミュニテイ対策	3.2	50
緑地の確保	0.3	5	農家の健康・生活施策	2.1	33
コミュニテイ対策	0.3	5	緑地の確保	1.8	29
離農対策	0.1	2	その他	1.4	22
農家の健康・生活施策	0.1	2	離農対策	1.0	16
消費者保護	0.0	0	消費者保護	0.2	3
不明		5	不明		56
全体（不明を除く）	100.0	1596	全体（不明を除く）	100.0	1596

　市町村の農政担当者は、自ら担当する農業施策が地域の農業の将来に向けてそれぞれに有効な役割を果たすものとして取り組んでいると思われるが、市町村の農業政策として具体的には、どのような取組がなされているのであろうか。「あなたの市町村で農業政策として現在特に力を入れているのは、

どんなことでしょうか。力を入れているものから順に3つあげてください。」として、20の項目をあげて選択を求めた。表4は、その回答のうち、第1位にあげられたものと、順に3つあげられたものを合計した結果とを示したものである。第1位にあげられたものと、3位までの合計との間に大きな違いがみられない。「基盤整備」をあげる市町村が、第1位としては、48.6％でほぼ半数、これに3位までにあげた市町村を加えると67％と、全体の3分の2に相当する。たしかに基盤整備は重要であろうが、それぞれの農業条件が異なることを考えると、いささか画一的な印象がぬぐえない。努力次第で将来性があるのであれば、それぞれの立地条件に即した多様な方向への展開が求められるのではなかろうか。もっとも、「高生産性農業の確立」以下の項目については、「基盤整備」から大きく離れて、分散した状態になっている。

3　市町村行政における農政の位置

　地方自治体としての市町村は、住民生活にかかわる広範な領域の行政を進めている。農政もその中の一分野であるが、それぞれの自治体の行政の中で、どれほどの比重を持っているのかは、当然に自治体の規模や立地条件などによって、あるいは首長やその他の意向によって、多様に分化するものと思われる。しかし、農政に限らず、ある分野が、行政全般のうちでどれほどの比重を持っているのかを計り知ることは単純なことではない。ここでは、一つには、当事者の主観的判断によって、もう一つには、行政にかかわるいくつかの指標によって、とらえることとしたい。

　まず、主観的な判断として、アンケートにおける「あなたの市町村の自治体行政の中で、農業関係の分野は他の行政の分野に比べて重視されていると思いますか」という設問に対する回答をみることができる。この回答は、全国的にみると、「きわめて重視されている」36.8％、「ある程度重視されている」36.1％と7割以上が重視されているとしており、「きわめて軽視されている」は0.6％にとどまる。これを、市町村を市と町村に分け、さらに人口

規模によって区分して、それぞれの回答を見ると、規模の大きな市などの都市的な地域では、「重視されている」という回答が少なく、やや人口規模の小さな町村の場合に「重視されている」という回答が多いことが見られる。すなわち、人口5万未満の市を除いて、市では「きわめて重視」という回答は9％に満たず、「平均的位置」や「あまり重視されない」が増加する。人口2万以上の町村は、人口5万未満の市とほぼ同様の傾向であるが、人口5千以上、3千以上の町村で「重視されている」が最も多くなる。それ以下の人口3千未満の町村の場合には、相対的に「重視されている」が減少する方向にある。農村的地域と想定される一定規模の町村では、農政は重要な分野とされているが、都市的地域においては、その比重は小さくなる。小規模な町村の場合には、自治体の力量が弱く、「重視されていない」という印象になるのではないかと想定される。

表5　市町村の区分別の地域行政における農業分野の位置

市町村区分＼農業分野の位置	きわめて重視	ある程度重視	平均的位置	あまり重視されぬ	きわめて軽視	全体	実数
人口30万以上の市	3.7	48.1	25.9	22.2	0.0	100.0	27
人口10万以上の市	8.8	41.2	35.3	11.8	2.9	100.0	68
人口5万以上の市	8.9	37.6	31.7	20.8	1.0	100.0	101
人口5万未満の市	28.8	39.0	24.6	7.6	0.0	100.0	118
人口2万以上の町村	29.4	32.2	24.5	12.6	1.4	100.0	143
人口1万以上の町村	38.0	39.6	14.2	7.7	0.5	100.0	366
人口5千以上の町村	49.6	32.5	11.0	6.5	0.4	100.0	480
人口3千以上の町村	43.1	37.4	13.8	5.7	0.0	100.0	174
人口3千未満の町村	37.0	32.8	18.5	10.9	0.8	100.0	119
合計	36.8	36.1	17.4	9.0	0.6	100.0	
実数	588	576	278	144	10		1596

自治体行政における農業分野の位置を推測する客観的な指標としては、農業分野を担当する組織、人員、予算の3点をあげることができよう。これらについてもアンケートの設問に加えたが、人員や予算については、郵送調査ということもあって、正確な回答であるのか疑問のあるものも含まれていた。これらの数値については、若干の疑問があることを付言せざるを得ない。

まず、組織については、表6の合計欄に見るように、ほぼ半数が、産業課とか経済課などのように商工部門などとともに一つの課を置き、そのうちの係という形で担当されている。農林課とか農業課などのように農業関係だけで1課を構成している地域も4分の1程度見られる。農地課や農政課などを併設して2つ以上の課を置く場合も2割近くあり、農林部といった部を組織している場合もわずかながら見られる。素朴に考えると、部をおく場合を先頭に、複数の課、単独の課、他分野と複合した課という順に、農業分野の組織が整備されており、行政における位置づけが高いように思われるのであるが、表6にみるところは、それとは異なっている。すなわち、上に見たように、主観的評価として農業分野が重視されてはいないと見られている市、特に人口規模の大きい市において農林部といった組織が置かれており、農業分野が重視されていると見られている町村では他分野と複合した課の中で農業関係の行政を担っている。そのことからすれば、農業関係の組織整備は、農業分野をその重要性に従ってどのように位置づけるかということによるよりも、それぞれの市町村の全般的な行政組織の整備に基づいて実施されるものであるということができるであろう。

表6　市町村の区分別に見た農業関係の組織

市町村区分 \ 農業関係の組織	農業関係で部を構成	農業関係で複数の課を設置	農業関係だけで1課を設置	商工など他部門と課を設置	その他	全体	不明	実数
人口30万以上の市	59.3	22.2	18.5	0.0	0.0	100.0		27
人口10万以上の市	17.9	31.3	38.8	11.9	0.0	100.0	1	68
人口5万以上の市	3.0	26.7	48.5	18.8	3.0	100.0		101
人口5万未満の市	1.7	34.7	48.3	9.3	5.9	100.0		118
人口2万以上の町村	0.7	20.4	33.8	43.0	2.1	100.0	1	143
人口1万以上の町村	0.8	18.6	23.0	54.8	2.7	100.0	1	366
人口5千以上の町村	0.6	17.2	19.7	60.0	2.5	100.0	3	480
人口3千以上の町村	1.1	6.9	16.7	69.0	6.3	100.0		174
人口3千未満の町村	1.7	5.1	12.0	69.2	12.0	100.0	2	119
合計	2.8	18.4	25.6	49.5	3.8	100.0		
実数	44	292	406	786	60		8	1596

もっとも、この結果については多分に留保が必要である。例えば、林業や水産業の担当係をおいている場合に、それでも「農業関係だけで課を構成」と回答したか、「他の部門とともに課を構成」と回答したかは、郵送調査であるだけに確認できない。それでもいずれにしても農業関係の担当部局をおいて行政が行われていることは指摘できる。

　これらの農業関係の機構におかれる職員が、次に考察する「人員」であるが、人員については、それぞれの市町村の首長部局の職員総数、そのうちの農業関係の職員数、首長部局以外の職員数を記入するように求めた。回答の中には、何らかの誤解の結果と思われる数値も含まれていたが、以下のように整理を行った。自治体の規模には当然大きく異なるものが含まれているから、単純に職員数を数えても、ただ規模の違いをとらえるだけの結果となる。ここでは、行政における農業分野の位置づけをとらえるという趣旨を考慮して、首長部局における「総職員数に対する農業関係職員の割合」をとらえ、また、農業分野の行政がどれほど手厚く行われているのかを示すと思われる指標として、農家戸数を農業関係職員数で除した「職員1人当たりの農家戸数」をとらえることとした。表7は、市町村区分別に職員総数に対する農業関係職員の割合を示している。

　表7にみるように、市町村の総職員のうちで農業関係の職員が占める割合は、5％から15％の間が58.1％と最も多いが、15％以上の市町村も15.5％あり、逆に5％未満が26.3％とほぼ4分の1を占めている。しかし、人口5万以上ないしはそれ以上の規模の大きい市では、5％未満が7割から9割近く、規模の大きな市では、農林部などの組織をおいているにもかかわらず農業関係の職員の占める割合は低い。逆に町村では人口規模が小さい方が10％以上、15％以上の農業関係の職員をおいている場合が多くみられる。規模の小さい自治体の方が職員の総数は少なくなるが、農業関係の職員はそれに応じて少なくなるわけではない。けれども、規模の小さい町村の場合にも、3％未満、5％未満などの、農業関係の職員の割合の低い町村も少なからず見られる。人口規模の大きい市の場合に10％以上、15％以上の農業関係職員を擁する場合が例外的にしかみられないのとは大きく異なっている。

農業関係の職員の占める割合は、自治体の規模や市・町村の別などに規定されるだけでなしに、まさに農業関係にどれだけの職員を配置するか、する余裕があるか、する必要があるか、といった自治体の事情や志向に基づく判断が大きく働いて決められていることがうかがえるのである。

表7 市町村区分別の農業関係職員の割合

	～3%	～5%	～10%	～15%	15%～	全体	不明	実数
人口30万以上の市	70.4	18.5	7.4	3.7	0.0	100.0		27
人口10万以上の市	57.4	30.9	8.8	1.5	1.5	100.0		68
人口5万以上の市	40.6	33.7	19.8	4.0	2.0	100.0		101
人口5万未満の市	19.5	16.9	46.6	14.4	2.5	100.0		118
人口2万以上の町村	13.5	18.4	51.1	13.5	3.5	100.0	2	143
人口1万以上の町村	3.6	12.2	42.9	26.6	14.7	100.0	5	366
人口5千以上の町村	4.0	9.9	36.5	27.0	22.6	100.0	3	480
人口3千以上の町村	6.4	10.4	32.4	26.6	24.3	100.0	1	174
人口3千未満の町村	9.2	5.9	37.0	21.0	26.9	100.0		119
合計	12.3	14.0	36.8	21.3	15.5	100.0		
実数	195	222	584	338	246		11	1596

それぞれの地域は、自治体の職員規模も、地域における農家戸数も、大きな差異を示しているだけに、職員総数に占める農業関係職員の比率だけでは、それが農家に手厚いものかどうか、あるいは、行政において農業分野が重視されているのかどうか、を判断することはできない。同じ構成比でも、職員の総数いかんによって農業関係職員数には大きな開きがある。また同じ職員数でも農家戸数が少なければ個々の農家にとって手厚い行政が期待できる。職員1人当たりの農家戸数を算出したのは、より直接的に自治体の自治体における農業行政の重点度をとらえようとしたものである。表8は、これら、農業関係職員の構成比と職員1人当たり農家数とのクロス表である、まず、全体としての職員1人当たり農家数は、70戸から200戸の間にほぼ7割の市町村が含まれる。200戸を超える市町村、70戸以下の市町村はともにほぼ15％ということになる。その中で、70戸以下、および100戸以下という市町村の割合は、職員総数に占める割合が大きい場合に増加しており、逆に200戸以上などは、農業関係職員の割合が3％以下などの市町村で多くみら

れる。このように、農業関係職員数の割合と職員1人当たり農家数との間は、一応の関連はみられるが、その関連はさほど明確なものではない。農業関係職員の割合3％以下という構成比の低い自治体で70人未満という回答も少なからず見出される。職員数が少なくても農家数の少ない地域では職員当たりの農家数は低い数値を示すことになる。そうしたことから、表示は省略するが、職員総数に占める構成比では、一定の関連が見られた地域区分（人口規模と市・町村の区別）別の職員当たり農家戸数は、構成比に比べて関連は不明瞭になっている。

表8　首長部局職員中の農業関係職員割合別にみた首長部局農業関係職員当農家戸数

	200戸～	～200戸	～150戸	～100戸	～70戸	全体	不明	実数	構成比
～3％	34.9	18.5	25.6	8.7	12.3	100.0		195	12.3
～5％	30.2	25.2	24.3	10.4	9.9	100.0		222	14.0
～10％	17.5	28.4	29.1	15.8	9.2	100.0		584	36.8
～15％	1.8	14.5	38.5	31.4	13.9	100.0		338	21.3
15％～	2.0	1.2	20.3	40.2	36.2	100.0		246	15.5
不明			1		1		9	11	
合計	15.6	19.5	28.7	21.2	14.9	100.0			
実数	248	310	455	337	237		9	1596	100.0

　三番目にあげられるのが、財政面である。ここでは1984年度予算における市町村の歳出に占める農林水産業費の割合についてみることとする。表9は、地域区分別の農林水産業費の割合である。

　市町村全体を見ると、農林水産業費が歳出の10％以下の市町村がほぼ3分の1、10％から20％の間がほぼ半数、20％以上が4分の1といった分布になるが、人口規模や市・町村の区分によって、分布には明瞭な差異が見られる。人口5万以上の市では、5％未満が多く、人口30万以上では9割を超え、10万以上でも8割に近い。これに対し、5万から10万の市では、5％未満は6割となり、10％未満を加えて9割を越すことになる。さらに、人口5万未満の市では、半数が5％から10％で、15％未満までをあわせると9割に及ぶ。町村では、人口2万以上の場合は5万未満の市と近い分布であるが、人口1万から2万になると歳出の5％未満はわずか5％の市町村になり、

歳出の10%から20%という市町村が3分の2を占める。人口5千以上の町村では、歳出の15%以上が3分の2に及ぶようになり、それ以下では歳出の20%以上という比較的高率の地域が順次増加している。こうした市・町村の別や人口規模との関連は、自治体全体の歳出額、言い換えれば財政規模の違いに基づくものであろうと推測される。人口規模の大きい市の場合に、ほとんどが歳出の5%未満であることは、これらの市の財政規模が相当程度大きいことと関連するものといえよう。そのようにみるならば、むしろこの表においては、人口5万未満の市や町村の場合に、農林水産業費の割合が多分に分散していることに注意する必要があろう。このことがこれらの市町村の財政規模が多様であることを意味しているのか、市町村の重点のおき方に差異があることを意味しているのか、判断することは難しいが、人口規模と財政規模との間の関連を考えれば、後者の理由が主要なものとみてよいであろう。

表9 地域区分別の歳出に占める農林水産業費の割合

	～5%	～10%	～15%	～20%	20%～	全体	不明	実数
人口30万以上の市	92.6	7.4	0.0	0.0	0.0	100.0	0	27
人口10万以上の市	79.1	17.9	1.5	0.0	1.5	100.0	1	68
人口5万以上の市	60.6	31.3	6.1	1.0	1.0	100.0	2	101
人口5万未満の市	20.5	47.0	20.5	7.7	4.3	100.0	1	118
人口2万以上の町村	27.3	33.8	20.1	13.7	5.0	100.0	4	143
人口1万以上の町村	5.1	23.6	29.6	26.5	15.1	100.0	15	366
人口5千以上の町村	3.9	8.2	23.6	25.8	38.5	100.0	18	480
人口3千以上の町村	3.5	5.8	15.2	22.8	52.6	100.0	3	174
人口3千未満の町村	3.5	8.0	13.3	16.8	58.4	100.0	6	119
合計	15.9	18.6	20.2	19.3	25.9	100.0		
実数	246	287	313	299	401		50	1596

さて、市町村行政における農業分野の位置について、その主観的評価と、三つの客観的な指標とから、その分布を見てきたが、最後に両者の関連についてみておくこととしよう。表10は、市町村行政における農業の位置についての主観的評価別に、職員総数に占める農業関係職員の割合を、表11は、歳出に占める農林水産業費の割合を示したものである。

表10　地域行政における農業分野の位置と農業関係職員の割合との関連

	～3%	～5%	～10%	～15%	15%～	全体	不明	実数
きわめて重視	2.7	9.8	36.0	28.4	23.1	100.0	4	588
ある程度重視	10.5	13.1	39.3	22.3	14.8	100.0	3	576
平均的位置	20.7	19.2	40.2	12.7	7.2	100.0	2	278
あまり重視されぬ	38.7	24.6	26.1	6.3	4.2	100.0	2	144
きわめて軽視	70.0	20.0	10.0	0.0	0.0	100.0	0	10
合計	12.3	14.0	36.8	21.3	15.5	100.0		
実数	195	222	584	338	246		11	1596

表11　地域行政における農業分野の位置と農林水産業費の割合との関連

	～5%	～10%	～15%	～20%	20%～	全体	不明	実数
きわめて重視	4.4	12.4	18.9	26.3	38.0	100.0	22	588
ある程度重視	13.9	19.6	23.9	18.9	23.6	100.0	16	576
平均的位置	26.9	29.2	17.3	12.5	14.0	100.0	7	278
あまり重視されぬ	44.6	18.7	18.0	7.2	11.5	100.0	5	144
きわめて軽視	80.0	20.0	0.0	0.0	0.0	100.0	0	10
合計	15.9	18.6	20.2	19.3	25.9	100.0		
実数	246	287	313	299	401		50	1596

　表にみるように、「きわめて重視」と回答した市町村では、職員の割合で10％以上、15％以上の比率が高く、農林水産業費の割合で15％以上、20％以上の比率が高い。逆に、「きわめて軽視」では、職員の割合で3％未満、農林水産業費の割合で5％未満の比率が高い、というように主観的判断と客観的指標とは緩やかな関連を示している。「きわめて軽視」は低い割合に集中しているが、この回答自体が少数であり、それ以外の回答の場合には、それほどの集中は見られない。アンケートの回答に際して、担当者が農業分野が重視されているか否かを判断するに当たって、何を思い浮かべたのかはわからないが、職員の充足状況や予算要求に対する自治体幹部の対応などが根拠になっていることが推測されるし、アンケートの回答が、厳密ではないにしても、実態を反映した回答であることを示しているといえるであろう。

4 農政にかかわるさまざまな主体

　市町村の農業施策の計画や実施を担うのは、上にみたような多様な構成の農業関係の部局であるが、それが部・課・係など、いかなる形態で組織されているにせよ、それらの担当者だけで行政が進められるわけではない。まず、政策を企画する過程で、自治体内外のさまざまな主体がそれぞれなりの影響力を及ぼすことになる。アンケートにおいては、「市町村で農業政策を企画する場合、農政担当者以外に、次の役職者・機関・団体のうち企画に影響を与えるものはどれですか。当てはまるものすべてに○をつけ、そのうち最も影響力の強いもの三つに◎をつけてください。」として、20の役職や団体などをあげて、選択を求めた。表12はその回答である。

　当てはまるものすべてという設問に対しては、ほとんどすべての主体にマークした場合もあれば、もっとも強い影響力のあるものとしてあげられた主体だけにマークしたものなど、多様な回答があったが、注目されるのは、ここで強い影響力があるとされたものと、影響力のあるすべての主体ということであげられたものが、ほとんど重なり合っていることである。首長・助役、農協・漁協、農業委員、市町村会議員、普及所、県の農政課、集落の役員、農家の生産グループ、財政部局、県の地方事務所などが、多くの市町村であげられている。首長・助役、市町村会議員、農業委員、財政当局という自治体の中で強い力を持っている主体と並んで、農協、普及所、県の農政課、地方事務所といった外部の機構、それに集落や生産グループなどの農家の集団が上位を占めており、これらの力関係のもとで農業関係の施策が企画され、決定されていくことが浮かび上がる。

　なお、「影響力あるものすべて」をあげるように求めた設問では、まったくマークをしなかった無回答は7.4％に過ぎなかったが、一つの市町村が平均すると7個あまりのマークをつけたことになる。一方、「もっとも影響力あるもの三つ」という設問に対して◎をつけず、「影響力あるものすべて」という中でどれが強い影響力があるのかを把握できなかったものを含めて、

無回答は103にのぼったが、有効回答があったものについては、一つの市町村が平均2.7のマークをつけている。

表12 農政に影響力のある主体

	最も強いもの（◎）				当てはまるもの（○）		
	順位	回答率	実数		順位	回答率	実数
首長・助役	1	75.5	1127	首長・助役	1	89.8	1427
農協・漁協	2	45.5	679	農協・漁協	2	80.4	1278
市町村会議員	3	25.7	383	農業委員	3	66.8	1062
財政部局	4	19.8	295	市町村会議員	4	66.7	1060
農業委員	5	19.6	292	普及所	5	62.4	992
集落の役員	6	16.2	242	県の農政課	6	50.3	800
県の農政課	7	14.1	210	集落の役員	7	48.8	775
普及所	8	11.7	174	農家の生産グループ	8	46.1	732
農家の生産グループ	9	11.3	168	財政部局	9	43.4	690
県の地方事務所	10	9.6	143	県の地方事務所	10	40.7	646
市町村の企画部局	11	9.4	140	市町村の企画部局	11	30.5	484
農林水産省	12	4.0	60	土地改良区	12	30.0	476
土地改良区	13	2.6	39	農林水産省	13	24.8	394
国の出先機関	14	1.1	17	国の出先機関	14	17.4	277
県のその他の部局	15	1.0	15	森林組合	15	13.2	209
農協・漁協の県連・県中	16	0.9	13	県のその他の部局	16	10.1	160
市町村のその他部局	17	0.7	11	市町村のその他部局	17	7.5	119
森林組合	18	0.5	7	農協・漁協の県連・県中	18	5.4	86
商工部局	19	0.4	6	商工会・商工会議所	19	4.4	70
商工会・商工会議所	20	0.3	4	商工部局	20	2.5	40
その他	21	0.4	6	その他	21	1.9	30
全体		100.0	1493	全体		100.0	1589
無回答			103	無回答			7

次に、市町村が、農政を進めていく場合に、農家との関係をどのように築き、集落や生産グループなどとどのようにかかわっていくのかということが問題となる。まず、「これからの農政を有効に進めてゆくために市町村はどのような形で農家とのつながりを深めてゆけばよいと思いますか。」として、八つの選択肢の中から一つだけを選ぶように求めた。表13は、その結果を地域の主要農産物別に表示している。ここでは、全体として、「意欲的な農

家と個々に」という回答は5.5％と少なく、「中核的農家を中心としたグループと」という回答が34.4％を占める。これと並んで、集落ごとに結びつくという回答は、「兼業農家を含めて」の28.5％と、「非農家を含めて」の11.1％を加えると39.6％となり、「中核農家グループ」に「業種別グループ」と「婦人グループや4H」を加えた38.2％をわずかながら上回る。集落を通じるか、グループを媒介にするかという二つの考え方が拮抗している状況がうかがえる。さらに興味深いのは、地域の主要な農産物の差異が、このような拮抗にほとんど影響していないということである。しばしばいわれるのは、米の場合には、伝統的な作物であり、また集落のほぼ全農家が生産しているところから集落を単位とする志向が強く、野菜や果実や畜産などは、それが地域の主要な農産物である場合でも、集落の中でそれらに取り組む農家とそれ以外の農家とが混在しており、集落を単位にすることが好都合とはいえず、むしろ特定の作物ごとに組織されるグループやそれらの作物にとりわけ積極的に取り組んでいる中核的な農家グループとむすびつく方が農政を効率よく農家と進めていくのに都合がよいということである。このことからすれば、主要な作物の差異によって、農家とのつながりには差異がみられるのではないかと推測されるのであるが、実際の回答はそのようになってはいない。作物の違いによる回答の差はほとんどみられないのである。

表13 主要農産物別にみた農政における農家との連携の方法

	意欲的農家と個々に	中核的農家中心のグループと	女性グループや4Hクラブと	業種別グループと	兼業農家を含め集落ごとに	非農家も含めて集落ごとに	農協を仲介として	その他	全体	不明	実数
米	5.4	34.4	0.5	1.6	29.6	11.5	16.4	0.6	100.0	3	797
野菜	7.0	30.4	1.9	6.3	29.1	9.5	13.9	1.9	100.0	0	158
果実	6.3	32.1	1.8	2.7	31.3	9.8	16.1	0.0	100.0	2	114
養蚕	4.5	36.4	0.0	4.5	27.3	9.1	13.6	4.5	100.0	0	22
畜産	5.2	36.1	0.6	4.0	26.0	11.3	16.5	0.4	100.0	0	504
不明	0.0	100.0	0.0	0.0	0.0	0.0	0.0	0.0	100.0	0	1
合計	5.5	34.4	0.8	3.0	28.5	11.1	16.1	0.7	100.0		
実数	88	548	12	47	453	176	256	11		5	1596

しかしながら、地方別にみると、多少の特色が見出せる。**表14**にみるように、際立った違いがみられるのが北海道である。そこでは、「中核的農家中心のグループ」についで多いのは、「農協を仲介として」の34.2％で、全国的な傾向と大きく異なっている。ここでは、「兼業農家を含む」と「非農家を含む」をあわせた「集落ごとに」の回答は17.9％にとどまる。三つの「グループ」にかかわる選択肢をあわせた回答が多いのは、九州（45.8％）、北海道（43.6％）、四国（41.3％）で、逆に「集落」が多いのは、中部（47％）、近畿、北陸、中国などとなっている。地方別の違いは、主要な作物の違いを反映していると考えたくなるのであるが、上記のように作物の差異による回答の違いがほとんどみられないことからすると、どのように解釈するのか判断に迷わざるを得ないところである。

表14 地方別にみた農政における農家との連携の方法

	意欲的農家と個々に	中核的農家中心のグループと	女性グループや4Hクラブと	業種別グループと	兼業農家を含め集落ごとに	非農家も含めて集落ごとに	農協を仲介として	その他	全体	不明	実数
北海道	2.6	37.6	2.6	3.4	14.5	3.4	34.2	1.7	100.0	1	118
東北	8.9	33.7	0.0	2.5	23.3	12.9	18.8	0.0	100.0	1	203
関東	5.7	33.2	0.0	7.1	29.4	8.1	15.6	0.9	100.0	0	211
北陸	2.4	34.1	0.0	0.8	34.9	8.7	17.5	1.6	100.0	1	127
中部	4.7	31.8	0.8	2.5	34.7	12.3	11.9	1.3	100.0	0	236
近畿	4.6	29.1	0.6	2.3	32.0	13.7	16.6	1.1	100.0	1	176
中国	5.9	29.6	1.3	1.3	29.6	15.1	17.1	0.0	100.0	0	152
四国	6.1	37.4	1.0	3.0	32.3	5.1	15.2	0.0	100.0	1	100
九州	6.6	42.1	1.1	2.6	24.9	13.6	9.2	0.0	100.0	0	273
合計	5.5	34.4	0.8	3.0	28.5	11.1	16.1	0.7	100.0		
実数	88	548	12	47	453	176	256	11		5	1596

ところで、農政の実施にあたって、市町村は地域のさまざまな主体とかかわりを持ち、農政の円滑な実施に力添えを受けている。アンケートでは、集落、農家が作物や業種別に構成しているグループや生産組織、農協、農業改良普及所について、それぞれ「農政の実施にあたって有効な働きをしていますか。」と尋ねている。表15は、その回答である。ここから読み取れるこ

とは、これらいずれも有効性が高く評価されており、有効でないという回答は最も多い「農協」でも14%にとどまる。農政の実施にあたっての有効性という面で、集落と業種別グループは、ほとんど差がみられないが、集落で「あまり有効でない」、業種別グループで「ある程度有効」がやや多いようにもみえる。農協はこれらよりやや低めの評価になっているが、農業改良普及所は、「大いに有効」「ある程度有効」をあわせると9割近くになり、きわめて高い評価を得ている。

表15　各組織・機関の地域農政への有効性

	大いに有効	ある程度有効	どちらともいえない	あまり有効でない	全く関連がない	合計	実数
集落	28.0	51.4	9.4	10.6	0.6	100.0	1594
業種別グループ	28.4	57.2	6.8	6.9	0.6	100.0	1589
農協	29.7	48.3	7.9	12.9	1.1	100.0	1591
農業改良普及所	43.0	45.8	6.5	4.5	0.1	100.0	1589

　それでは、集落や業種別などのグループには、市町村は、農政上どのような役割を期待するのであろうか。集落については、「農政の実施に当たって集落に期待する最も重要な場面を」、また業種別などのグループについては、「どんな場面で有効な働きが期待できますか。もっとも有効な場面を」として、両者に17の同じ選択肢を示し、その中から三つまでをあげるように求めた。表16がその回答を、選択の多かったものから順に表示したものである。

　三つまで選択するように求めた結果、無回答を除くと、両者ともに平均2.94の選択肢にマークされていたことになる。興味深いのは、集落に対する期待とグループに対する期待とが、ほとんど異ならないことである。選択の多かったものから配列した結果、項目の順序は、両者でほとんど重なり合っている。選択数は、集落のほうがより集中している感じがするが大きな差とはいいがたい。このことから考えられるのは、市町村の農政の実施において農家との関係を築いていく上では、集落も業種別のグループも、ほとん

ど違いがみられないのであろうということである。

表16 集落・業種別生産グループに期待される場面

農政上集落に期待する場面

農地の利用計画	63.2	1003
農家の組織化	49.9	792
集団栽培	30.9	490
新しい作物の普及	28.6	454
集団転作	23.0	364
生産調整	19.9	315
共同防除	14.5	230
農家の研修	13.7	218
流通対策	9.9	157
生活改善	7.9	125
環境保全	7.4	117
機械の普及	6.8	108
農産加工	6.7	106
集会所等の設置	5.8	92
各種調査	3.6	57
補助金の申請	1.5	24
農地の集団転用	1.0	16
全体	100.0	1586
無回答		10

グループ・生産組織に期待する場面

農地の利用計画	49.8	783
農家の組織化	37.5	589
集団栽培	34.8	547
新しい作物の普及	34.1	536
集団転作	22.6	355
生産調整	22.2	349
共同防除	20.5	322
農家の研修	17.4	274
流通対策	15.5	243
機械の普及	11.5	181
生活改善	7.3	115
農産加工	7.1	111
各種調査	4.7	74
集会所等の設置	3.7	58
環境保全	3.6	57
補助金の申請	1.7	27
農地の集団転用	0.4	7
全体	100.0	1572
無回答		24

5　農政における国・県と市町村

　市町村の進める農業政策のうちには、市町村独自に企画され推進されるものとともに、国や県が進める農政を地域にブレークダウンした形のものや、国や県が計画した施策に市町村が応募し、あるいは依拠して実施される形のものも少なくない。むしろ、国や県との関連において進められる施策の方が主流となっていて、市町村の独自の行政は補完的な部分しか占めていないのではないかとも思われる。財政事情がきびしい市町村においては、補助事業などに対して単独事業といわれるものがごくわずかにしかない例も珍しくない。もちろん、国や県によって計画される事業であっても、それぞれの地域

的条件によって事業内容は地域にふさわしいものにモディファイされるであろうが、市町村が自ら構想したものに比べれば全国画一的といった印象があり、地域の農家の真に求めるところと合致しているか否かという点で問題を残さざるを得ないところがある。その意味で、市町村農政が果たして独自性を確保しているのかということは、地方自治体の農政を考える上で重要な問題点の一つである。このアンケートでは、そのような関心から、四つの設問をおいている。

まず、一般論として農業政策のあり方についての意見を聞く設問を2問おいた。その一つは、「甲の意見」として「それぞれの地域で農民の意向に基づいて自主的な農政を進めることが重要である。国民の食糧需給にとって過不足があれば、国が輸出入などで調整すればよい。」「乙の意見」として「それぞれの地域には国の食糧需給に対応した役割分担があるのだから、国の農政に調和した政策を進める必要がある。」という二つの意見をあげて、市町村の農業政策としてどちらの意見に賛成であるかを尋ねた。回答は、甲に賛成が23.2%、乙に賛成が44.1%、どちらともいえないが32.7%ということになり、国の食糧需給の政策に調和した農政を是とする意見が、独自の農政を進めるという意見を大きく上回っている。ここには、市町村の農政が現実には国の農業政策の分担として進められている面が大きいものとして受け取られていることが浮き彫りにされている。

表17 主要農産物別の農業政策についての2つの意見

	地域独自に進め、国が需給調整	国の農政に調和し、食糧需給を分担	どちらともいえぬ	全体	不明	実数
米	20.6	48.4	31.0	100.0	4	797
野菜	22.4	40.4	37.2	100.0	2	158
果実	33.6	28.3	38.1	100.0	1	114
養蚕	22.7	31.8	45.5	100.0	0	22
畜産	25.0	42.7	32.2	100.0	1	504
不明	100.0	0.0	0.0	100.0	0	1
合計	23.2	44.1	32.7	100.0		
実数	368	701	519		8	1596

表17は、この結果を地域の主要農産物別に表示したものである。表にみるように、米の地域では、全国平均以上に国の政策への調和が強調されているのに対して、果実の地域では地域独自にという意見が全国平均よりも10％多い。数は少ないが、養蚕の地域ではどちらともいえないという答えが多くなっている。それぞれの作物の状況が反映されたものとみられるであろう。

つぎに、「農政のあり方として、次のうちどの意見に賛成ですか。」として、以下の四つの考え方から一つを選ぶように求めた。選択肢は、

① 「国民全体のことを考え国の方針に県も市町村も従ってゆくのがよい。」（国主導）
② 「地域の自主性は重要だが、市町村の行政能力には限界がある。県が指導性を発揮して行くのがよい。」（県指導性）
③ 「県の画一的なやり方はよくないが、市町村の行政能力にはバラツキがあるので、中核的な自治体を中心に広域圏で施策を進めるのがよい。」（広域圏）
④ 「地域の実情を最もよく反映した行政のできるのは市町村だから市町村が独自性を発揮すべきだ。」（市町村独自）
⑤ 「市町村の中にも地域差があり、もっときめ細かい施策が必要だ。集落やその連合で農政を考えてゆくのがよい。」（きめ細かく）

の五つである。

表18は、この設問への回答を地域の主要な農産物の別によって表示している。まず、全体の分布として、最も多く選択されたのは「市町村独自」であるが、それでも29.3％に過ぎず、「きめ細かく」集落などを単位に考えようという回答の26.2％、「県の指導性」を強調する回答の24.2％と大きな差が見られない。「国主導」は、5.3％と少ない。主要な農産物の違いについてみると、全般に大きな違いはみられないが、細かくみると、作物によって微妙な違いがみられる。野菜が主要という地域では、最も多い回答は「きめ細かく」で、「市町村独自」は「県の指導性」に次ぐ第3位になる。果実の地域でも、「きめ細かく」が1位で、「市町村独自」は2位、養蚕の地域では、

「きめ細かく」と「県の指導性」がともに30％を超え、「市町村独自」は14.3％に過ぎない。

こうした微妙な差異が生じる要因ははっきりしないが、いずれにしても、多くの地域において、国・県・広域圏などの市町村を超える主体に期待する考え方と、市町村やその内部集団の重要性を主張する考え方が拮抗していることは、指摘できるところであろう。表17にみた農業政策についての二つの意見とあわせて考えるとき、市町村の農政の内実がうかがえるのであろう。

表18 主な農産物別の農政のあり方

	国主導	県指導性	広域圏	市町村独自	きめ細かく	全体	不明	実数
米	6.8	22.7	14.8	30.2	25.5	100.0	21	797
野菜	4.5	28.6	9.7	25.3	31.8	100.0	4	158
果実	3.5	22.1	15.0	27.4	31.9	100.0	1	114
養蚕	4.8	33.3	9.5	14.3	38.1	100.0	1	22
畜産	3.6	25.5	17.0	30.2	23.7	100.0	10	504
不明	0.0	0.0	0.0	100.0	0.0	100.0	0	1
合計	5.3	24.2	14.9	29.3	26.2	100.0		
実数	83	378	233	457	408		37	1596

表19 地方別にみた地域農政の独自性

	市町村独自のもの	やや独自性が強い	どちらともいえぬ	国県の力がやや強い	ほとんどが国県の方針	全体	不明	実数
北海道	8.5	26.3	23.7	28.0	13.6	100.0		118
東北	6.0	24.4	15.9	35.8	17.9	100.0	2	203
関東	7.1	27.0	19.9	29.9	16.1	100.0		211
北陸	4.0	11.9	15.1	46.0	23.0	100.0	1	127
中部	10.6	30.9	15.3	28.0	15.3	100.0		236
近畿	10.2	19.9	19.9	28.4	21.6	100.0		176
中国	4.6	24.3	15.8	30.3	25.0	100.0		152
四国	15.0	22.0	13.0	39.0	11.0	100.0		100
九州	11.5	25.6	14.8	34.1	14.1	100.0		273
合計	8.7	24.4	16.9	32.6	17.4	100.0		
実数	138	388	269	519	276		3	1596

それでは、これら二つの農政のあり方についての一般的な見方に対して、当該の市町村の農業政策の独自性についてはどのように評価されているので

あろうか。「あなたの市町村の今日の農業政策は、地域の自主性の強く出ているものだと思いますか。それとも国や県の方針が強く出たものだと思いますか。」という設問に対する回答を地方別に見たのが、表19 である。

まず全国的に見ると市町村の独自性よりも「国県の力がやや強い」が32.6％で、これに「ほとんどが国県の方針」の17.4％を加えるとちょうど50％になる。これに対して「市町村独自のもの」は8.7％に過ぎず、「やや独自性が強い」の24.4％を加えても33.1％にとどまる。農業政策における国や県の強力な指導性が示されている。地方別に見ると、「国県」の強さを指摘する二つの選択肢の計が、北陸では69％、中国 55.3％、東北 53.7％などが多く、逆に「市町村」の独自性を指摘する二つの選択肢の計が、中部で41.5％と多いのに対して、北陸15.9％、中国28.9％などが少ないことが目を引く。

こうした地方別の差異の背景と思われるのが、地域の主要な作物別にみたこの設問の結果である。表20 は、それを示している。ここでは、市町村の独自性の指摘が米の地域では26％にとどまり、逆に国県の強さの指摘が58％におよんでいる。市町村の独自性の回答が多いのは、野菜の地域の45.5％、畜産の39.7％などである。

表20 主要な作物別にみた地域農政の独自性

	市町村独自のもの	やや独自性が強い	どちらともいえぬ	国県の力がやや強い	ほとんどが国県の方針	全体	不明	実数
米	5.7	20.3	16.1	36.3	21.7	100.0	3	797
野菜	17.3	28.2	17.9	26.9	9.6	100.0	2	158
果実	11.4	23.7	24.6	30.7	9.6	100.0	0	114
養蚕	9.1	31.8	13.6	27.3	18.2	100.0	0	22
畜産	10.1	29.6	16.3	29.4	14.5	100.0	1	504
不明	0.0	0.0	0.0	0.0	100.0	100.0	0	1
合計	8.7	24.4	16.9	32.6	17.4	100.0		
実数	138	388	269	519	276		6	1596

さらに、「農業政策は、市町村の行うさまざまな施策の中で、市町村の独自性の発揮しやすい領域だと思いますか。それとも国や県の指導性が強く、

独自の特色の出しにくい領域だと思いますか。」という設問を用意した。表21は、この設問の結果を、上記の地域農政の独自性についての自己評価との関連において示している。まず全体としてみると、農業政策は市町村の独自性を発揮しやすい領域であるという評価が、「特色を出しやすい」（11.8％）と「やや出しやすい」（32.9％）を加えると44.7％となるが、「きわめて特色を出しにくい」（7.5％）と「やや出しにくい」（30.4％）を加えた、特色を出しにくいが37.9％となり、ほぼ拮抗する形になっている。その中で、自らの市町村の農業施策の独自性を強調する回答者では独自性の発揮が容易であると考えているものが多く、市町村独自の農政だという回答者では90％近く、やや独自性が強いという回答者では70％近くが、独自性の発揮が容易だとしている。これに対して、国県の力の強さを指摘する市町村では、3分の2程度が特色を出しにくいと見ている。

表21　地域農政の独自性と独自性発揮の容易さ

	特色の出し易い領域	やや出し易い	どちらともいえない	やや特色を出しにくい	きわめて特色を出しにくい	全体	不明	実数
市町村独自のもの	39.1	40.6	8.0	8.0	4.3	100.0	0	138
やや独自性が強い	18.3	50.6	13.7	14.2	3.1	100.0	1	388
どちらともいえぬ	4.1	30.9	31.6	30.1	3.3	100.0	0	269
国県の力がやや強い	7.3	26.6	18.3	43.0	4.8	100.0	0	519
ほとんどが国県の方針	5.1	17.0	12.3	41.7	23.9	100.0	0	276
不明	0.0	66.7	16.7	0.0	16.7	100.0	0	6
合計	11.8	32.9	17.5	30.4	7.5	100.0		
実数	188	524	279	485	119		1	1596

なお、表示は省略するが、地方別に見ると、独自性の発揮が容易だという回答が比較的多いのは四国（57％）、九州（54.6％）、特色を出しにくいという回答が多いのは、北陸（47.2％）、中国（43.1％）などとなっている。

市町村の農政担当者のとらえ方としての地域農政の独自性についての評価の基盤をなしているものは、日常の業務のあり方であろうと思われる。以下では、市町村において取り上げられている具体的な施策の上で、国や県の力

と市町村の独自性とがどのように組み合わせられているのかを検討してみたい。

市町村の農業関係の業務の中で、国の指示が強力に示されているものに、米の生産調整がある。全国的な需給状況を基にして国が定めた基準によって全国ほぼ一律に米の生産調整が義務付けられて推進されている。市町村に調整すべき面積が示され、市町村ではそれを各農家に割り振って国の要求を消化する。全国の市町村はきわめて忠実にこの仕組みに協力し、生産調整を実施してきている。アンケートでは、それぞれの市町村において、1983年度における水田利用再編対策にかかわる目標面積・実施面積・転作面積・団地化転作面積の記入を求め、それと別に整理した統計によって得られた地域の水田面積の数値とを利用して、下に示すような目標面積の水田面積に占める割合などを算出した。郵送調査のために、記入に疑問のある回答も若干含まれていたことや、記入のないものも多少見られたが、記入された限りでの結果は、**表22**に示すところである。

表22 水田利用再編対策の状況

(1) 田の面積に対する水田再編目標面積の割合

～5%	～10%	～15%	～20%	～25%	～30%	30%～	全体	無回答	実数
6.5	5.9	26.5	30.9	14.7	5.4	10.1	100.0	81	1515

(2) 水田再編実施率（目標面積に対する実施面積の割合）

～90%	～100%	～105%	～110%	～115%	～120%	120%～	全体	無回答	実数
7.3	1.0	41.2	20.9	12.7	6.9	10.0	100.0	112	1484

(3) 水田再編実施面積のうち転作面積の割合

なし	～50%	～80%	～90%	～95%	～99%	100%	全体	無回答	実数
6.9	6.2	16.8	13.2	9.1	14.0	33.8	100.0	84	1512

(4) 転作面積の内の団地転作の割合

なし	～10%	～20%	～30%	～50%	～70%	70%～	全体	無回答	実数
40.0	15.6	13.5	8.5	9.8	6.4	6.1	100.0	75	1521

（無回答は実数）

四つの設問に対して、それぞれに無回答があり、その数はもっとも少ない

もので75となっている。市町村のうちには水田のまったくない場合も含めて、水田利用再編対策の対象となっていない地域もあるが、アンケートではそうした地域を区別できなかったので、対象外の地域も無回答の中に含まれていると思われる。したがって再編対策の該当市町村では、まず例外なく目標面積が提示され、いわゆる減反が実施されているとみることができる。この場合、目標面積は、水田面積の20％を中心にかなりの広がりを持っている。それに対して実施率では、100％を下回る市町村はわずかに8.3％で、100〜110％の間の市町村が全体のほぼ3分の2を占めている。転作面積の割合が高いことを含めて、この事業が国の計画通りに実施されていることを示しているということができよう。

　市町村は、それぞれ自治体として地域に即した独自の農業施策を工夫しているところではあるが、農業分野が他の分野に比べて国や県の打ち出す政策に動かされることが多いことは否定できない。他の産業分野に比べて圧倒的に小規模な経営が多くの数を占めていること、政治的にも膨大な数の農家の投票に期待するところが大きいこと、などから農政領域では次々に国から施策が展開され、地域に受け入れられ、市町村を通じて実施されていく。もちろん、国から提示される施策のどれを受け入れるかという選択や、受け入れた施策をどのように消化していくかという具体化など、いくつかの点で、ささやかな独自性が発揮される余地があるというものの、国の施策が提示されるとそれに連なる事業が行われ、国で施策が終了するとやがて地域においても取り組みが失われていくといった状況が繰り返されている。

　アンケートでは、この時点までに実施されてきた国が主導した施策の受け入れ状況を尋ねている。それらは、想像以上に広く受容されているが、その結果どれだけの成果があがったのかはさらに検討の必要がある。

　まず、これまでさまざまな省庁が特定の地域を限定してその振興を図る目的で法律を制定し地域指定を行ってきた。それぞれの法律では、さまざまな指定の条件を定めて地域を限定した上で、市町村などから希望を求めて地域指定を行い、補助率や交付金などのさまざまな優遇措置を講じてきている。これらの地域指定の状況について、「あなたの市町村は、次の法律の指定地

域になっていますか。」として、八つの法律をあげて指定を受けているものにマークするように求めた。表23はその回答の結果である。無回答11と、地域指定なしというもの54を除くほとんどの市町村がさまざまな法律の指定地域となっている。多くの市町村では複数の指定を受けており、平均すると1市町村で2.4の指定を受けている。ここにあげた以外にも地域指定をともなう法律は多数あるだけに、わが国はその国土に広くさまざまな法律による地域指定が行われているといっても過言ではなく、いささか地域指定インフレの感がある。ここまで広げられると、果たして指定の意味があるのかということさえ疑いたくなる。

表23　地域指定状況

農業振興地域整備法	農村地域工業導入促進法	山村振興法	低開発地域工業開発指定地域	離島振興法	新産業都市建設促進法	過疎地域振興特別措置法	豪雪地帯対策特別措置法	地域指定なし	全体(実数)	不明(実数)
91.7	32.6	40.0	8.2	6.0	6.4	35.8	13.8	3.4	1585	11

また、国が定めた事業・施策をどの程度受け入れ実施しているのかをみるため、「あなたの市町村でこれまでに実施した施策」として、七つをあげマークするように求めた。表24はその結果であるが、ここでも、無回答の21と、実施していない59を除く圧倒的な広がりの市町村が、これらの施策を受け入れて実施していることが指摘できる。「農用地利用増進事業」が9割近くの市町村で推進されているなど、農業構造改善事業をはじめとして、

表24　国の農業施策の実施状況

農業構造改善事業(一次構)	農業構造改善事業(二次構)	新農業構造改善事業	農村総合整備事業	地域農政特別対策	農用地利用増進事業	農・草地開発事業	実施していない	全体(実数)	不明(実数)
62.8	47.5	50.0	45.4	73.4	88.4	35.3	3.7	1575	21

多様な事業が幅広く進められていることが指摘できる。市町村の農政は、少なくともその一面は国の農政の実施機関としてとらえることができる。その

側面に対して、その地域独自の、その自治体独自の農政がどれだけの厚みをもつのかが問題なのであるが、財政力の豊かでない場合には、もっぱら補助金によって支えられた国の定める施策の実施に終始することにならざるを得ないであろう。

附論 2
農村集落の社会組織

1　はじめに

　1984 年に行った『地方自治体の農業政策に関する実態調査』のアンケートの末尾に、当該市町村の農村集落の様相についての質問を 1 問加えておいた。この設問は、もちろん市町村の農業施策の推進に当たって農村集落の様態を考慮に入れて進める必要があるところから加えたものではあるが、農業政策自体と直接に結びつくものではないこともあり、附論 1 においては触れないでおいた。附論 2 は、この設問への回答の検討である。附論 1 において紹介したアンケート調査の一部であることからここに附論 2 として収録する。アンケートの内容・方法・実施過程等については、附論 1 に触れてあるので繰り返さない。

2　設問と回答の全体的傾向

　設問は、「市町村の農業集落について当てはまるところに○をつけてください。」として、以下の 13 項目をあげ、それぞれに現在（1984 年）と 1955 年以前とについて、「多くの集落で見られる（た）。」「一部の集落で見られる（た）。」「まったく見られない（かった）。」の三つの選択肢のいずれかに○をつけるように求めるものである。13 の項目は、

　　本分家の関係が大事にされる
　　親分子分の関係が重視される
　　年齢集団が重要な役割を果たす
　　若者宿で青年が共同生活を送る
　　宗教関係の講がある

頼母子講がある

　　共有の山林がある

　　水利の規制がきびしい

　　小作争議・農民運動が盛ん

　　農家の生産組織が多い

　　生活改善運動が盛ん

　　農業共同化が盛ん

　　有機農業運動が見られる

である。

　このアンケートは、市町村の農政担当者に記入を求めているものであり、この設問に対しても、役場の農政担当の視点からの現状認識であるので、現実の農村集落の状況をどこまで反映しているのかということでは疑問がないわけではない。とりわけ市町村域が広く多数の農村集落を擁する規模の大きな市町村の場合には、記入者はそのうちのいくつかの集落を念頭において回答することになろうから、記入者が異なればまた違った集落を念頭において回答することも予想されるところである。しかし、こうした設問についての全国的なアンケートの例は多くないと思われるので、各市町村の回答に基づいて若干の検討を行いたい。

　まず、全体の回答であるが、上記の1955年以前と現在（1984年当時）という二つの時点についての記載を組み合わせて、9つの種類の回答として整理した結果を**表1**として示すこととする。記入のなかったものなどが「不明」であるが、それらは最も多い項目でも1割程度で、ほとんどの市町村から回答が得られた。

　この表1からだけでも、1984年当時の状況について、いくつかの知見が得られる。まず、「本分家関係」や「年齢集団」など、従来の農村における社会生活で重要とされてきた社会組織は、「以前は多くの集落で見られたが、現在は一部の集落で見られる」という状況になっている。「親分子分関係」「若者宿」「農民運動」などは、「以前も現在もまったく見られない」が多数であり、特定の地域の農村集落に見られた現象であることが想定される。

表1　設問に対する全国の回答

	55年以前も、現在も、多くの集落でみられる	以前は一部で、現在は多くの集落でみられる	以前は全く見られなかった、現在は多くの集落でみられる	以前多くの集落でみられた、現在は一部の集落で見られる	以前も、現在も、一部の集落でみられる	以前は全く見られなかった、現在は一部の集落でみられる	以前多くの集落でみられた、現在は全くみられない	以前は一部の集落でみられた、現在は全く見られない	以前も、現在も、全く見られない	全体	不明（実数）	実数
本分家の関係が大事にされる	29.0	0.3	1.2	31.6	9.3	1.6	8.5	11.2	7.4	100.0	74	1522
親分子分の関係が重視される	2.1	0.0	0.3	9.5	5.8	0.6	4.5	25.1	52.1	100.0	140	1456
年齢集団が重要な役割を果たす	10.7	2.3	1.2	20.1	18.5	5.8	5.6	10.8	25.0	100.0	160	1436
若者宿で青年が共同生活を送る	0.1	0.1	0.1	1.1	1.3	0.8	6.1	18.2	72.1		155	1441
宗教関係の講がある	9.6	0.3	0.2	11.6	21.1	2.6	1.1	10.6	43.0		151	1445
頼母子講がある	3.5	0.1	0.3	12.3	18.1	0.7	3.6	17.9	43.4		184	1412
小作争議・農民運動が盛ん	0.3	0.1	0.0	1.1	3.3	0.5	3.8	27.9	63.1		137	1459
農家の生産組織が多い	10.8	13.2	7.5	7.1	28.1	23.9	0.3	2.0	7.1	100.0	82	1514
有機農業運動が見られる	2.3	2.7	2.2	12.5	14.9	19.3	4.5	7.3	34.3		137	1459
生活改善運動が盛ん	5.0	14.0	7.6	10.5	30.3	21.3	2.6	3.4	5.3	100.0	76	1520
共有の山林がある	22.7	0.5	1.5	9.0	40.2	3.5	0.1	3.3	19.1		97	1499
農業共同化が盛ん	1.6	3.3	2.9	15.6	28.8	22.6	3.4	8.1	13.7	100.0	95	1501
水利の規制がきびしい	18.9	0.5	0.9	14.5	23.4	3.2	4.1	10.7	23.9	100.0	123	1473

「農家の生産組織」「生活改善運動」などは「一部の集落で」以前から見られたが、一部の集落で見られる市町村がさらに広がっている。

しかし、表1は多分に分散した印象であるので、より集約した結果に基づいて、1955年からの変化や地域的な分化について検討をくわえることとしたい。

3 社会組織指数の様相

　1955年と1984年との対比、地域別や都道府県別の傾向などをとらえるために、項目ごとに「多くの集落で」「一部の集落で」の構成比を求め、「多くの集落で」の構成比の2倍に「一部の集落で」の構成比を加えた数値を、それぞれの項目の「社会組織指数」としてその多寡を検討することとした。まずは、全体の傾向である。

　表2は、各項目についての都道府県別の集計に基づく「社会組織指数」を1955年以前と回答当時について示し、1955年からの変化を「差引」として表示した。また、それぞれの時点の県の指数の最大値と最小値を示したものである。「合計」に見るように、13項目の指数の平均値は、1955年の90.2から1984年の70.6へと減少しており、とりわけ従来農村の社会的組織の特色とされてきた9項目については、「小計」に見るように86.3から54.3へと大きく減少している。これに対して、農業生産組織や生活改善などの新しい組織化にかかわる4項目においては、77.5から93.6へと指数の増加を見ている。伝統的な農村の社会組織の衰退と新しい社会組織の展開が見られながらも、全体として農村の社会組織が弱体化していることが指摘できよう。

　個々の項目についてみると、1955年以前については、指数の大きいものは、「本分家」「水利規制」「共有山林」「年齢集団」であり、これらが農村集落に広く見出されたことがうかがえるのであるが、1984年現在になると、広く見られるのは「生産組織」「生活改善」「本分家」「共有山林」となる。また、この間の減少（表の「差引」）が大きかったものは、「本分家」「親分子分」「頼母子講」「農民運動」などで、伝統的な社会組織の中で、「共有山林」「宗教関係の講」などは減少がさほど大きくない。「本分家」は、すでに新しい社会組織ほどの広がりを失いながらも、なお伝統的な社会組織の中では一定の広がりをもっているということになろう。また、新しい組織化においては、「生産組織」と「生活改善」は大きく増加して農村地域に広がっている

ことが浮かび上がるが、「農業共同化」と「有機農業」についてはむしろ僅かながら減少している。

表2　全国平均の社会組織指数

	55年以前			1984年現在			差引
	県指数（A）	最大値	最小値	県指数B）	最大値	最小値	B-A
本分家の関係が大事にされる	159.0	194.7	78.6	104.2	168.8	50.0	-54.8
親分子分の関係が重視される	62.5	153.6	21.7	19.9	57.1	0.0	-42.6
年齢集団が重要な役割を果たす	104.8	147.1	50.0	73.5	130.8	28.6	-31.2
若者宿で青年が共同生活を送る	34.0	100.0	5.3	3.4	12.2	0.0	-30.6
宗教関係の講がある	78.8	144.8	4.5	57.1	120.0	6.6	-21.7
頼母子講がある	77.2	131.0	13.6	39.4	100.0	5.9	-37.7
共有の山林がある	108.7	153.8	36.4	103.0	164.1	28.6	-5.7
水利の規制がきびしい	110.6	184.2	35.0	83.1	147.4	7.1	-27.5
小作争議・農民運動が盛ん	41.4	105.6	0.0	5.1	16.7	0.0	-36.3
小計（平均）	86.3			54.3			-32.0
農家の生産組織が多い	81.7	140.0	35.7	121.5	165.5	35.7	39.8
生活改善運動が盛ん	83.7	120.0	42.9	114.2	147.6	35.7	30.5
農業共同化が盛ん	82.5	138.9	37.9	80.0	118.8	21.4	-2.5
有機農業運動が見られる	62.0	104.3	26.3	58.6	108.7	23.5	-3.4
小計（平均）	77.5			93.6			16.1
合計（平均）	90.2			70.6			-19.6

　次に都道府県別の社会組織指数の特徴についてみることとしよう。まず、各項目ごとに各都道府県の社会組織指数を算出し、九つの伝統的組織の指数、四つの新しい組織の指数、十三の項目全体の三つについて、指数の多寡による県数の分布を図示することとした。図1「全項目の合計」、図2「伝統的組織の合計」、図3「新しい組織の合計」である。

　図1の場合には、2本の折れ線のうち太線が1955年以前であるが、1984年現在よりも指数が大きく、幅が広いために山が低くなっている。これに対して細い線の1984年現在の場合には、全体に低い数値に移行するとともに、県ごとのバラツキが小さくなったことから山が高く、全体に収斂した状況になっていること、が見出せる。この間に農業集落の社会組織が全体として広がりを失い、衰微していること、さらに、この結果として地域間の差異が小

図1　都道府県別社会組織指数の分布（全項目）

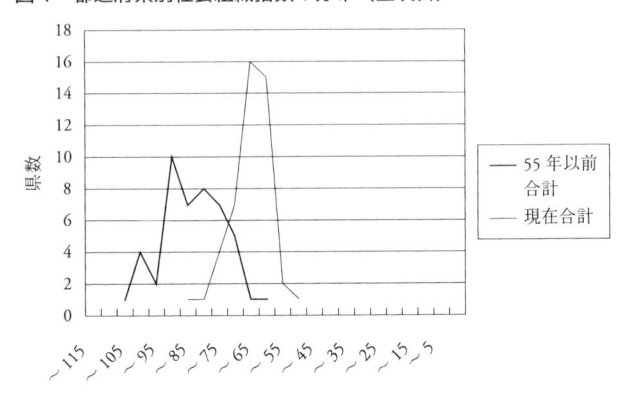

凡例：
― 55年以前合計
― 現在合計

縦軸：県数
横軸：社会組織指数（～115, ～105, ～95, ～85, ～75, ～65, ～55, ～45, ～35, ～25, ～15, ～5）

図2　都道府県別社会組織指数の分布（伝統的組織）

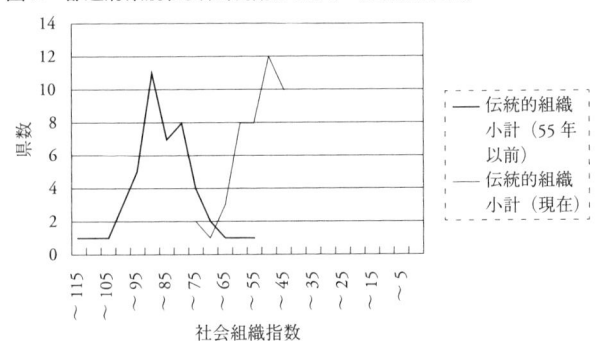

凡例：
― 伝統的組織小計（55年以前）
― 伝統的組織小計（現在）

縦軸：県数
横軸：社会組織指数

図3　都道府県別社会組織指数の分布（新しい組織）

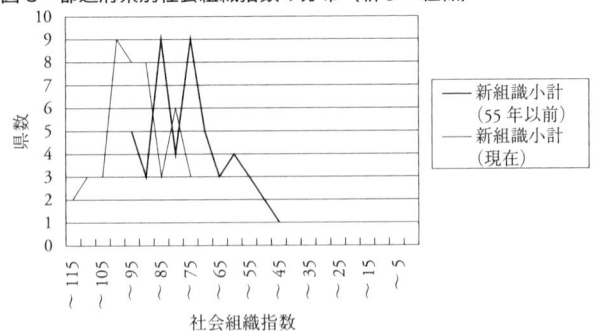

凡例：
― 新組織小計（55年以前）
― 新組織小計（現在）

縦軸：県数
横軸：社会組織指数

さくなっていることが指摘できる。

同じ傾向が見られるのが、図2の伝統的組織についての社会組織指数の状況である。ここでも、太線の「55年以前」に比べて細線の「現在」の方が数値が小さくなり、県ごとの分布の幅も小さくなっている。それに対して、図3の新しい組織の場合には、傾向は異なっている。ここでは、太線の「55年以前」に比べて細線の「現在」の方が指数が大きく、この間に組織が拡大し広がりを見せていることが見られる。さらに、1955年以前には、分布に三つの山があり、こうした新しい組織の展開している地域と展開の弱い地域とにそれぞれピークが現れていた様子が見られるが、1984年現在になると、ピークは二つになり、しかも低いほうのピークはずっと県数を減らしている。この間に新しい組織が広がりを見せたことが現れている。

これらから、1955年以前に比べて主に伝統的な社会組織が衰退した結果、生産組織や生活改善組織などの新しい社会組織の拡大は見られるものの、全体として農業集落における社会組織は後退し、伝統的組織に規定されて生み出されていた各地方に見られた特色ある組織が減退して、多分に似通った社会組織に収斂してきているように見ることができる。

4 社会組織における地域的特色

具体的にいずれの府県でどのような社会組織が広がりをみせているのか、あるいは広がりがみられないのか、をみていくことにしよう。項目ごとに1955年以前と1984年現在との社会組織指数の上位・下位の都道府県を整理する。表3に示したのは1955年以前について、表4には1984年現在において、その上位と下位の県名である。

まず、本分家関係については、1955年以前には表3にみるように、上位の中に東北地方のうち福島を除く5県が含まれ、これらの間でほとんど差がないことが目を引く。しかも、上位の各県の指数が他の項目のそれに比べてとりわけ大きく、下位の県としてあげた府県の場合も、末尾の東京を除くといずれも指数が100をこえており、他の項目の下位の場合に比べて大き

表3　55年以前の各項目別上位・下位の都道府県名と社会組織指数

本分家の関係が大事にされる		親分子分の関係が重視される		年齢集団が重要な役割を果たす		若者宿で青年が共同生活を送る		宗教関係の講がある	
栃木	194.7	山梨	153.6	島根	147.1	長崎	100.0	山形	144.8
青森	189.7	栃木	110.5	千葉	141.4	佐賀	87.0	石川	135.0
宮城	188.5	石川	110.0	静岡	134.1	熊本	78.9	兵庫	131.4
秋田	188.2	茨城	97.2	宮崎	127.8	山形	78.6	千葉	128.6
富山	187.5	島根	88.9	香川	127.8	鹿児島	78.6	福井	123.5
山形	183.3	岡山	85.7	栃木	127.8	高知	68.0	香川	121.1
鳥取	183.3	兵庫	83.8	石川	125.0	大分	65.4	富山	118.8
岩手	181.8	千葉	82.1	佐賀	121.7	石川	65.0	宮城	115.4
奈良	181.3	広島	81.8	兵庫	121.1	静岡	59.5	埼玉	113.3
新潟	175.7	長野	81.0	山形	120.0	福岡	50.0	京都	110.5
山梨	150.0	北海道	44.9	愛媛	90.6	岐阜	12.8	群馬	51.4
大阪	150.0	愛媛	43.8	沖縄	88.9	岡山	12.2	神奈川	50.0
佐賀	147.8	滋賀	43.8	滋賀	88.2	北海道	12.1	岩手	48.5
滋賀	147.1	鹿児島	42.9	富山	87.5	香川	11.8	大分	44.0
高知	134.6	東京	42.9	岩手	81.8	福井	11.8	福岡	42.5
山口	133.3	大阪	36.8	北海道	78.6	山梨	11.1	青森	41.4
大分	130.8	徳島	35.3	愛知	75.7	徳島	11.1	高知	40.0
北海道	122.1	大分	34.6	徳島	75.0	奈良	7.1	佐賀	39.1
沖縄	116.7	沖縄	28.6	鳥取	58.3	京都	5.6	東京	21.4
和歌山	112.5	神奈川	26.7	東京	50.0	大阪	5.3	北海道	14.2
徳島	105.3	佐賀	21.7					沖縄	4.5
東京	78.6								

頼母子講がある		共有の山林がある		水利の規制がきびしい		小作争議・農民運動が盛ん	
山口	131.0	長野	153.8	香川	184.2	香川	105.6
兵庫	122.2	兵庫	153.8	兵庫	156.8	山形	86.7
宮城	119.2	京都	150.0	滋賀	150.0	茨城	64.7
広島	118.2	福島	145.7	大阪	145.0	島根	61.1
京都	117.6	大分	144.4	長崎	142.9	大阪	57.9
宮崎	116.7	岡山	135.3	新潟	141.2	宮城	53.8
鹿児島	116.7	宮崎	131.6	岡山	138.8	新潟	53.6
沖縄	113.0	鳥取	130.8	鳥取	138.5	徳島	52.9
山形	112.5	鹿児島	128.9	長野	137.3	福岡	51.2

附論2　農村集落の社会組織　227

長崎	111.1	島根	127.8	広島	134.4	福島	51.2

鳥取	53.8	大阪	89.5	愛知	97.2	和歌山	30.4
神奈川	53.8	茨城	88.9	徳島	88.9	埼玉	28.9
福島	51.3	広島	88.6	千葉	82.8	奈良	28.6
滋賀	50.0	神奈川	85.7	岩手	78.8	愛知	27.8
埼玉	42.9	愛知	83.8	茨城	77.8	神奈川	26.7
三重	40.0	徳島	75.0	神奈川	64.3	岐阜	25.6
栃木	38.9	沖縄	69.6	青森	64.3	高知	24.0
群馬	37.1	埼玉	67.4	北海道	50.9	沖縄	22.7
和歌山	36.4	富山	62.5	東京	50.0	愛媛	18.8
東京	28.6	東京	42.9	沖縄	35.0	東京	0.0
北海道	13.6	北海道	36.4				

農家の生産組織が多い		生活改善運動が盛ん		農業共同化が盛ん		有機農業運動が見られる	
神奈川	140.0	山形	120.0	宮崎	138.9	沖縄	104.3
佐賀	130.4	沖縄	120.0	島根	133.3	山梨	89.3
石川	115.0	群馬	118.9	宮城	130.8	秋田	88.2
愛知	114.6	島根	116.7	香川	127.8	富山	87.5
山形	106.9	栃木	110.5	大分	114.8	宮城	84.6
福岡	104.7	長野	110.1	静岡	111.4	大分	84.0
山口	103.4	山口	110.0	岩手	109.1	香川	82.4
愛媛	103.1	佐賀	104.3	福島	104.7	静岡	79.1
長野	101.4	福島	102.3	岡山	102.0	鹿児島	79.1
		富山	100.0			佐賀	78.3
		山梨	100.0				

沖縄	64.0	宮城	73.1	新潟	66.7	茨城	48.6
岩手	60.6	広島	71.4	神奈川	64.3	岡山	47.9
新潟	58.0	奈良	66.7	福井	58.8	福井	47.1
広島	55.6	和歌山	66.7	和歌山	58.3	愛知	44.4
青森	55.2	神奈川	60.0	大阪	55.0	奈良	42.9
高知	48.1	大阪	60.0	石川	55.0	鳥取	41.7
福井	47.1	北海道	59.6	鳥取	53.8	京都	41.2
富山	43.8	高知	59.3	北海道	42.9	青森	37.9
北海道	42.5	青森	58.6	東京	42.9	山口	37.9
東京	35.7	三重	48.3	三重	37.9	東京	28.6
		徳島	42.9			大阪	26.3

表4 84年現在の各項目別上位・下位の都道府県名と社会組織指数

本分家の関係が大事にされる		親分子分の関係が重視される		年齢集団が重要な役割を果たす		若者宿で青年が共同生活を送る		宗教関係の講がある	
富山	168.8	山梨	57.1	奈良	130.8	福島	12.2	兵庫	120.0
山形	156.7	長野	46.0	山形	110.0	宮城	11.5	石川	115.0
鳥取	141.7	石川	40.0	千葉	106.9	秋田	8.8	富山	106.3
秋田	138.2	栃木	36.8	福島	100.0	茨城	8.6	山形	103.4
長野	138.2	茨城	36.1	佐賀	95.7	熊本	7.9	埼玉	95.6
青森	134.5	愛知	32.4	神奈川	92.9	北海道	7.5	香川	94.7
岩手	133.3	群馬	29.7	兵庫	89.5	山形	7.1	福井	94.1
石川	130.0	三重	29.6	秋田	88.2	神奈川	7.1	千葉	92.9
千葉	128.1	福井	29.4	石川	85.0	三重	7.1	岡山	83.3
						鹿児島	7.1		
愛媛	81.3	愛媛	12.5	愛知	62.2	奈良	0.0	熊本	30.6
沖縄	75.0	高知	12.0	滋賀	58.8	佐賀	0.0	群馬	27.0
宮崎	72.2	熊本	10.8	和歌山	58.3	兵庫		青森	大分	24.0
和歌山	70.8	大阪	10.5	岡山	56.3	京都		富山	長崎	23.5
鹿児島	68.2	青森	10.3	徳島	56.3	広島		愛媛	宮崎	22.2
大分	65.4	香川	5.6	北海道	53.4	栃木		滋賀	東京	21.4
北海道	61.1	宮崎	5.3	岩手	51.5	山口		沖縄	高知	16.0
山梨	57.1	鹿児島	4.8	沖縄	50.0	大阪		宮崎	福岡	15.0
山口	56.7	沖縄	4.8	宮崎	44.4	群馬		鳥取	沖縄	9.1
徳島	52.6	佐賀	4.3	鳥取	41.7	福井		東京	佐賀	8.7
東京	50.0	東京	0.0	東京	28.6	長崎	0.0	北海道	6.6

頼母子講がある		共有の山林がある		水利の規制がきびしい		小作争議・農民運動が盛ん	
沖縄	100.0	兵庫	164.1	香川	147.4	島根	16.7
宮崎	77.8	大分	155.6	兵庫	140.5	大阪	15.8
宮城	76.9	京都	155.0	大阪	140.0	福岡	14.6
山口	75.9	長野	143.1	三重	122.2	山形	13.3
千葉	75.0	福島	139.1	和歌山	120.8	大分	12.0
鹿児島	73.8	滋賀	133.3	長崎	120.0	宮城	11.5
広島	72.7	山形	126.7	福岡	116.7	三重	10.7
石川	70.0	宮崎	126.3	山口	114.3	新潟	10.1
岐阜	68.4	秋田	123.5	長野	110.4	石川	10.0

愛知	17.6	大阪	84.2	栃木	57.9	長崎	0.0
青森	17.2	香川	84.2	岩手	57.6	京都	0.0
埼玉	17.1	愛知	81.1	神奈川	57.1	滋賀	0.0
栃木	16.7	茨城	80.6	宮城	53.8	愛媛	0.0
鳥取	15.4	神奈川	78.6	茨城	50.0	鳥取	0.0
徳島	11.8	徳島	70.0	富山	50.0	福井	0.0
群馬	8.6	埼玉	62.8	埼玉	46.5	奈良	0.0
神奈川	7.7	富山	62.5	沖縄	45.0	鹿児島	神奈川
東京	7.1	沖縄	47.8	青森	42.9	徳島	富山
北海道	6.8	北海道	34.6	北海道	35.2	宮崎	沖縄
香川	5.9	東京	28.6	東京	7.1	栃木	0.0

農家の生産組織が多い		生活改善運動が盛ん		農業共同化が盛ん		有機農業運動が見られる	
山形	165.5	徳島	147.6	北海道	118.8	沖縄	108.7
宮崎	161.1	和歌山	145.8	栃木	115.8	岩手	93.9
和歌山	150.0	滋賀	144.4	滋賀	111.1	北海道	83.2
沖縄	148.0	香川	140.0	山形	110.0	滋賀	82.4
佐賀	147.8	鹿児島	136.4	富山	106.3	大分	80.0
栃木	147.4	沖縄	136.0	佐賀	104.3	福島	77.3
愛知	146.3	長野	134.8	秋田	97.1	熊本	75.0
大分	140.7	奈良	133.3	岐阜	95.1	宮城	73.1
富山	137.5	青森	131.0	兵庫	94.9	高知	73.1

岡山	108.3	岡山	102.0	三重	65.5	広島	44.1
兵庫	108.1	千葉	100.0	大阪	65.0	鳥取	41.7
新潟	107.2	新潟	97.1	広島	64.7	愛知	41.7
奈良	107.1	石川	95.0	山梨	64.3	岡山	41.7
三重	106.9	京都	94.7	大分	63.0	京都	41.2
青森	106.9	長崎	94.6	高知	57.7	奈良	35.7
福井	94.1	広島	91.4	神奈川	57.1	東京	35.7
山梨	92.6	福岡	90.2	奈良	50.0	徳島	35.3
大阪	89.5	大阪	90.0	福岡	48.8	山口	34.5
広島	75.0	鳥取	84.6	長崎	48.6	大阪	26.3
東京	35.7	東京	35.7	東京	21.4	福井	23.5

な数を示している。本家分家の関係が、1955年以前には、上位の府県ばかりでなく、全国的な広がりをもって農業集落の社会組織を特徴づけていたことがうかがわれる。さらに1984年現在においても、1955年当時よりはかなり低下しているとはいうものの、依然として農村の社会組織の特徴を形作っているといえよう。

これに対して、「親分子分の関係」については、山梨県で突出して高い指数を示しているのに対して、その他の県では限られた広がりにとどまっている。農村研究において山梨県における親分子分関係についての調査研究がなされてきたが、それがこの地域の特徴ある社会組織であったことが認められる。なお、山梨県の場合には、1955年以前には、親分子分関係と本家分家関係がほとんど同じ指数を示している（下位の県に表示）が、他の県では、親分子分関係は本家分家関係よりもずっと低い数値であり、一般的な社会組織ではなかったことがうかがえる。

親分子分関係の場合と同じように、1955年以前に一つの県が目立って高い数値を示しているもう一つの項目は、「水利規制」で香川が他の県を引き離している。香川県の場合には従来から溜池が多く、他の県の場合に河川灌漑が主体であるのに対して溜池灌漑が主体で、そのために厳しい水利規制のみられる地域が多かったことはしばしば指摘されている。これら山梨や香川の場合には、1984年の現在においてもそれぞれの項目で最も指数の高い県であるが、1955年当時よりも指数はかなり低下しており、他の県との差も小さくなっている。

1955年以前と1984年現在との間の変化が比較的少ない項目に、「年齢集団」と「宗教的な講」とがある。これに対して「若者宿での集団生活」は、1984年には19都府県でまったく見られないなど、ごく少数の地域に見られる慣行となっている。

一方、1955年に比べて広がりを見せたのは、「農家の生産組織」と「生活改善運動」であるが、この場合興味深いのは、1955年の上位県のうちで、1984年にも上位県であるものが意外と少なく、下位県であったものが下位県にとどまっているわけでもないことである。すなわち、農業生産組織の場

合には、両年を通じて上位県であったものは、山形・佐賀・愛知の3県、両年を通じて下位県であったものは、新潟・青森・福井・東京であるが、1955年に下位県であった富山は1984年には上位県に加わっている。

　また、生活改善運動の場合には、両年通じて上位県であるものは、栃木・愛知、下位県であるものは、広島・大阪であるが、徳島・和歌山・奈良・青森の4県は下位県から上位県に移行している。これらの新しい組織の場合の安定性に問題があるのか、あるいは、1984年に向けてのこれらの組織化が目覚しく進んだことを意味しているのか、検討が必要な課題と思われる。

　以上見てきたように、農村集落の社会組織は、1955年当時までは、本家分家関係などをはじめとして、長い伝統をもつ社会組織が広く見出されるとともに、親分子分関係やきびしい水利規制など特定の地域に顕著に見出される組織もあって、地域的な特色もなお顕著にとらえることができた。しかし、その後の経済成長の過程における都市化・農業生産及び農家生活のいちじるしい変化などにともなって、伝統的な社会組織の解体が進み、新しい農業生産組織や生活改善団体などが展開するようになるが、この調査を行なった1980年代になると、伝統的な組織は大きく後退し、新たな生産・生活組織も安定さを欠くなど、全体として社会組織は弱体化し、それにともなって地域ごとの特色も希薄になってきていたことが示されている。その後の推移については、全般に農家率が低下し、新しい住民が流入して混住化が広がるといったことも加わって、農村集落およびその社会組織はさらに衰退を見せながら、意欲的な農家などよって集落などの地域的な枠を超えた広域の農家のネットワークへの展開が見られるようになっている。

終　章
要約と展望

　第1章と第2章では、2005年の国勢調査・農業センサスの市町村別集計などによって、21世紀初頭のわが国の地域構成をとらえることを目指し、1980年の同じく国勢調査や農業センサスの市町村別集計などによる1980年代初頭のわが国の地域構成との対比によって、人口・産業構成・市町村財政などについての検討を重ねてきた。また二つの補論においては、1984年に行った全国の市町村農政部局に対するアンケート調査によって、市町村の農業施策と農業集落の社会組織についての知見を整理してきた。ここでは、本書のまとめとして、これらにおいて示した知見の主要なポイントを整理し、その上で本書の課題についての一定の回答と、この検討の方法などについての所感を述べ、さらに「付記」として東日本大震災以降の問題についての所感を記しておくこととしたい。

1　要約

　以下、まず二つの章において指摘した事項のうちで、特に重要と思われる点を摘記することとしよう。

1-1　市町村と平成の大合併
　本書では、市町村単位の集計に基づいて検討を行なったので、市町村数とその変化についてまず確認しておかねばならない。あらためていうまでもなく、ここで取り上げる市町村のうち、1980年代前半期のそれは、（昭和の大合併を経た後の）平成の大合併以前のそれであり、21世紀初頭のそれは、平成の大合併が一応終了したという時期のそれである。

「平成の大合併」によって、短期間に3200余の市町村は1800ほどにまで減少した。2007年現在の1804市町村のうち、この間に合併しなかった市町村は1238（68.6％）であるから、1999年の3229市町村のうちでその6割を超える1991が566に統合されたということになる。合併時期は、2005年をピークにほとんどが前後3年ほどの間に進められている。国・県の主導の下に、きわめて短期間に上から強力に推進された合併であったことがうかがえる。

　平成の大合併を経て、人口5千以上、および1万以上の町村が大きく減少し、1980年には市が2割、町村が8割という構成であったが、2005年には市44対町村56という割合になり、市制を施行する地域が大きく増加した。1980年には人口1万未満の市町村が、全体の5割近くであったのに対して、2005年には27％に減少し、10万以上の市町村が、6％から15％へとその比重を大きくしている。人口10万から30万の市では57市から71市へと3割を超える増加を見せている。これに対して町村の場合にはいずれも町村数を減じており、ことに人口5千から1万の減少が著しい。町村の増減率はいずれも大きく減少したことをあらわしているが、その中ではもっとも規模の小さい3千人以下の町村の減少率が低いことは興味深い。

　1980年に比して2007年には市町村数は55.4％に減少しているが、合併が強力に進められた地方とさほど強力には進められなかった地方とがある。中国と北陸では市町村数はほぼ3分の1にまで減少したが、北海道では85％、ほとんど合併の行われなかった大阪府を含む近畿では72％と合併による減少は全国平均に比べて限定的であった。

1-2　人口の増減

〈人口変動の時期別の特徴〉

　経済成長期以降の日本社会の変動と地域的分化をとらえようとするとき、まず注目されるのはこの間における人口移動の規模の大きさとその変転の速さであろう。わが国の人口の地域的な移動については、1960年以降に大幅な人口変動が生じ、70年代後半までその趨勢は強まりながら持続していた

こと、しかし1980年頃からその勢いは鈍化し、変動幅も小さくなっていたこと、さらに1980年代後半を変動幅の底として、その後再び変動幅を広げる傾向をみせていること、ただし、近年の動向では、人口の増加基調にあった時期とは異なって、全国の人口とともに市町村の人口増減の平均値はマイナスを示すようになっていること、などの点が指摘できる。

　国勢調査間の5年間における人口の変化が±5%以内の、変化が少なく安定していた市町村と、5%以上増加をみた市町村、5%以上減少をみた市町村のそれぞれの構成比についてみると、1955年から1960年には半数以上が安定した市町村であり、まだ人口増減の分化がほとんど生じていなかったが、1960年以降人口減少地域が4割以上をしめるようになり、急激な人口流出と一部の市町村への流入が顕著になり、多くの市町村において急激な人口の増加や減少が生じて地域の分化が進行したことがみてとれる。1970年以降になると人口の大規模な移動は沈静化し、安定的な市町村の割合が大きくなるが、その一方で人口の増加する市町村の比重はむしろより大きくなる。この傾向が変化するのは1985年以降で、人口増加市町村よりも減少市町村が大きな割合を示すようになる。さらに2000年以降には、増加市町村がごく少数になるとともに減少市町村が再び比重を大きくするという傾向をみせる。こうしてみるとわが国の50年間の人口の移動は、その量的な大きさと同時に短期間のうちにめまぐるしく趨勢の変化した、変化の急激さという点でも、注目すべき現象であったことが理解できる。

〈人口増加市町村と減少市町村〉

　いずれも市町村合併による変動を調整した上での人口の増減についてのことであるが、1995年から2005年までの最近の10年間でみると、全国の市町村のうち7割は10%未満の人口増減にとどまっている。しかし、1985年からの20年間では、10%未満の増減におさまる市町村は全国の3分の1に、1975年からの30年間では4分の1に、1955年からの50年間ではわずかに1割に過ぎない。この半世紀の間に大きな人口変動が全国的に生じたことが明らかになる。人口規模の膨張についてみると、1995年以降の10年間だけで50%以上も膨張した市町村が4市町村あるのをはじめとして、

1955年からの50年間には全国の4分の1を超える465市町村が50%以上の膨張を示しており、多くの地域に人口集中がみられたことをうかがわせる。一方の人口規模の縮小においては、地域人口が半減する50%を上回る縮小市町村が、1985年からの20年間で1町村みられたのをはじめとして、1955年からの50年間では13.6%にのぼる249市町村で生じていることは衝撃的なことである。

〈地方別の人口増減の特徴〉

　人口の増減にみられる地方別の差異についてみると、まず、人口増減の激しかった1970年～1980年の時期には、地方別に増減の状況に大きな差異がみられた。目を引くのは、10年間に50％以上人口の増加した人口急増市町村が多いのは関東で、全国平均の3倍以上の厚みがあり、第2位の近畿を大きく上回っている。関東では10％以上人口が増加した市町村が半数以上に達しており、それが3割前後の近畿・中部を引き離している。北海道・東北・四国では、この間に10％以上人口の増加をみせた市町村は1割に満たない。一方、10％を超えた減少をみせた市町村の多い地方としては北海道があげられ、ここでは3分の2に及ぶ市町村が10％以上の人口減少をみせている。30％以上の減少という市町村の割合も北海道が多いが、四国もこれとほとんど並んでいる。10％以上の人口減少をみせた市町村の割合は、北海道が断然多いが、それに続いて、四国、中国、九州の各地方が全国平均を上回っている。人口の増減が10％以内の人口増減の少なかった地域は、東北と北陸に多く、これらの地方のそれぞれ7割、6割がここに含まれている。1970年から1980年にいたる時期は、北海道・中国・四国などから関東・近畿・中部などに向かって激しい人口移動が進んだことが示されている。

　これに対して、全体としては人口の移動が沈静化したとみられる1995年から2005年の時期についてみると、北海道だけがこの間に半数以上の市町村で10％以上の人口減少を示したほかは、東北・北陸・近畿・中国・四国・九州とほとんどの地方で、半数前後の市町村が10％未満の人口減少を示しており、関東と中部は10％未満の人口増加をみせた市町村が多いものの、増加率は低く、全体的に人口の増減幅が小さくなり、地方別の差異が小

さくなっているということができよう。

1-3　都市と農村
〈都市・農村分類〉

　市町村を「都市的」「農村的」なそれに区分して、いくつかの特色をとらえようとして、1980年のデータについては、当該市町村の人口に占める人口集中地区人口が50％以上でかつ第二次および第三次産業従事者が60％以上の地域を「都市的地域」とし、他方、人口集中地区を持たないで、かつ農家率が50％以上である地域を「農村的地域」とし、これらに準じる地域を「準都市的地域」「準農村的地域」、いずれにも区分しがたい地域を「中間地域」とした。しかし、2005年には、全般的な都市化と産業構造の変動にともなって、農家率がいちじるしく低下したことによって、この基準で区分すると、「農村的地域」がほとんど皆無になってしまうので、「都市的地域」「準都市的地域」については1980年と同じ基準を用いながら、「農村的地域」については、農家率が15％以上である地域を「農村的地域」とした。

　その結果、1980年の場合には、「都市的地域」の市町村が約1割、「準都市的地域」を合わせると2割近くとなり、一方、農村的地域にはほぼ4割の市町村が含まれ、「準農村地域」をあわせるとほぼ3分の2の地域がこれに属することになった。これを地方別にみると、まず、「都市的地域」と「準都市的地域」を合わせた市町村の割合が全国平均を上回るのは、関東と近畿のみであり、北海道、北陸、中部が全国平均並みの数値を示している。「農村的地域」「準農村的地域」についてみると、東北、四国、中国、北陸、九州などの地方で農村的な地域の厚みがみられる。

　これに対して2005年には、「都市的地域」が2割を超え、「準都市的地域」を加えるとほぼ3分の1の市町村が都市的ということになる。「農村的地域」は新たな基準を適用してほぼ1980年当時と同じ割合となるが、「準農村的地域」を加えても、5割をわずかに超える程度となる。地方別の分布をみると、「都市的地域」と「準都市的地域」をあわせると、関東と近畿で地域の5割前後になるのに対して、「農村的地域」は東北で6割を超え、中国・九

州沖縄・四国で5割に近い。1880年の基準を変更せざるを得ないほどの「農村的地域」の衰退という変化を経過しながらも、そこにはわれわれが持っている日常的な感覚とも合致した、特徴的なパターンが依然として浮かび上がるといってよいであろう。

〈人口集中地区〉

ところで、都市の基準に用いた各市町村における人口集中地区の人口の割合についてみると、1980年には、市町村の8割以上には人口集中地区がなかったが、人口集中地区のなかった町村の相当数が2005年には人口集中地区のある市に合併した結果、人口集中地区のない市町村の割合は53％に低下した。しかし、人口集中地区人口の割合が総人口の4割未満の市町村が、2005年には3分の1に達しており、逆に人口集中地区の割合の大きい市町村は減少気味になっている。合併によって水ぶくれ現象が起きて、1980年代以降に都市的地域が増加し、農家率が減少して農村的地域が衰退したことなどに示されるように、「都市化」が進行したにもかかわらず、人口集中地区人口の割合においては、数字の上でむしろ逆の方向を示している。

2005年の場合、特別区・政令指定都市等をはじめ人口10万以上の都市は、多少にかかわらず地域内に人口集中地区をもっているが、政令指定都市や中核市・特例市にも人口集中地区人口が当該市の人口の半数程度の市も含まれている。政令市など以外の人口10万以上の市の場合には、その3分の1は人口集中地区人口が60％を下回っている。

〈昼間人口〉

一方、都市にかかわるものとして、社会的交流の結節機関の所在を間接的にとらえるものとして、昼間人口（就業地・就学地人口）と在住人口との差についてみると、一般的には規模の大きな市で在住人口を超える昼間人口を吸引しているが、横浜市と川崎市では昼間人口が居住人口を下まわっており、昼間人口超過率がマイナスの数字になっている。横浜市も川崎市も多くの社会的交流の結節機関を持っており、それ自体として昼間人口を周辺の地域から吸引する力を持ってはいるものの、近くに東京という巨大な都市があり、その通勤・通学圏内にあることから、より多くの東京通勤・通学者を排出し

ていることが示されている。一方、大阪市は周辺の市町から多数の通勤・通学人口を吸引して、東京23区に次ぐ昼間人口超過率を示している。かくして、昼間人口と居住人口の差は、通勤・通学による人口流入の状況を示すものとして、一定の意味を持つが、それぞれの地域の周辺地域との関係に影響されることが大きい数値であるといわざるを得ない。単純に社会的交流の結節機関の多い都市で超過率が高く、それを欠く農村でマイナスを含めて低い数値になるというわけにはいかない。

〈都市・農村別の人口増減〉

前項の人口の増減とこの都市・農村の区分との関連をみると、都市の7割以上では、この50年間に50％以上の人口規模の膨張をみており、他方農村では、同じく50年間に8割を超える市町村が10％以上の、4分の1が50％以上の人口規模の縮小をみている。都市においては、人口が10％以上縮小した市町村は、8.2％にとどまり、他方農村では、人口が10％以上膨張した市町村は9.8％に過ぎない。

1-4　高齢化の進行

〈高齢者率〉

1990年と2005年との高齢者率別の市町村の分布は、大きく変化している。1990年には、まだ3分の2ほどの市町村では高齢者率は20％以内であったが、2005年には高齢者率20％以内の市町村は4分の1以下にまで減少している。逆に高齢者率が30％以上の市町村は、2005年には4分の1にまで増加している。高齢者率の高さが問題にされるのと同時に、その進行が急激であることが、今日の問題の重要なポイントの一つである。

1990年当時は、高齢化の進展は農村地域においてはすでに見られたが、都市地域ではなお大きく進行してはいなかった。都市地域の4割は高齢者率10％未満であり、15％までをとらえると9割がそれに含まれた。しかし、農村地域では、この時期にすでに高齢者率が20％を超える市町村が半数に近くなっていたし、25％以上という市町村も14％に達していた。高齢者率の高い市町村と低い市町村とを選び出してみると、高齢者率の高い市町村と

しては、主として山村地域が顔を揃えており、高齢者率の低い市町村としては、大都市周辺部の地域が見出される。

　全国の市町村の半数近くでは、高齢者率は1990年の20％未満から2005年には20〜30％にまで若干の増加をみせているが、農村地域・人口規模の小さい市町村・この20年間の人口減少率が10％以上の市町村では、それ以上に高齢化の進行がみられ、逆に、都市地域・人口10万以上の市町村・この間に10％以上人口の増加した市町村などでは、高齢化の進行は依然として20％未満にとどまる市町村が多い。高齢化の進行はとりわけ四国・中国で早くから進み、北海道・東北でそれより遅れて進行してきている。こうした分岐は、多分に明瞭な傾向を示している。

1-5　世帯の縮小と単身世帯
〈世帯規模の縮小〉

　平均世帯員数別の市町村の分布は、1980年には3人から4人世帯という市町村が全体の68.6％を占めていたのに対して、2005年には34.6％とほぼ半分に減少し、これよりも0.5人小さい規模の2.5人から3.5人という市町村が77.8％を占めるにいたっている。1980年には3％近く見られた4.5人以上という規模の町村は2005年には皆無になっている。しばしば標準的な世帯構成とされる夫婦と子ども2人という4人以上の世帯を平均とする市町村は、2005年にはわずかに0.4％と例外的な存在になってしまっている。夫婦と子ども2人という構成のうち、子どもが1人だけか夫婦の一方が欠けた形が大多数の世帯像になりつつあるといわざるを得ない。

　世帯の規模は都市と農村とでかなりの違いがあるが、1980年からの四半世紀の間にその違いも大きく変わってきている。1980年には、都市では世帯規模が3人未満という市町村が3割を超え、87％の市町村で3.5人未満の世帯となっていた。1980年にすでに2005年の全国平均の世帯規模の分布に近い状況になっている。これに対して農村地域では、3.5人以上の規模の市町村が4分の3におよんでおり、4人以上という市町村が4割を超えていた。都市と農村とでは世帯規模にかなりの差異があり、3人未満という小

規模な世帯の市町村は都市でだけ3割以上という広がりを示していたが、その他の地域類型では、ごく少数にとどまっていた。

これに対して、2005年の状況は、全国の市町村についてみれば、1世帯当たりの人数は半数近くが2.5人から3人となり、全市町村の平均は2.9人となった。このように世帯の規模は全体に小さくなったが、都市の場合はさらに小さく、農村の場合はやや大きい。すなわち、都市では、9割以上が3人未満であるのに対して、農村では4割強が含まれるに過ぎない。他方、3.5人以上の市町村は都市では1地域のみであるのに対して、農村ではなお1割を超えている。

世帯の規模は地方別の差異もしばしば指摘されているところである。1980年には東日本と西日本、具体的には東北・北陸・中部と中国・四国との間でかなりはっきりした差が読み取れ、これらの中間に関東・近畿・九州が位置づけられた。北海道も規模の小さい地方とほぼ同じ状況であった。これに対して2005年になると、小規模化が最も顕著なのは北海道で、2.5人未満、2.5～3人という規模の小さい部分に全市町村のほぼ半分ずつが属することになり、3人を超える市町村はごくわずかになってしまっている。これについで小規模化が進んでいるのが、四国・中国・九州であり、関東と近畿がこれに続いている。相対的に規模の大きい世帯が多いのは東北と北陸である。東日本と西日本という分岐は残っているものの、都市の比重の大きい関東は小規模なグループに移行しており、同じく都市の比重の大きい近畿とほぼ同じ状況になっている。

〈単身世帯〉

2005年の国勢調査においては、全国の市町村の単身世帯の割合は23.4%であり、単身世帯が最も多い市町村では68.7%、最も少ない市町村では6.9%と、大きな開きが見られる。都市の場合には、半数以上の地域が単身世帯25%以上であるのに対して、農村の場合には、逆に半数以上が20%未満である。しかし、都市・農村を問わず多くの市町村において単身世帯がその比重を大きくし、都市のうちの三分の一では30%以上となっていることは重要なことであろう。都市の場合には、単身世帯のうち高齢者のそれが

占める割合が3分の1以下の市町村がほとんどで、半数以上が高齢者単身世帯である市町村は少数に過ぎない。他方、農村の場合には、半数以上が高齢者単身世帯であるという市町村が過半を占めており、それが3分の1以下の市町村は16%程度にとどまる。この結果から単身世帯は、極言すれば、都市の場合には若年単身世帯、農村の場合には高齢者単身世帯を、その主要な部分としているということになろう。

いずれにしても、非婚化・晩婚化と少子化の進展、高齢化の深化などの帰結として、世帯の規模が縮小して、核家族を軸に設定されていた「標準世帯」の概念がすでに現実離れしたものとなってしまい、膨大な単身世帯が、若年者と高齢者によって担われているという、寒々とした家族像が、各地域に広がっていることにあらためて留意する必要がある。

1-6 産業別人口の変化

〈産業別人口構成の変化〉

1980年には、地方別に産業構造の多分に大きな相違が存在していたとみられるが、2005年には地方別の差異は全体に希薄になってきているということができる。1980年には従来からの産業立地に基づいて、農業的な地域の北海道・東北・四国・九州、都市的産業の地域のうちでも工業的色彩の強い中部・北陸、第三次産業に比重のある関東・近畿、いずれにおいても中間的な中国、といった分化がとらえられた。こうした分化は、2005年になると、第一次産業が大きく後退し、その後を追うように第二次産業も就業人口を減少させて、第三次産業の比重を全体に高めて、地方別の分化は不透明になってしまっている。そのことからすれば、1980年には、まだ産業別の地域構成が残存していたが、21世紀初頭になると、全般的な第三次産業化によってそうした地域構成が崩れてしまったということができる。以下、各産業別の動向を概観する。

〈第一次産業人口〉

第一次産業人口の割合が10%にも満たないという市町村は2005年には半数を超え、1980年には4割以上を占めていた20%から40%の間の市町

村が、2005年には2割にまで減少し、就業人口の過半が第一次産業という市町村は皆無に近い状況にまで減少してしまっている。

1980年には、就業人口に占める第一次産業人口の割合が4割を超える市町村は、九州では4割を占め、北海道、東北、四国などが、これを追っていた。他方、第一次産業就業人口が10％未満というほとんど都市的産業の従事者で占められている市町村は、関東でほぼ3分の1に及び、近畿、中部でも、それに近い厚みをもっていた。極端にいえば、第一次産業人口の分布によって、農業的な地域としての北海道・東北・四国・九州、都市的産業の地域である関東・中部・近畿、それらの中間的な地域である北陸・中国といった分化を、かなり明瞭にとらえることができた。

これに対して2005年になると、第一次産業の就業割合が30％を超える市町村は、北海道、九州、四国で見られるが、関東・近畿・北陸・中部では、第一次産業人口が10％未満の市町村が7割を前後し、全般に第一次産業人口は大きく後退し、地方別の分化も乏しくなっている。すでに、第一次産業人口の分布によって地域区分を行なうことは困難になってしまっている。

〈第二次産業人口〉

より緩やかにではあるが減少基調を示しているのが、第二次産業である。第一次産業の場合にほとんど全面的なまでの後退が見られたのとは異なって、第二次産業の場合には大雑把に言えば、1980年に比べて10％ずつ少ない方向に移行したということになり、緩やかな後退がみられたということになろう。

1980年には、第二次産業人口が4割以上という一定の厚みをもっていたのは、中部を先頭に、北陸・近畿などであるのに対して北海道・東北・九州には第二次産業就業人口が40％を超える市町村はいずれも数％しかなかった。第一次産業の分布では都市的産業の地域とみえた関東は、中部・近畿などに比べて第二次産業就業者の割合は低い。これに対して2005年になると、中部・北陸に一定の厚みがあることは持続しているとはいえ、第二次産業人口が4割を超える市町村は、中部、北陸、近畿でもいずれも大きく減少している。他方、第二次産業就業者が30％未満という市町村は、北海道、九

州、四国、関東などで高い割合を占めるようになっている。

〈第三次産業人口〉

　1980年には第三次産業の比重の大きい市町村はまださほど多くはなかった。市町村の半数以上は第三次産業の就業者が就業人口の40％未満であった。就業人口の60％を超える第三次産業の構成比を持つ市町村は、7.8％に過ぎなかった。ところが2005年になると、第三次産業が就業人口の40％未満の市町村はわずかに2％となり、60％をこえる第三次産業就業者を数える市町村は44％に達するまで増加する。四半世紀の間に全国的に第三次産業の大幅な増加が進行し、第一次産業から第三次産業への転換が進んだとみられるのである。

　1980年には関東と近畿では第三次産業就業人口が就業人口の過半数を占める市町村がほぼ3分の1を占めていたが、逆に東北では7割、四国では6割の市町村で第三次産業就業人口は4割未満であった。これに対して2005年になると、第三次産業就業者の割合は全般に高まり、それが就業人口の6割以上という市町村が、関東、近畿、九州で半数を超える。就業人口の50％以上ということで見ると、北海道・東北・中部を除く各地方で8割以上の市町村がこれに当てはまる。第三次産業の割合が相対的に低い市町村が多いのは東北。北海道、中部ということになる。1980年に比べて急速に比重を高め、すでに地方別の分化も希薄になっている感が強い。ただし、今日なお第三次産業人口の分布のパターンが都市・農村、市町村の規模といった特性と多分に明瞭な関連をもっていることを指摘する必要がある。すなわち、第三次産業人口は全般にその比重を高めているとはいえ、従来の分布のあり方を全体的に変化させるというよりは、従来の厚薄をそれなりに維持しつつ、全体に底上げするような形で進行してきているものと想定されるのである。

1-7　農業の変化

　かつて農業はそれぞれの地域的な特色をもち、日本社会の地域分化をとらえようとするときの重要な要素という位置を占めていた。しかし、すでに第一次産業人口の動向についてみたように、全般に農業生産が後退するととも

に、地域的な特色も希薄になり、農業の構成に基づいて地域分化をとらえることは困難になりつつある。ここでは農業の変化について簡単にふれた上で、地域産業の様相について考察することとする。

〈農家率〉

　地域における農業の比重の急激な低下が見られる。1980年の全国の農家戸数は470万戸であったが、2005年までに農家戸数はその6割にまで減少した。その結果、地域の世帯に対する農家の割合である農家率が大きく低下している。1980年には農家率が50％以上の市町村が4割近く見られ、20％未満の市町村は2割を超える程度で、まだ農村というにふさわしい厚みで農家が存在していた地域がなお一定の広がりをもっていたのであるが、2005年には、全国の市町村のうちで4割は農家戸数が10％未満であり、3分の2は20％未満である。農家が主体という意味での農村的な地域を農家率50％以上の地域と見れば、それは2％にも満たないわずかな地域でしかなくなってしまっている。

〈農業経営規模〉

　農業の経営内容はこのところかなり大きく変化してきており、規模拡大も進められてきたとこであるが、全体として依然として経営規模は小さく、東北・北陸が相対的に規模が大きく、西南各地の規模が相対的に小さいという、以前から見られたパターンはなお崩れてはいない。平均5ha以上の経営規模という市町村は、2005年の場合、北海道では市町村の89％という圧倒的な厚みを示すのであるが、東北が平均1.5ha以上の市町村がほぼ3分の2に近い広がりを見せ、北陸が4割を超えてそれに続いている。逆に、平均の経営規模が70a未満（面積ゼロの地域を除いて）の市町村は、全国的には2割弱であるが、近畿は4割を超え、中部、中国、四国がこれに続いている。

〈農業就業人口〉

　2005年の場合、各地域の販売農家1戸当たりの農業就業人口の平均人数は1.7人、北海道が、ここでも2.5人以上の地域が44％と多数を占めている。北海道では1.5人未満という地域は皆無であるのに対して、北陸では7割、また中国で5割が1.5人未満となっている。東北・関東・中部・四国・九州

沖縄の各地方では、1.5人～1.75人という地域が最も多く、全国平均でも3分の1がこれに当てはまる。要するに販売農家の場合でも、農業就業人口は平均すると大半の市町村で2人に満たないということであり、北海道や一部の地域を除くと、夫婦を中心とする家族経営という内実はすでに失われていることが指摘できる。

〈農業就業人口の平均年齢〉

農業就業人口の平均年齢についてみると、全国平均では半数の市町村が平均年齢55歳～60歳ということになり、60歳以上という市町村が32%をしめる。高齢化は深刻化してきており、平均年齢は全国の市町村の平均では62.2歳となっており、最高の市町村の場合には農業就業人口の平均年齢が75.3歳となっている。とりわけ、中国では平均60歳以上という市町村が9割を超え、四国、北陸、中部で半数に及んでいる。さらに、就業人口の平均年齢が70歳以上という市町村も中部の7市町村、近畿の3市町村をはじめとして全国に14市町村を数えることも留意すべきであろう。そうした全体的な状況の中で、北海道のみは60歳未満が84.5%と際立っている。60歳未満を平均とする市町村は、関東・近畿・九州沖縄などで1割台であるのと比べて、大きな差がある。

〈地域産業と地域分化〉

農業がいちじるしい衰退を示しながらも、北海道と他の地域との差異は明確であり、東北、北陸、四国、九州などの農業的色彩の相対的に濃い地域と関東、近畿、中部などの地域との差異は、薄まりながらも残されている。同じように後退した第二次産業の場合にも、やはり地域分化を緩和する方向に作用しているといえよう。これらにかわって増加したのが第三次産業であるが、それが全国的に広がりをみせた結果、都市的な地域に厚いという傾向は残しながらも、全体として都市化が進展するように、地域分化を薄める方向に作用したとみることができよう。第三次産業の場合には、そのうちにさまざまな業種を含むものの、地域産業を形成するという場合は少なく、むしろ第三次産業の拡大は、地域産業を不明瞭にしてきている。

1-8 市町村の財政

〈財政規模〉

　全体的に見ると、この間にほとんどの市町村が財政規模を拡大し、歳入額は平均1.8倍に増加している。地方別の差異をみると、北海道・四国に増加率1.5倍未満が多く、2倍以上の増加率がごく少ないこと、逆に関東では2倍以上に拡大した市町村が多く、1.5倍未満が少ないこと、中間的な1.5倍から2倍の増加率が多いのは東北・北陸であること、などが注目される。この間に財政規模を2倍以上に拡大した市町村の4割は都市地域で、増加率が1.5倍未満であった市町村の5割以上が農村地域であり、準農村地域を加えると7割に及ぶ。この間に財政規模を大きく拡大した市町村では地方税の割合が高く、地方交付税の割合が低い。これに対して、財政規模の拡大が小さかった市町村では、地方税の割合が低く、地方交付税の割合が高い。要するに、地方税が確保できる条件のある地域では、財政規模を拡大しうるのに対して、その条件に乏しい地域では地方交付税に依拠せざるを得ず、その場合には財政規模の拡大も抑制されざるを得ないということであろう。

〈地方税の割合〉

　歳入に占める地方税の割合は、1981年の場合には、人口の多い市ほど地方税の割合が大きく、人口の小さい町村では、地方税の占める割合が低くなっている。すなわち、人口30万以上ならびに10万以上の市では歳入に占める地方税の割合が40％以上という市が最も多いが、人口3千未満の町村では10％未満が8割、3千から5千の町村では7割、5千から1万の町村でも20％未満が8割を超えている。人口10万以上の市の場合には、税収も確保できて財政的に安定していると思われるのに対して、人口5千未満の町村のほとんどは、歳入の10～15％ほどの税収しか得られず、歳入のうちのきわめて多くの部分を地方交付税などに依存せざるを得ないという状況がうかがえる。

　一方2006年についてみると、大づかみにいえば、規模の大きな自治体の場合には歳入に占める地方税の比率が高く、規模の小さい自治体においてはその比重が小さいという傾向が見られるが、その関連は、1981年の場合に

比べて不明確になっている。
〈地方交付税〉
　地方交付税の歳入に占める割合は、地方税の場合とは対称的に規模の大きな地方自治体においてその比率が低く、規模の小さい自治体では比率が高いという傾向を示している。
〈国庫支出金〉
　歳入に対する国庫支出金の割合は、全般に低下している。これは一方で近年の国の財政の窮迫化にともなう緊縮の影響と、他方で自治体財政の規模の拡大とが相乗して生じた変化と見ることができよう。こうした全体的な傾向の中で、ごく少数ながら割合を高めている市町村もみられることも見逃すことはできないであろう。
〈財政力指数〉
　1981年についてみると、財政指数が100を超える、自治体の行う行政を支えるだけの税収が見込める市町村は、全体としては1.5%しかなく、全国の市町村の4分の3以上が税収が需要額の半分以下しかないというきびしい状況にある。2006年には、財政力指数が100をこえる自治体は8%となり、需要額の半分以下の市町村の割合は52%あまりとなった。1981年に比べて税収の乏しい市町村が減少したことはともかくも認められる。このことの背景の一つはこの間のいわゆる平成の大合併によって、規模の小さい自治体の統合が進められたことであるということはできよう。しかしながら、2006年においても依然として財政力指数にあらわれた市町村の財政状況はきわめて厳しいといわざるをえない。2006年度においても、全国の地域を平均すると財政力指数は50であり、各市町村は平均すると行政を担うのに必要な財源の半分しか税収を得られていないということになる。全国的にみると指数の最も低いのは10で、必要な額の1割しか税収がないことになる。
　いずれの年次においても、規模の大きな自治体では比較的財政力指数が大きいが、2006年の政令指定都市や中核市・特例市などにおいても指数が75を下回る地域が少なくないことは目を引く。町村ではそのほとんどが財政力指数が50以下という状況にあり、規模の小さい町村になるとそのほとんど

が指数25未満となっており、必要な経費の4分の1以下の収入しかえられないということを示している。

〈歳出の構成〉

市町村の行政が多くの地域で肥大化しており、福祉等にかかわる給付などの膨張にともなって、歳出の構成が変化している。歳出に占める投資的経費の割合は、二つの年度の間で劇的といってもよいほどにその割合を低下させている。ことに規模の大きい市町村で、大きく減少している。投資的経費は1981年の場合には規模の小さい町村で歳出の50％以上を占める市町村が3分の1にもおよんでいたように、規模の小さい町村でこの割合が高かったのであるが、これらの市町村でもその割合を低下させている。市町村が、公共工事などの建設事業を縮小しつつ、福祉などの領域に財政を振り向けるようになっていることが示されている。

歳出において大きな比重を占めている人件費についてみると、1981年には規模の大きな市町村で人件費の割合が高く、規模の小さい町村で相対的に割合が小さいという傾向が、明瞭に現れていた。しかしながら、2006年になると、こうした傾向は一応見られるものの、1981年に比べて自治体の規模と人件費の割合との関連は曖昧になっている。ここにも合併の影響を認めることが出来るのであろう。

1-9 課税対象所得

市町村ごとの住民税の納税義務者1人当たり課税所得額は、ある面で地域の富裕度を示す指標ということができよう。2006年の場合、東京特別区では23区のうちの15区が高額を示し、上位を占める地域のほとんどが東京23区のうちでも中心区であり、東京の中心部に高額所得者が集住していることが示されている。そして、ほぼ人口規模の大きい都市から小規模な町村に向かって、課税所得額が低くなるという傾向を示しているが、それはあまり明瞭なものではない。

地方別に課税対象所得額とその変化を見ると、1980年当時すでに地域の平均所得額にはかなりの地域格差があり、高額の市町村の8割が関東・近

畿・中部に集中していたが、2006年にはそれがさらに進み、ほぼ9割にまで高まっていること、他方、1991年には高額の所得であった地域の中で2006年にはその地位を低下させている地域が、東北、北海道、九州・沖縄などに見出せる。この間における地域格差の進行を浮かび上がらせている。この対極にあるのが両年度ともに低額の地域であるが、東北の市町村の4分の3をはじめ、中国・九州沖縄・四国・北陸などの地方の4割から5割の市町村がこれに当てはまっており、これらの地方が地域格差の一方の極を担っていることが指摘できる。

　地域の平均所得額の格差は、都市的・農村的といった地域の類型の差異と関連している。すなわち、両年度ともに高額の市町村の8割以上は都市地域・準都市地域に属し、両年度ともに低額の市町村の9割は農村地域・準農村地域に属する。さらに、1991年から2006年までの間により低額のグループに低下した市町村の割合は、都市地域では22.2％であるのに対して、中間地域では47.4％、準農村地域では64.7％、農村地域では65％、と多数を占めており、農村的な地域においてこの間に高額な所得から低下した市町村が非常に多い。

1-10　市町村の分類

　一方の極に「近年人口が増加し、高齢化の進行がなお緩やかで、住民の所得が高い」という多分に恵まれた条件にある地域、他方の極に「人口が減少し、高齢化が激しく進み、住民の所得が低い」という困難な条件におかれている地域を想定し、その両極を結ぶ尺度上に各市町村を位置づけることを試みた。尺度化に用いる項目として、①最近10年間の人口対比、②高齢化率、③1人当たり住民税課税対象所得、の3項目を取り上げ、これらを加算して合計点数を求めることとした。

　このようにして得られた合計点は、全市町村の平均が156.1、最大値は399（東京港区）、最小値は64.5（福島県昭和村）ということになり、平均値に近い点数を中心にやや高点に傾斜した形で正規分布に近い分布を示しているが、その一方で、230から400近くまでごく少数の高点の市町村が連なっ

ていることが見出せる。都道府県別にみると、トップにある東京は212点、最も低い高知は122点と90点もの開きがある。平均点の高い県の上位を占めているのは、南関東と愛知、大阪であり、これに対して、北海道、東北各県、中国、香川を除く四国3県、九州各県は、いずれも平均値を下回るところに位置している。大雑把に言うならば、関東・中部・北陸・近畿という中心部と、北海道・東北ならびに中国・四国・九州という中心部をはさむ両側との間で、多分に明確な分化が生じている。

　上位の10市町村には、東京のいわゆる都心3区をはじめ特別区が8区まで顔を出しており、上位10市町村のほとんどを東京が占めている。一方、下位の10市町村では、福島・群馬・長野・高知の4県からそれぞれ2町村と山口・徳島の各1町村で6県に分散している。町村名をみると、これらの町村では山村地域が大部分を占めている。

　人口規模の大きい市町村の場合に好条件の地域が多く、人口規模の小さい町村の多くが困難な条件におかれるようになっている。概して都市は好条件にあり、農村は困難な条件にあるということを想定させる。120〜100点の地域ではその6割、100点未満では1町村を除くすべてが、半世紀の間に人口を半減させている。これらの地域には半世紀の間に人口の増加を見た地域はまったく見出せない。

　合計点の高い地域では依存財源の比重が小さく、合計点が低い地域ほど依存財源の比重が大きくなっている。合計点の低い困難な条件におかれている地域はすでに地方自治体としての自立的な基盤がきわめて脆弱になってしまっているということもできようし、またこうした地域が地方自治体として存立を続けていくためには国や県の手厚い援助が必要不可欠になっているということもいえるであろう。一方には厚みのある自主財源を確保している好ましい条件にある地域も存在しており、今日の地域社会は多分にきびしい地域格差を内包していることがあらためて確認されるのである。

2　展望

　序章において、21世紀初頭にいたるわが国地域社会の変動について、1980年代との対比において特に近年顕著になっている様相に注目しつつ、地域的な分化や格差の進行を明らかにすることを通じて、今日のわが国の地域変動の特質を示そうとすることに本書の課題を設定した。さらに、地域の多様性を減殺しようとする方向の力と、格差を拡大し多様性を増幅しようとする方向の力とが、ともに「開発」によって進行するという複雑な、相矛盾する方向性を見出していくことをも課題としたところである。

　これまでの検討において、今日のわが国の地域変動の特質として、とりわけ1980年当時との差異については、ここまでの要約にまとめたところである。後段の地域の多様性にかかわる相矛盾する方向性についても、要約の中でふれてきたところであるが、さらに以下の点を付言することが必要かと思われる。

　附論2において示したように、1955年以前にわが国農村に見られた社会組織の特色ある姿は、それぞれに地方・地域の個性を形成するものであったが、すでに1980年ごろには、多くの地域において伝統的な社会組織が解消され、それにともなって地域的な個性も希薄化してきていた。1980年以降には、広範な地域での農家率のいちじるしい低下、第一次産業人口の全面的な後退などによって、社会における農村的要素の希薄化が進み、従来からの日本社会にみられた地域的分化は一層曖昧なものになる傾向を示してきた。

　こうした変化を進めたのは、この間数十年にわたる経済成長とそれにともなう産業構造の変動、大規模な人口移動などであった。人口移動については、すでに示したように、1960年代から1970年代に急激で、大規模な移動が進み、1980年代以降は移動の方向は持続しながらも、それ以前に比べて沈静化されたものとなり、21世紀にはいると全般的に人口減少の方向に向かい始めたのであった。

　こうした中で、大きな変動を経過し、さらに近い将来一層の変動を予感さ

せるのが、農業であり、それと深くかかわる農村である。経済成長の結果、わが国の農業は全体として大きく後退し、農家戸数、耕地面積、農業就業人口のいずれもが大きく減少した。農家を主体とする地域として農村を規定するならば、すでに市町村単位では、数値の上でこうした地域を見出すことがほとんどできなくなってしまっている。さらに、農業就業人口は平均すると1農家当たり1人強に過ぎず、その平均年齢はすでに高齢化している。近年の相当数の農家は、昭和1桁世代によって支えられてきたといわれているが、彼らが高齢化して農業から離脱する時期が進行しており、農家戸数の急減が近いと想定されている。もちろん、後継者の確保や、新規就農者の増加、規模拡大などの動向は一方にみられるものの、地域的条件の差異は、これらの新たな動向に影響し、その成否を左右することはいうまでもないことである。

　農業が土地や気象条件などの自然的な立地条件に深く規定されるものであるだけに、そのあり方は、地域的な差異・地方的な特色を明瞭に示すものであり、そうした特色を持った産業を基盤とする農村もまた、人工的色彩の強い都市に比べて、地域的な差異・地方的特色を色濃く示すものであった。長く続いた農業の比重の高かった時代に形成された地方的特色は、もちろん多くの歴史的・社会的・文化的要因によって、強化されたり変形されたりしながら、これまで長く持続されてきた。それら伝統的に維持されてきた地域的な差異や地方的特色は、農業の比重の低下や広範な都市化の進展、情報化社会の展開等にともなって、次第に希薄化してきた。しかし、これまでの変動にもかかわらず、地方的特色などがすべて解消されて全国一様のものになってしまったわけではない。差異は縮小し、部分的にみえにくくなりながらも、従来の姿をとどめている例がいくつもみられる。

　例えば、世帯の規模は、全体として縮小の方向にあり、1980年には平均すると3～4人という市町村が多かったのに対して、2005年には2.5～3.5人が多数となっている。4人以上という市町村がみられなくなるなど、全体として規模が小さくなったことで、市町村間のばらつきも小さくならざるを得なくなった。もともと世帯の規模は、農業条件の違いなどに規定されて、農村の方が都市よりも大きく、経営規模の影響もあって東日本の方が西日本

よりも大きいということであったが、世帯規模自体の縮小によって両者の違いは小さくはなったが、こうした差異は基本的には持続している。

　従来からみられた地域的分化は、部分的には解消したが、分化の幅を縮小しながらも部分的には維持されている。そうした状況にかぶさるようにして、新たな分化が進行している。地域格差の拡大としてとらえられる分化がそれである。本書においては、一方の極に「近年人口が増加し、高齢化の進行がなお緩やかで、住民の所得が高い」という多分に恵まれた条件にある地域、他方の極に「人口が減少し、高齢化が激しく進み、住民の所得が低い」という困難な条件におかれている地域を想定し、その両極を結ぶ尺度上に各市町村を位置づけることを試みた。その結果を大雑把に言うならば、東京の特に都心区を頂点として、関東・中部・北陸・近畿という中心部と、北海道・東北ならびに中国・四国・九州という中心部をはさむ両側との間で、多分に明確な分化が生じていること、概して都市は好条件にあり農村は困難な条件にあるということ、困難な条件にある市町村では半世紀の間に人口を半減させており人口の増加をみた市町村はまったく見出せないこと、困難な条件におかれている市町村では自治体財政における依存財源の比重がきわめて高く、すでに地方自治体としての自立的な基盤をきわめて脆弱なものとしていること、などをみてきた。

　留意する必要があることは、新たに進展している地域格差は、上にみるように、従来からの地域分化と無関係に進行しているのではないということである。今日見られる好条件にある市町村と困難な条件にある市町村の分化は、多くの場合、従来みられた地域・地方の分化の様相と関連をもちながら進行している。それだけに事態はいっそう複雑であるといわざるを得ない。

　本書においては、もっぱら国の行った統計調査の市町村別集計などの既存統計資料を利用して、検討を進めてきた。ここでの検討の結果特徴的な位置づけをすすることができた市町村について、さらに実態調査を行うことができれば、今日のわが国の地域分化の様相についてより具体的な把握が可能となることであろう。残念ながら筆者にはそうした展開の用意はない。ここで

の検討が、既存の統計資料のみに依存したものであるだけに、具体性の不足したものにとどまったことは認めざるを得ない。しかしながら、全国に及ぶ地域分化をとらえようとするとき、こうした既存統計を活用する方法が有効であろうと思われるし、その限りでの知見を得ることはできたものと思われる。

　国勢調査・農業センサスなどは、5年ごとに行われており、ここでみてきた以外に多くの調査項目を含んでいる。それらを時系列的に整理するならば、より多くの知見を得ることができる。また、市町村単位に示されている統計データは、経済・社会の広い領域にわたって、かなりのものが公表されており、いくつかのものは時系列的にもとらえられる。これらをさらに幅広く活用した分析の可能性はあると思われる。

　ただし、問題点も少なくない。大きな問題の一つは、市町村合併にともなって、取り扱う時期いかんによっては、時系列的な整理がきわめて複雑なものとならざるを得ないということである。本書で取り上げた1980年前後と2005年前後との場合には、平成の大合併の結果、両年度の対比をごく一部の市町村についてしか行うことができなかった。2007年時点での市町村についての資料整理を行ったために、2005年に行われた国勢調査や農業センサスの結果の一部は、いくつかの市町村のデータを統合して2007年度の行政区域に適合させねばならなかった。今後2010年ないしはそれ以降の統計データを活用する場合にも、2005年との間でも市町村の範域に差異があるので、一定の調整の手間を加えなければ、単純に時系列比較を行うことはできない。

　もう一つの問題は、国の行う統計調査をはじめ、既存統計を活用する場合に、年次によってさまざまな改変が行われ、時系列的な検討ができない場合も生じるということである。本書の場合でいえば、1980年と2005年とでは、農業センサスの調査対象に大きな違いがあり、両者を比較検討することは困難であった。

　さらに、いくつかの統計調査の市町村別集計を、収集して、それらの連関をとらえることが許容されるのかという問題についても考えておかなければ

ならない。統計調査の行なわれる時期は同じ年度の中でも違いがあり、それぞれに基準の日が定められている。同じ年度の統計といっても、場合によっては1年近い時間のずれがありうる。また、それぞれの統計の目的にしたがって、調査の対象や方法、用語の定義などに違いがあり、それらを無視して混用することは正確さを欠くものであるという批判があろう。そのことは理解したうえで、ここでは市町村単位の集計によって検討するという、それ自体がルーズなものであること、こうした問題があることによって検討を禁欲するよりも、他によるべき資料がないことからこれらを活用することに意義があること、などを考慮して検討を進めたところであり、それなりに意味があったものと考えている。

　日本社会は、少子高齢化の進行する中で、家族関係の崩壊、地域の連帯の解体など、社会的な絆が脆弱化し、多くの社会問題を引き起こしている。本書は、それらの問題を生む背景にあるわが国経済・社会の変動の一端を統計資料によって把握しようとした試みである。統計資料の検討にとどまっただけに、具体性の乏しい結果となったことは否めないが、それでも、高齢化の進展、単身世帯の増加、新たな地域格差の展開など、今日の日本社会の内包している問題の一端に近づくことはできたのではないかと思われる。わが国経済は、長期にわたる不況の渦中にあって、未だにそれから抜け出す目途さえついていない。そうした中で、2010年には新たな国勢調査や農業センサスが行なわれ、一両年後にはその結果が示されることになる。そこにはわが国社会のかかえる問題が一層きびしい形で現れることになるであろう。それらを統計数字の中から浮き彫りにしていくことは今後の課題の一つである。

付記　東日本大震災を経て

　本書の原稿をまとめ終えた後に、2011年3月11日の大震災が起こった。東日本大震災については、すでに多くのことが語られており、幅広く問題にされている論点に十分ふれることは到底出来ないし、この場にふさわしいことでもない。ここでは、上記の「展望」を補足するものとして、この書の

内容にかかわるいくつかの点について断片的な所感を述べるにとどまるものである。この書を前提とした今後の研究プロジェクトについては、「はしがき」に述べたので繰り返すことはしない。

　あの日は、春らしい陽の降りそそぐ暖かく穏やかな日だったが、たまたま役員をしている団体の会議があって、日比谷公園の近くのビルの会議室にいた。会議のさなかに急に大きな揺れがきた。今まで経験したことのない強い揺れだった。隣席の年配の女性委員は急いで机の下にかがみこんだ。机の上のコーヒーカップが一つ床に落ちて割れた。揺れがいったん収まるとすぐに同席していたマスコミ関係の委員が、携帯を操作して「宮城県沖だそうです。」と伝えてくれた。以前あった新潟県や宮城県の大きな地震の時とは比べものにならない揺れだったので、ごく近くの震源かと思ったが、それほど遠くの震源だとすると東北はひどい被害を受けたのだろう、東京はさほどの被害はなかったのだろうと想像した。余震が続く中で会議を一応締めくくって解散になったのは、3時半近かった。ビルを出て日比谷の交差点に向かって歩き出したら、銀座の方から大量の人々が押し寄せてきており、警察官が日比谷公園と皇居前広場が避難所であるからそこへいけという指示を繰り返していた。私の家は日比谷から地下鉄に乗れば40分程度のところなので、ともかく急いで帰宅しようと思い、この揺れでは地下鉄も止まったかなと思いながら駅までいったところ、地下鉄を含めてJRも私鉄もすべて止まっていて運転再開の見通しは立たないという。仕方なく家までほぼ20キロを徒歩で4時間ばかりかけて帰宅した。帰宅困難者に当てはまるのかどうかわからないが、遠方の地震なのに交通機関が止まってしまうとひどい不便なことになるものだと、日常享受している便益が危うい支柱に支えられているようなものであることを実感しながら歩き続けた。

　東日本大震災は、巨大な地震とそれが引き起こした広範囲にわたる巨大な津波によって、およそ青森県から千葉県にわたる東日本の太平洋沿岸のほぼ全般に未曾有の被害をもたらした。多くの人命と財産が失われ、生活基盤・生産基盤の多くが損害を受けた。被害の深刻さとその広がりの大きさとに驚くとともに、とりわけさまざまな機会に訪れたことのある町が大きな打

撃を受けたことを見聞きするにつけて心が痛む。その後、それぞれの地域において復興・再生に向けて懸命の努力が続けられていることには感銘を覚えるが、被害を受けた地域が今後どのように推移していくのかを注視し、必要な援助が得られるように支援していく必要があろう。被災地の中には、これまでも条件に恵まれなかった地域も少なくない。きびしい条件におかれていた農業や漁業あるいは中小企業などが大きな打撃を受けたことは、今後の地域分化に影響せざるを得ないことであろう。

　東日本大震災は、地震と津波自体の巨大さによる影響の深刻さに加えて、福島原子力発電所の大災害による広範な放射能汚染が、一層深刻な問題を引き起こし、被災地の復興にも重大な足かせを作り出した。この災害については多くのことが語られるべきであるが、ここでは三つの点だけをあげておく。その一つは、原発自体は人工の施設であるにもかかわらず、この災害によって引き起こされた問題に対して関係者は対応が出来るのかどうか、解決をつけることが可能なのか否かがはなはだ疑わしい状況にあるということである。地震や津波は人為をこえる被害をもたらした自然現象として、あらためて自然の力の計り知れない巨大さを感じさせるものであった。しかし、原発は、人間が設計し組み立てた機械であるにもかかわらず、災害発生後１年以上を経過した今でも、原子炉の破損の状況や融けおちた燃料の所在や状態などを正確に把握することさえ出来ていない。今後の事態の収束と最終的な廃炉に至る過程を想像すると、あまりも多くの困難な問題と途方もなく長い年月が思い浮かべられ、現実問題としてほとんど不可能に近い難問題なのではないかとさえ思われる。原発というのは、重大な障害が生じた場合には制御できないものなのではないか。人類は発展成長を求めるうちに、いくつものあまりにも巨大なものを作り出し、それによって大きな豊かさを享受できるようになった一方で、もし不調になったときには制御困難に陥り、計り知れない被害を蒙ることになるという事態を作り出してしまったのではないか。原発事故はまさにその象徴的な出来事なのではないか。容易に収拾しがたい信用不安をもたらした経済のグローバリゼーション、次々に問題を引き起こす情報技術の展開など、現代社会に漂う閉塞感の原因の一つは、われわれの生

活が制御不能なものに支えられているという不安感であることを、原発事故はあらためて気づかせることになったのではないかと思われる。

　もう一つは、こうした不安感によって急速に広がりをみせたことであるが、端的には、原発は停止させて、もっと少ない電力でやっていけるように、この国のあり方を見直そうという意識の広がりである。それは電力問題からおこってきたものではあるにしても、電力だけでなしに、これまでのわが国の成長・発展の過程や生産・生活の多くの問題についての見直しを提起することとなっている。それはさらに、わが国の経済・社会にかかわる現状認識や発展過程に関する評価の視点の転換を求めるものともなっている。

　さらにもう一つの点は、原発事故がはしなくも明らかにした地域間関係の構図である。深刻な被害が発生したのは、東京をはじめとする首都圏に対して電力を供給していた福島においてであった。本書でも見てきたように、これらの両地域の間には歴然とした格差が見出せる。同じような関係は、他の電力消費地域と原発所在地域との間に見出すことが出来る。しかし、両者の関係は格差という、いくつかの経済指標などの間の量的な差異のみによってとらえることは妥当ではあるまい。原発所在地で指摘されるのは、原発が地域の主要産業であり、それがなければ多くの住民の生活が成り立たなくなり、地方自治体は原発関連の財源を失うことは到底考えられない、といった事態である。日本社会は経済成長をとげる過程で、繁栄する大都市を生み出す一方で、多くの地域を発展から取り残してきた。地方自治体の大多数が、地方交付税や補助金などの国からの交付に依存しない限り、税金などの自主的な財源では行政を運営できない状況に陥っている。これらの地域は、たとえ一旦災害が起きてしまったら取り返しのつかない事態になると思っていても、当面の経済的な生活の確保を求めざるを得ない。可能性としての危険よりも、現実の貧困を回避せざるを得ない。こうした状況に追い込まれている地域と、危険を対岸のこととして便益を享受している地域との関係は、格差という量的な差異を思わせる概念によってではなく、より構造的な関係をとらえる概念によって把握されなければならない。そのための理論の整備と構造的関係をとらえる方法の検討がまずは課題とされなければならないのである。

附表　第1章 9-2における合計点に基づく市町村分類表

250点～

浦安市	千葉
港区	東京
千代田区	東京
渋谷区	東京
中央区	東京
目黒区	東京
文京区	東京
世田谷区	東京
新宿区	東京
芦屋市	兵庫

200～250

市町村	都道府県	市町村	都道府県	市町村	都道府県
猿払村	北海道	中野区	東京	東郷町	愛知
富谷町	宮城	府中市	東京	豊田市	愛知
利府町	宮城	豊島区	東京	知立市	愛知
守谷市	茨城	練馬区	東京	安城市	愛知
牛久市	茨城	江東区	東京	大府市	愛知
つくば市	茨城	狛江市	東京	岡崎市	愛知
和光市	埼玉	町田市	東京	尾張旭市	愛知
戸田市	埼玉	多摩市	東京	高浜市	愛知
朝霞市	埼玉	江戸川区	東京	小牧市	愛知
さいたま市	埼玉	台東区	東京	東浦町	愛知
志木市	埼玉	西東京市	東京	西尾市	愛知
伊奈町	埼玉	小平市	東京	豊明市	愛知
所沢市	埼玉	立川市	東京	幸田町	愛知
吉川市	埼玉	八王子市	東京	名古屋市	愛知
鶴ケ島市	埼玉	日野市	東京	大治町	愛知
富士見市	埼玉	板橋区	東京	半田市	愛知
川口市	埼玉	小笠原村	東京	東海市	愛知
草加市	埼玉	御蔵島村	東京	碧南市	愛知
白岡町	埼玉	羽村市	東京	大口町	愛知
滑川町	埼玉	川崎市	神奈川	春日井市	愛知
本埜村	千葉	横浜市	神奈川	甚目寺町	愛知
市川市	千葉	藤沢市	神奈川	川越町	三重
印西市	千葉	海老名市	神奈川	栗東市	滋賀
白井市	千葉	鎌倉市	神奈川	草津市	滋賀
習志野市	千葉	厚木市	神奈川	湖南市	滋賀
八千代市	千葉	大和市	神奈川	守山市	滋賀
柏市	千葉	逗子市	神奈川	精華町	京都
船橋市	千葉	葉山町	神奈川	木津川市	京都
千葉市	千葉	伊勢原市	神奈川	京田辺市	京都
松戸市	千葉	相模原市	神奈川	箕面市	大阪
佐倉市	千葉	茅ヶ崎市	神奈川	吹田市	大阪
流山市	千葉	開成町	神奈川	茨木市	大阪
我孫子市	千葉	座間市	神奈川	西宮市	兵庫
成田市	千葉	大井町	神奈川	三田市	兵庫
杉並区	東京	舟橋村	富山	宝塚市	兵庫
武蔵野市	東京	野々市町	石川	生駒市	奈良
品川区	東京	昭和町	山梨	香芝市	奈良
国立市	東京	忍野村	山梨	新宮町	福岡
大田区	東京	可児市	岐阜		
国分寺市	東京	長泉町	静岡		
三鷹市	東京	裾野市	静岡		
小金井市	東京	三好町	愛知		
調布市	東京	日進市	愛知		
青ケ島村	東京	長久手町	愛知		
稲城市	東京	刈谷市	愛知		

190～200

滝沢村	岩手
仙台市	宮城
大潟村	秋田
龍ケ崎市	茨城
東海村	茨城
神栖市	茨城
美浦村	茨城
下野市	栃木
宇都宮市	栃木
高根沢町	栃木
上三川町	栃木
小山市	栃木
大泉町	群馬
玉村町	群馬
越谷市	埼玉
新座市	埼玉
栗橋町	埼玉
上尾市	埼玉
三芳町	埼玉
入間市	埼玉
川越市	埼玉
ふじみ野市	埼玉
久喜市	埼玉
蓮田市	埼玉
狭山市	埼玉
鷲宮町	埼玉
鴻巣市	埼玉
蕨市	埼玉
松伏町	埼玉
北本市	埼玉
坂戸市	埼玉
三郷市	埼玉
四街道市	千葉
富里市	千葉
鎌ケ谷市	千葉
酒々井町	千葉
印旛村	千葉
墨田区	東京
東久留米市	東京
昭島市	東京
東大和市	東京
東村山市	東京
荒川区	東京
福生市	東京
青梅市	東京

190〜200				180〜190			
北区	東京	長岡京市	京都	千歳市	北海道	市原市	千葉	吉田町	静岡
瑞穂町	東京	豊中市	大阪	札幌市	北海道	袖ケ浦市	千葉	藤枝市	静岡
秦野市	神奈川	交野市	大阪	別海町	北海道	栄町	千葉	富士宮市	静岡
綾瀬市	神奈川	池田市	大阪	北広島市	北海道	八街市	千葉	小山町	静岡
平塚市	神奈川	大阪狭山市	大阪	中標津町	北海道	大網白里市	千葉	沼津市	静岡
大磯町	神奈川	熊取町	大阪	恵庭市	北海道	東金市	千葉	焼津市	静岡
寒川町	神奈川	枚方市	大阪	矢巾町	岩手	野田市	千葉	大井川町	静岡
中井町	神奈川	和泉市	大阪	盛岡市	岩手	茂原市	千葉	函南町	静岡
南足柄市	神奈川	島本町	大阪	多賀城市	宮城	木更津市	千葉	菊川市	静岡
川北町	石川	太子町	大阪	名取市	宮城	葛飾区	東京	静岡市	静岡
金沢市	石川	豊能町	大阪	岩沼市	宮城	あきる野市	東京	新居町	静岡
津幡町	石川	猪名川町	兵庫	大熊町	福島	清瀬市	東京	犬山市	愛知
甲斐市	山梨	伊丹市	兵庫	ひたちなか市	茨城	利島村	東京	江南市	愛知
中央市	山梨	川西市	兵庫	阿見町	茨城	武蔵村山市	東京	瀬戸市	愛知
瑞穂市	岐阜	広陵町	奈良	水戸市	茨城	足立区	東京	美和町	愛知
岐南町	岐阜	奈良市	奈良	土浦市	茨城	愛川町	神奈川	吉良町	愛知
美濃加茂市	岐阜	岩出市	和歌山	取手市	茨城	二宮町	神奈川	一宮市	愛知
御殿場市	静岡	府中町	広島	野木町	栃木	小田原市	神奈川	田原市	愛知
清水町	静岡	広島市	広島	真岡市	栃木	清川村	神奈川	津島市	愛知
湖西市	静岡	東広島市	広島	那須塩原市	栃木	横須賀市	神奈川	小坂井町	愛知
三島市	静岡	海田町	広島	吉岡町	群馬	松田町	神奈川	七宝町	愛知
富士市	静岡	松茂町	徳島	太田市	群馬	富山市	富山	一色町	愛知
袋井市	静岡	宇多津町	香川	伊勢崎市	群馬	能美市	石川	美浜町	愛知
磐田市	静岡	春日市	福岡	榛東村	群馬	内灘町	石川	飛島村	愛知
浜松市	静岡	大野城市	福岡	高崎市	群馬	白山市	石川	四日市市	三重
知多市	愛知	福岡市	福岡	館林市	群馬	敦賀市	福井	菰野町	三重
春日町	愛知	粕屋町	福岡	邑楽町	群馬	福井市	福井	朝日町	三重
武豊町	愛知	筑紫野市	福岡	桶川市	埼玉	富士河口湖町	山梨	木曽岬町	三重
岩倉市	愛知	那珂川町	福岡	東松山市	埼玉	山中湖村	山梨	亀山市	三重
北名古屋市	愛知	長与町	長崎	八潮市	埼玉	南箕輪村	長野	名張市	三重
豊橋市	愛知	菊陽町	熊本	春日部市	埼玉	諏訪市	長野	彦根市	滋賀
蟹江町	愛知			杉戸町	埼玉	箕輪町	長野	竜王町	滋賀
豊川市	愛知			日高市	埼玉	軽井沢町	長野	近江八幡市	滋賀
音羽町	愛知			鳩ケ谷市	埼玉	茅野市	長野	愛荘町	滋賀
豊山町	愛知			加須市	埼玉	各務原市	岐阜	長浜市	滋賀
弥富市	愛知			飯能市	埼玉	北方町	岐阜	東近江市	滋賀
阿久比町	愛知			熊谷市	埼玉	多治見市	岐阜	向日市	京都
扶桑町	愛知			川島町	埼玉	安八町	岐阜	宇治市	京都
清須市	愛知			上里町	埼玉	坂祝町	岐阜	八幡市	京都
稲沢市	愛知			吉見町	埼玉	羽島市	岐阜	宇治田原町	京都
東員町	三重			鳩山町	埼玉	輪之内町	岐阜	大山崎町	京都
桑名市	三重			宮代町	埼玉	大垣市	岐阜	京都市	京都
鈴鹿市	三重			深谷市	埼玉	笠松町	岐阜	摂津市	大阪
大津市	滋賀			幸手市	埼玉	岐阜市	岐阜	四條畷市	大阪
野洲市	滋賀			行田市	埼玉	掛川市	静岡	河内長野市	大阪

附　表　263

180～190		170～180						
泉大津市	大阪	安平町	北海道	明和町	群馬	本巣市	岐阜	たつの市	兵庫
高槻市	大阪	東神楽町	北海道	吉井町	群馬	白川村	岐阜	斑鳩町	奈良
藤井寺市	大阪	苫小牧市	北海道	北川辺町	埼玉	瑞浪市	岐阜	三郷町	奈良
富田林市	大阪	鹿追町	北海道	嵐山町	埼玉	関市	岐阜	大和郡山市	奈良
高石市	大阪	芽室町	北海道	毛呂山町	埼玉	御嵩町	岐阜	葛城市	奈良
神戸市	兵庫	帯広市	北海道	本庄市	埼玉	海津市	岐阜	田原本町	奈良
加古川市	兵庫	江別市	北海道	羽生市	埼玉	御前崎市	静岡	天理市	奈良
太子町	兵庫	音更町	北海道	騎西町	埼玉	富士川町	静岡	日吉津村	鳥取
明石市	兵庫	網走市	北海道	大利根町	埼玉	伊豆の国市	静岡	米子市	鳥取
稲美町	兵庫	斜里町	北海道	小川町	埼玉	島田市	静岡	松江市	島根
播磨町	兵庫	稚内市	北海道	菖蒲町	埼玉	牧之原市	静岡	倉敷市	岡山
姫路市	兵庫	釧路町	北海道	越生町	埼玉	愛西市	愛知	早島町	岡山
高砂市	兵庫	三沢市	青森	寄居町	埼玉	蒲郡市	愛知	総社市	岡山
王寺町	奈良	六ケ所村	青森	君津市	千葉	常滑市	愛知	福山市	広島
河合町	奈良	北上市	岩手	芝山町	千葉	御津町	愛知	熊野町	広島
橿原市	奈良	大河原町	宮城	長生村	千葉	幡豆町	愛知	山口市	山口
上牧町	奈良	七ケ浜町	宮城	日の出町	東京	いなべ市	三重	下松市	山口
平群町	奈良	柴田町	宮城	新潟市	新潟	玉城町	三重	徳島市	徳島
東出雲町	島根	秋田市	秋田	砺波市	富山	津市	三重	丸亀市	香川
岡山市	岡山	山形市	山形	滑川市	富山	松阪市	三重	松山市	愛媛
廿日市市	広島	郡山市	福島	射水市	富山	甲賀市	滋賀	高知市	高知
藍住町	徳島	西郷村	福島	黒部市	富山	安土町	滋賀	宇美町	福岡
北島町	徳島	福島市	福島	小松市	石川	高月町	滋賀	須恵町	福岡
高松市	香川	富岡町	福島	かほく市	石川	亀岡市	京都	苅田町	福岡
古賀市	福岡	鹿嶋市	茨城	坂井市	福井	城陽市	京都	久留米市	福岡
篠栗町	福岡	古河市	茨城	鯖江市	福井	久御山町	京都	福津市	福岡
小郡市	福岡	つくばみらい市	茨城	越前市	福井	河南町	大阪	上峰町	佐賀
志免町	福岡	かすみがうら市	茨城	南アルプス市	山梨	八尾市	大阪	吉野ヶ里町	佐賀
太宰府市	福岡	五霞町	茨城	韮崎市	山梨	堺市	大阪	時津町	長崎
前原市	福岡	利根町	茨城	甲府市	山梨	大東市	大阪	大村市	長崎
宗像市	福岡	日立市	茨城	鳴沢村	山梨	柏原市	大阪	熊本市	熊本
鳥栖市	佐賀	那珂市	茨城	駒ケ根市	長野	羽曳野市	大阪	合志市	熊本
基山町	佐賀	小美玉市	茨城	塩尻市	長野	阪南市	大阪	大津町	熊本
清武町	宮崎	常総市	茨城	宮田村	長野	東大阪市	大阪	大分市	大分
北谷町	沖縄	結城市	茨城	松本市	長野	貝塚市	大阪	宮崎市	宮崎
		下妻市	茨城	長野市	長野	大阪市	大阪	鹿児島市	鹿児島
		壬生町	栃木	御代田町	長野	寝屋川市	大阪	北大東村	沖縄
		大平町	栃木	波田町	長野	泉佐野市	大阪	浦添市	沖縄
		さくら市	栃木	山形村	長野	岸和田市	大阪	豊見城市	沖縄
		矢板市	栃木	岡谷市	長野	田尻町	大阪	西原町	沖縄
		鹿沼市	栃木	安曇野市	長野	加東市	兵庫	南風原町	沖縄
		大田原市	栃木	池田町	岐阜	尼崎市	兵庫	宜野湾市	沖縄
		前橋市	群馬	大野町	岐阜	小野市	兵庫	那覇市	沖縄
		富士見村	群馬	神戸町	岐阜	福崎町	兵庫		
		みどり市	群馬	垂井町	岐阜	三木市	兵庫		

160〜170									
倶知安町	北海道	都賀町	栃木	東御市	長野	上富田町	和歌山	日出町	大分
標津町	北海道	二宮町	栃木	須坂市	長野	鳥取市	鳥取	新富町	宮崎
石狩市	北海道	芳賀町	栃木	千曲市	長野	斐川町	島根	始良市	鹿児島
羅臼町	北海道	千代田町	群馬	朝日村	長野	出雲市	島根	沖縄市	沖縄
幕別町	北海道	板倉町	群馬	原村	長野	里庄町	岡山	北中城村	沖縄
幌延町	北海道	藤岡市	群馬	辰野町	長野	赤磐市	岡山	読谷村	沖縄
更別村	北海道	長野原町	群馬	小諸市	長野	大竹市	広島	中城村	沖縄
士幌町	北海道	富岡市	群馬	佐久市	長野	呉市	広島	石垣市	沖縄
中札内村	北海道	安中市	群馬	飯田市	長野	坂町	広島	名護市	沖縄
南幌町	北海道	神川町	埼玉	養老町	岐阜	三原市	広島	与那原町	沖縄
北見市	北海道	ときがわ町	埼玉	高山市	岐阜	光市	山口		
北斗市	北海道	横瀬町	埼玉	富加町	岐阜	防府市	山口		
鶴居村	北海道	美里町	埼玉	山県市	岐阜	和木町	山口		
浜頓別町	北海道	神崎町	千葉	川辺町	岐阜	周南市	山口		
旭川市	北海道	山武市	千葉	中津川市	岐阜	宇部市	山口		
占冠村	北海道	旭市	千葉	関ヶ原町	岐阜	田布施町	山口		
浦河町	北海道	一宮町	千葉	芝川町	静岡	山陽小野田市	山口		
おいらせ町	青森	山北町	神奈川	岡部町	静岡	鳴門市	徳島		
八戸市	青森	三浦市	神奈川	由比町	静岡	三木町	香川		
青森市	青森	湯河原町	神奈川	新城市	愛知	多度津町	香川		
大和町	宮城	箱根町	神奈川	明和町	三重	善通寺市	香川		
亘理町	宮城	燕市	新潟	伊勢市	三重	直島町	香川		
天童市	山形	長岡市	新潟	伊賀市	三重	東温市	愛媛		
東根市	山形	上越市	新潟	湖北町	滋賀	四国中央市	愛媛		
白河市	福島	聖籠町	新潟	米原市	滋賀	松前町	愛媛		
須賀川市	福島	弥彦村	新潟	日野町	滋賀	砥部町	愛媛		
広野町	福島	高岡市	富山	豊郷町	滋賀	新居浜市	愛媛		
鏡石町	福島	魚津市	富山	舞鶴市	京都	南国市	高知		
いわき市	福島	立山町	富山	福知山市	京都	行橋市	福岡		
本宮市	福島	入善町	富山	泉南市	大阪	遠賀町	福岡		
境町	茨城	上市町	富山	守口市	大阪	久山町	福岡		
笠間市	茨城	永平寺町	福井	門真市	大阪	筑後市	福岡		
筑西市	茨城	あわら市	福井	忠岡町	大阪	筑前町	福岡		
坂東市	茨城	上野原市	山梨	松原市	大阪	岡垣町	福岡		
石岡市	茨城	笛吹市	山梨	千早赤阪村	大阪	北九州市	福岡		
潮来市	茨城	都留市	山梨	赤穂市	兵庫	芦屋町	福岡		
高萩市	茨城	西桂町	山梨	加西市	兵庫	大刀洗町	福岡		
稲敷市	茨城	富士吉田市	山梨	大和高田市	奈良	大木町	福岡		
市貝町	栃木	増穂町	山梨	安堵町	奈良	東与賀町	佐賀		
益子町	栃木	道志村	山梨	川西町	奈良	久保田町	佐賀		
足利市	栃木	坂城町	長野	桜井市	奈良	佐賀市	佐賀		
栃木市	栃木	伊那市	長野	三宅町	奈良	小城市	佐賀		
佐野市	栃木	下諏訪町	長野	大淀町	奈良	佐々町	長崎		
岩舟町	栃木	上田市	長野	橋本市	和歌山	諫早市	長崎		
西方町	栃木	松川村	長野	和歌山市	和歌山	益城町	熊本		

150〜160								
釧路市	北海道	山辺町	山形	神津島村	東京	多気町	三重	飯塚市	福岡
枝幸町	北海道	新庄市	山形	真鶴町	神奈川	高島市	滋賀	吉富町	福岡
当別町	北海道	酒田市	山形	柏崎市	新潟	甲良町	滋賀	二丈町	福岡
留萌市	北海道	会津若松市	福島	新発田市	新潟	虎姫町	滋賀	志摩市	福岡
上富良野町	北海道	双葉町	福島	田上町	新潟	多賀町	滋賀	八女市	福岡
根室市	北海道	中島村	福島	三条市	新潟	井手町	京都	神埼市	佐賀
興部町	北海道	泉崎村	福島	見附市	新潟	能勢町	大阪	みやき町	佐賀
湧別町	北海道	矢吹町	福島	刈羽村	新潟	岬町	大阪	長崎市	長崎
大空町	北海道	大玉村	福島	南魚沼市	新潟	篠山市	兵庫	佐世保市	長崎
大樹町	北海道	楢葉町	福島	小千谷市	新潟	西脇市	兵庫	川棚町	長崎
函館市	北海道	玉川村	福島	胎内市	新潟	上郡町	兵庫	嘉島町	熊本
七飯町	北海道	三春町	福島	小矢部市	富山	相生市	兵庫	宇土市	熊本
岩見沢市	北海道	相馬市	福島	南砺市	富山	市川町	兵庫	西原村	熊本
美幌町	北海道	棚倉町	福島	氷見市	富山	宍粟市	兵庫	城南町	熊本
紋別市	北海道	南相馬市	福島	加賀市	石川	丹波市	兵庫	植木町	熊本
雄武町	北海道	北茨城市	茨城	宝達志水町	石川	神河町	兵庫	中津市	大分
滝川市	北海道	茨城町	茨城	羽咋市	石川	多可町	兵庫	別府市	大分
八雲町	北海道	八千代町	茨城	七尾市	石川	洲本市	兵庫	三股町	宮崎
えりも町	北海道	城里町	茨城	高浜町	福井	朝来市	兵庫	高鍋町	宮崎
留寿都村	北海道	常陸太田市	茨城	越前町	福井	明日香村	奈良	日向市	宮崎
富良野市	北海道	桜川市	茨城	小浜市	福井	紀の川市	和歌山	霧島市	鹿児島
登別市	北海道	大洗町	茨城	おおい町	福井	日高町	和歌山	加治木町	鹿児島
新ひだか町	北海道	日光市	栃木	勝山市	福井	境港市	鳥取	鹿屋市	鹿児島
名寄市	北海道	藤岡町	栃木	若狭町	福井	津山市	岡山	嘉手納町	沖縄
訓子府町	北海道	那須町	栃木	山梨市	山梨	玉野市	岡山	糸満市	沖縄
標茶町	北海道	那須烏山市	栃木	北杜市	山梨	瀬戸内市	岡山	八重瀬町	沖縄
天塩町	北海道	渋川市	群馬	大月市	山梨	浅口市	岡山	竹富町	沖縄
伊達市	北海道	桐生市	群馬	甲州市	山梨	尾道市	広島	渡嘉敷村	沖縄
豊富町	北海道	甘楽町	群馬	高森町	長野	岩国市	山口	南大東村	沖縄
鹿部町	北海道	沼田市	群馬	小布施町	長野	下関市	山口	うるま市	沖縄
室蘭市	北海道	秩父市	埼玉	富士見町	長野	平生町	山口	恩納村	沖縄
階上町	青森	長瀞町	埼玉	中野市	長野	石井町	徳島	与那国町	沖縄
十和田市	青森	皆野町	埼玉	白馬村	長野	阿南市	徳島	宜野座村	沖縄
むつ市	青森	睦沢町	千葉	松川町	長野	板野町	徳島		
弘前市	青森	長柄町	千葉	飯島町	長野	上板町	徳島		
紫波町	岩手	香取市	千葉	高山村	長野	小松島市	徳島		
金ケ崎町	岩手	匝瑳市	千葉	池田町	長野	坂出市	香川		
東松島市	宮城	銚子市	千葉	土岐市	岐阜	綾川町	香川		
塩竈市	宮城	富津市	千葉	恵那市	岐阜	観音寺市	香川		
大崎市	宮城	東庄町	千葉	美濃市	岐阜	さぬき市	香川		
角田市	宮城	館山市	千葉	揖斐川町	岐阜	西条市	愛媛		
潟上市	秋田	白子町	千葉	森町	静岡	春野町	高知		
寒河江市	山形	九十九里町	千葉	伊東市	静岡	香南市	高知		
米沢市	山形	横芝光町	千葉	伊豆市	静岡	広川町	福岡		
中山町	山形	新島村	東京	度会町	三重	水巻町	福岡		

140～150									
江差町	北海道	にかほ市	秋田	朝日町	富山	新宮市	和歌山	上毛町	福岡
鷹栖町	北海道	由利本荘市	秋田	中能登町	石川	倉吉市	鳥取	田川市	福岡
新冠町	北海道	南陽市	山形	南越前町	福井	湯梨浜町	鳥取	江北町	佐賀
長沼町	北海道	長井市	山形	美浜町	福井	北栄町	鳥取	武雄市	佐賀
清水町	北海道	河北町	山形	大野市	福井	南部町	鳥取	伊万里市	佐賀
共和町	北海道	鶴岡市	山形	市川三郷町	山梨	伯耆町	鳥取	川副町	佐賀
小清水町	北海道	高畠町	山形	南部町	山梨	八頭町	鳥取	唐津市	佐賀
日高町	北海道	上山市	山形	鰍沢町	山梨	安来市	島根	鹿島市	佐賀
奥尻町	北海道	三川町	山形	大町市	長野	浜田市	島根	有田町	佐賀
京極町	北海道	浪江町	福島	飯綱町	長野	益田市	島根	嬉野市	佐賀
東川町	北海道	浅川町	福島	中川村	長野	勝央町	岡山	波佐見町	長崎
上士幌町	北海道	伊達市	福島	立科町	長野	笠岡市	岡山	長洲町	熊本
浜中町	北海道	桑折町	福島	豊丘村	長野	備前市	岡山	玉名市	熊本
清里町	北海道	新地町	福島	阿智村	長野	井原市	岡山	菊池市	熊本
広尾町	北海道	湯川村	福島	南牧村	長野	奈義町	岡山	荒尾市	熊本
遠軽町	北海道	国見町	福島	喬木村	長野	和気町	岡山	宇城市	熊本
佐呂間町	北海道	鉾田市	茨城	下條村	長野	府中市	広島	人吉市	熊本
ニセコ町	北海道	常陸大宮市	茨城	飛騨市	岐阜	竹原市	広島	八代市	熊本
厚岸町	北海道	行方市	茨城	八百津町	岐阜	三次市	広島	錦町	熊本
浦臼町	北海道	河内町	茨城	下呂市	岐阜	柳井市	山口	御船町	熊本
平取町	北海道	塩谷町	栃木	郡上市	岐阜	美祢市	山口	由布市	大分
小樽市	北海道	那珂川町	栃木	熱海市	静岡	東みよし町	徳島	日田市	大分
本別町	北海道	草津町	群馬	東伊豆町	静岡	吉野川市	徳島	都城市	宮崎
砂川市	北海道	嬬恋村	群馬	下田市	静岡	阿波市	徳島	延岡市	宮崎
新得町	北海道	昭和村	群馬	南知多町	愛知	三豊市	香川	門川町	宮崎
弟子屈町	北海道	中之条町	群馬	紀宝町	三重	琴平町	香川	国富町	宮崎
真狩村	北海道	高山村	群馬	鳥羽市	三重	東かがわ市	香川	川南町	宮崎
白老町	北海道	東吾妻町	群馬	西浅井町	滋賀	今治市	愛媛	薩摩川内市	鹿児島
野辺地町	青森	小鹿野町	埼玉	木之本町	滋賀	伊予市	愛媛	奄美市	鹿児島
黒石市	青森	東秩父村	埼玉	南丹市	京都	いの町	高知	出水市	鹿児島
大間町	青森	多古町	千葉	南山城村	京都	四万十市	高知	日置市	鹿児島
五所川原市	青森	いすみ市	千葉	綾部市	京都	土佐市	高知	南城市	沖縄
花巻市	岩手	鴨川市	千葉	豊岡市	兵庫	馬路村	高知	金武町	沖縄
奥州市	岩手	長南町	千葉	南あわじ市	兵庫	桂川町	福岡	座間味村	沖縄
久慈市	岩手	大島町	東京	高取町	奈良	直方市	福岡	宮古島市	沖縄
雫石町	岩手	八丈町	東京	宇陀市	奈良	中間市	福岡		
大衡村	宮城	妙高市	新潟	五條市	奈良	豊前市	福岡		
石巻市	宮城	荒川町	新潟	御所市	奈良	朝倉市	福岡		
白石市	宮城	阿賀野市	新潟	美浜町	和歌山	鞍手町	福岡		
美里町	宮城	加茂市	新潟	みなべ町	和歌山	柳川市	福岡		
村田町	宮城	湯沢町	新潟	海南市	和歌山	みやこ町	福岡		
松島町	宮城	村上市	新潟	有田市	和歌山	築上町	福岡		
山元町	宮城	魚沼市	新潟	田辺市	和歌山	大川市	福岡		
気仙沼市	宮城	五泉市	新潟	御坊市	和歌山	うきは市	福岡		
蔵王町	宮城	糸魚川市	新潟	広川町	和歌山	宮若市	福岡		

130 ～ 140								
岩内町	北海道	二戸市	岩手	志賀町	石川	江田島市	広島	小林市	宮崎
音威子府村	北海道	洋野町	岩手	佐久穂町	長野	安芸高田市	広島	日南市	宮崎
森町	北海道	八幡平市	岩手	川上村	長野	北広島市	広島	南郷町	宮崎
豊頃町	北海道	野田村	岩手	木曽町	長野	長門市	山口	綾町	宮崎
足寄町	北海道	大郷町	宮城	飯山市	長野	美東町	山口	西都市	宮崎
西興部村	北海道	色麻町	宮城	青木村	長野	萩市	山口	木城町	宮崎
礼文町	北海道	涌谷町	宮城	信濃町	長野	美馬市	徳島	いちき串木野市	鹿児島
中富良野町	北海道	川崎町	宮城	木祖村	長野	まんのう町	香川	上屋久町	鹿児島
余市町	北海道	登米市	宮城	大桑村	長野	土庄町	香川	屋久町	鹿児島
むかわ町	北海道	加美町	宮城	長和町	長野	小豆島町	香川	枕崎市	鹿児島
様似町	北海道	大館市	秋田	筑北村	長野	大洲市	愛媛	西之表市	鹿児島
南富良野町	北海道	八郎潟町	秋田	七宗町	岐阜	八幡浜市	愛媛	徳之島町	鹿児島
池田町	北海道	能代市	秋田	河津町	静岡	宇和島市	愛媛	南種子町	鹿児島
泊村	北海道	大仙市	秋田	川根町	静岡	宿毛市	高知	伊平屋村	沖縄
厚真町	北海道	横手市	秋田	志摩市	三重	佐川町	高知	久米島町	沖縄
栗山町	北海道	井川町	秋田	大台町	三重	日高村	高知	東村	沖縄
士別市	北海道	庄内町	山形	御浜町	三重	須崎市	高知		
洞爺湖町	北海道	村山市	山形	尾鷲市	三重	安芸市	高知		
新十津川町	北海道	大江町	山形	余呉町	滋賀	香美市	高知		
中頓別町	北海道	白鷹町	山形	与謝野町	京都	大牟田市	福岡		
深川市	北海道	小国町	山形	京丹後市	京都	福智町	福岡		
白糠町	北海道	大石田町	山形	和束町	京都	みやま市	福岡		
羽幌町	北海道	川西町	山形	宮津市	京都	小竹町	福岡		
赤井川村	北海道	磐梯町	福島	京丹波町	京都	香春町	福岡		
上湧別町	北海道	石川町	福島	淡路市	兵庫	糸田町	福岡		
知内町	北海道	平田村	福島	養父市	兵庫	嘉麻市	福岡		
新篠津村	北海道	天栄村	福島	新温泉町	兵庫	多久市	佐賀		
壮瞥町	北海道	小野町	福島	香美町	兵庫	白石町	佐賀		
利尻町	北海道	飯野町	福島	佐用町	兵庫	玄海町	佐賀		
黒松内町	北海道	田村市	福島	湯浅町	和歌山	大町町	佐賀		
中川町	北海道	喜多方市	福島	有田川町	和歌山	対馬市	長崎		
浦幌町	北海道	会津坂下町	福島	日高川町	和歌山	島原市	長崎		
平内町	青森	猪苗代町	福島	白浜町	和歌山	江迎町	長崎		
六戸町	青森	塙町	福島	かつらぎ町	和歌山	東彼杵町	長崎		
藤崎町	青森	会津美里町	福島	由良町	和歌山	富合町	熊本		
東通村	青森	川俣町	福島	印南町	和歌山	山鹿市	熊本		
平川市	青森	茂木町	栃木	九度山町	和歌山	阿蘇市	熊本		
東北町	青森	川場村	群馬	岩美町	鳥取	水俣市	熊本		
田舎館村	青森	みなかみ町	群馬	琴浦町	鳥取	氷川町	熊本		
五戸町	青森	勝浦市	千葉	隠岐の島町	島根	宇佐市	大分		
七戸町	青森	大多喜町	千葉	雲南市	島根	臼杵市	大分		
一関市	岩手	御宿町	千葉	江津市	島根	杵築市	大分		
宮古市	岩手	南房総市	千葉	矢掛町	岡山	玖珠町	大分		
大船渡市	岩手	神林村	新潟	真庭市	岡山	津久見市	大分		
平泉町	岩手	十日町市	新潟	鏡野町	岡山	佐伯市	大分		

120 〜 130

美瑛町	北海道	湯沢市	秋田	野沢温泉村	長野	添田町	福岡	比布町	北海道
美唄市	北海道	鹿角市	秋田	白川町	岐阜	黒木町	福岡	苫前町	北海道
置戸町	北海道	仙北市	秋田	松崎町	静岡	太良町	佐賀	上川町	北海道
今金町	北海道	男鹿市	秋田	南伊豆町	静岡	雲仙市	長崎	剣淵町	北海道
寿都町	北海道	北秋田市	秋田	西伊豆町	静岡	松浦市	長崎	妹背牛町	北海道
遠別町	北海道	三種町	秋田	大紀町	三重	鹿町町	長崎	せたな町	北海道
乙部町	北海道	羽後町	秋田	熊野市	三重	西海市	長崎	福島町	北海道
陸別町	北海道	飯豊町	山形	紀北町	三重	壱岐市	長崎	下川町	北海道
上ノ国町	北海道	遊佐町	山形	笠置町	京都	新上五島町	長崎	滝上町	北海道
厚沢部町	北海道	舟形町	山形	山添村	奈良	五島市	長崎	古平町	北海道
奈井江町	北海道	尾花沢市	山形	上北山村	奈良	南島原市	長崎	仁木町	北海道
蘭越町	北海道	金山町	山形	下市町	奈良	平戸市	長崎	木古内町	北海道
小平町	北海道	鮭川村	山形	吉野町	奈良	南小国町	熊本	秩父別町	北海道
沼田町	北海道	最上町	山形	那智勝浦町	和歌山	あさぎり町	熊本	愛別町	北海道
月形町	北海道	真室川町	山形	高野町	和歌山	玉東町	熊本	神恵内村	北海道
喜茂別町	北海道	西川町	山形	紀美野町	和歌山	南阿蘇村	熊本	増毛町	北海道
美深町	北海道	戸沢村	山形	三朝町	鳥取	山江村	熊本	芦別市	北海道
津別町	北海道	北塩原村	福島	大山町	鳥取	上天草市	熊本	長万部町	北海道
当麻町	北海道	矢祭町	福島	智頭町	鳥取	甲佐町	熊本	赤平市	北海道
幌加内町	北海道	古殿町	福島	大田市	島根	多良木町	熊本	北竜町	北海道
初山別村	北海道	檜枝岐村	福島	奥出雲町	島根	天草市	熊本	田子町	青森
雨竜町	北海道	南会津町	福島	海士町	島根	苓北町	熊本	中泊町	青森
豊浦町	北海道	鮫川村	福島	西ノ島町	島根	南関町	熊本	大鰐町	青森
由仁町	北海道	飯舘村	福島	新見市	岡山	相良村	熊本	鰺ヶ沢町	青森
利尻富士町	北海道	片品村	群馬	高梁市	岡山	小国町	熊本	風間浦村	青森
松前町	北海道	六合村	群馬	美咲町	岡山	豊後高田市	大分	外ヶ浜町	青森
南部町	青森	鋸南町	千葉	美作市	岡山	国東市	大分	佐井村	青森
板柳町	青森	奥多摩町	東京	吉備中央町	岡山	都農町	宮崎	普代村	岩手
横浜町	青森	三宅村	東京	西粟倉村	岡山	北郷町	宮崎	軽米町	岩手
蓬田村	青森	朝日村	新潟	世羅町	広島	龍郷町	鹿児島	一戸町	岩手
鶴田町	青森	関川村	新潟	庄原市	広島	指宿市	鹿児島	藤沢町	岩手
つがる市	青森	佐渡市	新潟	秋芳町	山口	志布志市	鹿児島	野田村	岩手
三戸町	青森	津南町	新潟	海陽町	徳島	知名町	鹿児島	九戸村	岩手
釜石市	岩手	穴水町	石川	勝浦町	徳島	和泊町	鹿児島	八峰町	秋田
岩手町	岩手	能登町	石川	三好市	徳島	知覧町	鹿児島	五城目町	秋田
大槌町	岩手	小菅村	山梨	上島町	愛媛	大崎町	鹿児島	小坂町	秋田
陸前高田市	岩手	身延町	山梨	愛南町	愛媛	南さつま市	鹿児島	東成瀬村	秋田
山田町	岩手	木島平村	長野	内子町	愛媛	中種子町	鹿児島	大蔵村	山形
遠野市	岩手	上松町	長野	西予市	愛媛	頴娃町	鹿児島	朝日町	山形
栗原市	宮城	小海町	長野	芸西村	高知	本部町	沖縄	葛尾村	福島
本吉町	宮城	山ノ内町	長野	田野町	高知	伊江村	沖縄	下郷町	福島
南三陸町	宮城	南木曾町	長野	大任町	福岡	今帰仁村	沖縄	川内村	福島
女川町	宮城	王滝村	長野	川崎町	福岡	多良間村	沖縄	大子町	茨城
丸森町	宮城	麻績村	長野	赤村	福岡	伊是名村	沖縄	下仁田町	群馬
美郷町	秋田	小谷村	長野	立花町	福岡	国頭村	沖縄	桧原村	東京

110～120				100～110				～100	
出雲崎町	新潟	美里町	熊本	和寒町	北海道	三原村	高知	積丹町	北海道
川口町	新潟	豊後大野市	大分	島牧村	北海道	大月町	高知	上砂川町	北海道
輪島市	石川	九重町	大分	夕張市	北海道	東峰村	福岡	今別町	青森
珠洲市	石川	姫島村	大分	三笠市	北海道	星野村	福岡	西目屋村	青森
池田町	福井	野尻町	宮崎	歌志内市	北海道	湯前町	熊本	川井村	岩手
生坂村	長野	高原町	宮崎	新郷村	青森	水上村	熊本	七ケ宿町	宮城
平谷村	長野	高千穂町	宮崎	深浦町	青森	産山村	熊本	上小阿仁村	秋田
泰阜村	長野	えびの市	宮崎	岩泉町	岩手	山都町	熊本	三島町	福島
阿南町	長野	串間市	宮崎	葛巻町	岩手	竹田市	大分	金山町	福島
清内路村	長野	五ケ瀬町	宮崎	西和賀町	岩手	椎葉村	宮崎	昭和村	福島
東白川村	岐阜	川辺町	鹿児島	住田町	岩手	諸塚村	宮崎	神流町	群馬
川根本町	静岡	与論町	鹿児島	藤里町	秋田	西米良村	宮崎	南牧村	群馬
設楽町	愛知	大口市	鹿児島	只見町	福島	肝付町	鹿児島	粟島浦村	新潟
豊根村	愛知	阿久根市	鹿児島	柳津町	福島	錦江町	鹿児島	丹波山村	山梨
南伊勢町	三重	十島村	鹿児島	二本松市	福島	伊仙町	鹿児島	早川町	山梨
曽爾村	奈良	垂水市	鹿児島	西会津町	福島	粟国村	沖縄	中条村	長野
太地町	和歌山	さつま町	鹿児島	上野村	群馬			売木村	長野
串本町	和歌山	湧水町	鹿児島	山北町	新潟			栄村	長野
江府町	鳥取	三島村	鹿児島	阿賀町	新潟			天龍村	長野
日野町	鳥取	瀬戸内町	鹿児島	根羽村	長野			大鹿村	長野
川本町	島根	長島町	鹿児島	南相木村	長野			伊根町	京都
吉賀町	島根	曽於市	鹿児島	信州新町	長野			野迫川村	奈良
飯南町	島根	喜界町	鹿児島	小川村	長野			川上村	奈良
邑南町	島根	蒲生町	鹿児島	北相木村	長野			御杖村	奈良
津和野町	島根	大和村	鹿児島	東栄町	愛知			東吉野村	奈良
久米南町	岡山	天城町	鹿児島	黒滝村	奈良			古座川町	和歌山
大崎上島町	広島	菱刈町	鹿児島	下北山村	奈良			日南町	鳥取
佐那河内村	徳島	東串良町	鹿児島	十津川村	奈良			美郷町	島根
牟岐町	徳島	宇検村	鹿児島	天川村	奈良			周防大島町	山口
那賀町	徳島	大宜味村	沖縄	北山村	和歌山			上関町	山口
美波町	徳島	渡名喜村	沖縄	すさみ町	和歌山			神山町	徳島
鬼北町	愛媛			若桜町	鳥取			上勝町	徳島
松野町	愛媛			知夫村	島根			久万高原町	愛媛
黒潮町	高知			新庄村	岡山			東洋町	高知
土佐清水市	高知			安芸太田町	広島			大川村	高知
室戸市	高知			神石高原町	広島			仁淀川町	高知
本山町	高知			阿東町	山口			大豊町	高知
四万十町	高知			阿武町	山口			矢部村	福岡
中土佐町	高知			つるぎ町	徳島			小値賀町	長崎
津野町	高知			伊方町	愛媛			五木村	熊本
奈半利町	高知			梼原町	高知			球磨村	熊本
高森町	熊本			越知町	高知			日之影町	宮崎
和水町	熊本			北川村	高知			美郷町	宮崎
津奈木町	熊本			安田町	高知			南大隅町	鹿児島
芦北町	熊本			土佐町	高知				

あとがき

　2008年3月に、和洋女子大学長の任期を満了し、1960年に東京女子大学に職を得てから、東京学芸大学、東京大学文学部、和洋女子大学と、長く過ごしてきた大学での勤務を終え、無職の身となった。いくつかの不義理をして遅れていた仕事を処理して、本書の準備に取り掛かったのは、その年の夏の初めであった。整理の出来ないままに長く時間の経過してしまった調査資料がずっと気がかりであったので、なるべく早く仕上げようと思いながら、定年後の呑気暮らしのために、当初考えていたよりも時間がかかってしまったが、ともかく2010年の秋には、本書の原稿をまとめることが出来た。その後いくつかの事情から書物になるまでに時間がかかり、2012年4月に校正にとりかかることとなった。この間、2011年3月には東日本大震災が起こり、日本社会はきわめて大きな影響をこうむった。この事態をうけてあらためて本書の内容に手を加えることはできないが、「はしがき」を加え、終章に一部加筆することとした。

　長く気がかりであったのが、本書の附論にまとめたアンケート調査であり、これはもし調査後すぐにまとめることが出来ていれば、高橋明善氏と山本英治氏との共著で、1980年代の稲作農村の動向をまとめる調査報告書に含められることになったはずであった。ところが、稲作農村の調査報告はなかなかまとまらなかったし、アンケートの集計も進まなかった。そのまま曲折を経て、アンケートは私の本棚の隅におかれ続けていた。これを集計して新しく活用しようということを考え、思い切ってアンケートの集計のために整理していた回答市町村の統計データを使い、それを新しい統計と対比して、この間のわが国の地域変動をとらえる仕事にしようと考えることになった。その結果、出発点のアンケート調査の結果は、本書では附論として扱うことに

なり、新たに収集したデータの集計整理が本書の中心となった。本末転倒とでもいうべき成果である。

　アンケート調査を行なった頃は、この程度の規模の調査でも、集計は大学の計算機センターに持ち込まなければならなかった。その後、パソコンでも集計できるソフトが出てきたが、初めの頃は高額で試しに使うだけの研究費と勇気は出なかった。計算機センターに持ち込む準備を進めたが、遅々として進まないうちに時間が経過し、やがて大学の用務に忙殺されるようになってしまった。しばらくして、パソコンで集計が容易に出来るソフトが、大分安価になり、利用できるようになった。こうした技術進歩と普及によって、このアンケートをはじめ、統計データの整理や集計が、個人的な作業としても可能になったところである。情報技術の急速な進歩と普及に感謝する次第である。

　本書で扱った資料の収集・整理・集計などは、個人的に進めたものであるが、東京大学に在職していた頃に、アンケートの整理を手伝っていただいた玉田千誉子さんが、かなりの部分を整理してくれていなければ、気懸かりも少なく、後々までどうしても活用しようとは思わなかったかもしれない。また、大学退職後にアンケートの整理をはじめたときに、中高の国語教師をしている長女が、私の仕事を覗き込んで、「そんな古いものをどうしようというの」といって挑発したことが、本書のような展開を導いた一つの要因になっている。

　本書の出版については、東信堂の下田社長のご高配に感謝する。学術書の出版が大変厳しい状況になっている中で、社会学の研究書を次々に刊行されていることに敬意を表するものである。

　　2012年4月　　　　　　　　　　　　　　　　　　　　　蓮見　音彦

索 引

ア行

新しい組織……………………222〜225
依存財源………………………108, 112, 135
オリジナルな調査………………6, 9, 10, 11

カ行

回収率………………………………………11
核家族率……………………………55〜56
課税対象所得……………………114〜115,
　　　　　　　　　　　　175〜182, 249
郡部人口……………………………………29
経営規模………………………84, 90, 245
県支出金…………………………………107
高額所得者………………………………116
合計特殊出生率……………………………15
耕地率………………………………………81
高齢化………………………………………98
高齢者のみの世帯…………………………51
高齢者率…………………………49〜51,
　　　　　　　　　　　　145〜149, 239
高齢者を含む世帯…………………………51
高齢単身世帯…………………52, 57, 242
国勢調査……………………………11, 19
国庫支出金………………103, 107, 174, 248
困難な条件におかれている地域
　　　　　　………………………………128

サ行

財政規模………………………104, 106,
　　　　　　　　　　　　167〜170, 247
財政の膨張………………………………102
財政力指数………………116〜119, 248
歳入額………………………104, 167, 170
産業の空洞化………………………………13
産業別就業人口……………………………75
産業別人口構成……………………………34
自給的農家……………………36, 79〜80
自治体財政………………………………101
自治体の農政……………………………189
市町村……………………………………7, 25
市部人口……………………………………29
社会組織指数……………………………222
社会的交流の結節機関………30, 44, 47
若年単身世帯………………………57, 242
集計単位…………………………………7, 9
主要作目…………………………………163
主要農産物………………87, 93〜96,
　　　　　　　　　　　　　　164〜165
準都市的地域…………………………38, 41
準農村的地域…………………………38, 42
昭和の大合併…………………………26, 29
職員数……………………………………122
諸要因の連関……………………………125
人件費……………103, 119〜121, 174
人口移動………………58, 60, 234, 236
人口規模……………………45, 59, 64, 66,
　　　　　　　　　　　　　　143, 235
人口急増地帯………………………………59
人口減少………………………15, 65, 68〜69

人口集中地区………31〜33, 37, 238
人口増加………………………65, 67,
　　　　　　　　　　　70〜71, 236
人口の増減……………………………40
人口変動……………………………125
生産調整……………………………215
性質別構成…………………………123
正常人口の正常生活…………………45
政令指定都市……………………33, 106,
　　　　　　　　　　　　　133, 238
世帯の規模……………………52〜53, 240
専業農家………………………………82

タ行

第一次産業人口……………34, 75, 151,
　　　　　　　　　　　　　179, 242
第三次産業人口……………35, 41, 152,
　　　　　　　　　　154〜156, 180, 244
第二次産業人口………35, 76, 151, 243
第二種兼業……………………………81
単身世帯………………………56〜57, 240
地域格差…………………………4, 5, 254
地域産業…………………………79, 246
地域的分化…………………………254
地域農業………………………………79
地域農政の独自性…………………214
地域変動…………………………4, 5, 252
地域変動指標合計点数………183, 186
地方交付税………………107, 110,
　　　　　　　　　　　172〜173, 248
地方自治体財政………………………15
「地方自治体の農業政策に関する実態

調査」………………21, 139, 190
地方税……………102, 107〜109,
　　　　　　　　113, 172〜173, 247
中核市………………………………106
昼間人口……………44〜45, 47, 238
昼間人口超過率………………47〜48
中間地域………………………38, 42
調査個票………………………………9
伝統的社会組織………222〜225, 252
(東京)特別区………………25, 33, 106,
　　　　　　　　　　　　　133, 238
統計調査………6, 8, 10, 16, 20, 255
投資的経費………103, 123〜124, 175
特例市………………………………106
都市………………………30, 34, 133
都市的地域…………29〜30, 37, 38,
　　　　　　　　　　41〜42, 128, 237

ナ行

農家……………………………………80
農家戸数………………………80, 161〜162
農家率…………35〜37, 41, 80, 84,
　　　　　　　　　　　158〜160, 245
農業関係の職員数…………………199
農業関係の組織……………………198
農業就業者……………………………89
農業就業人口…………………96, 245
農業集落……………………………219
農業政策の独自性…………………212
農業生産所得…………………………99
農業センサス…………………19, 79
農業粗生産額…………………………85

農業の将来性……………192 〜 194
農産物販売額………………163
農村…………………30, 34, 35, 133
農村的地域…………29 〜 30, 37, 38,
　　　　　　　41 〜 42, 128, 237
農林水産業費………………100, 201

ハ行

販売農家………………79 〜 80

非合併市町村……………138 〜 139
扶助費………………………124
平成の大合併………………15, 16, 17,
　　　　　　　26 〜 28, 102, 138,
　　　　　　　140, 144 〜 145, 234

マ行

恵まれた条件にある地域…………128
目的別歳出構成………………123

著者紹介

蓮見　音彦（はすみ　おとひこ）
1933年東京に生まれる
東京大学文学部社会学科卒業　東京大学大学院社会科学研究科修了
東京女子大学専任講師・助教授、東京学芸大学助教授・教授、東京大学文学部教授、東京学芸大学長、和洋女子大学人文学部教授・学長を経て、東京学芸大学名誉教授、和洋女子大学名誉教授
農村社会学、地域社会学

【主要著書】『農村社会と構造政策』（共著、東京大学出版会、1968年）、『日本農村の展開過程』（福村出版、1969年）、『現代農村の社会理論』（時潮社、1970年）、『社会学講座4農村社会学』（編著、東京大学出版会、1973年）、『企業進出と地域社会』（共編著、東京大学出版会、1979年）、『奄美農村の構造と変動』（共編著、御茶の水書房、1981年）、『地方自治体と市民生活』（編著、東京大学出版会、1983年）、『都市政策と地域形成』（共編著、東京大学出版会、1990年）、『苦悩する農村』（有信堂高文社、1990年）、『ライブラリ社会学3地域社会学』（編著、サイエンス社、1991年）、『農村社会の変貌と農民意識』（共編著、東京大学出版会、1992年）、『都市政策と市民生活』（共編著、東京大学出版会、1993年）、『沖縄の都市と農村』（共編著、東京大学出版会、1995年）、『現代都市と地域形成』（共編著、東京大学出版会、1997年）、『講座社会学3村落と地域』（編著、東京大学出版会、2007年）、『福武直』〈シリーズ世界の社会学・日本の社会学〉（東信堂、2008年）。

現代日本の地域分化
──センサス等の市町村別集計に見る地域変動のダイナミックス──

2012年7月20日　初版第1刷発行　　　　　　　　　　〔検印省略〕

＊定価はカバーに表示してあります

著者 © 蓮見音彦　発行者　下田勝司　　　　　　印刷・製本　中央精版印刷株式会社
東京都文京区向丘1-20-6　郵便振替00110-6-37828
〒113-0023　TEL 03-3818-5521(代)　FAX 03-3818-5514
E-Mail tk203444@fsinet.or.jp　http://www.toshindo-pub.com

発行所　株式会社　東信堂

Published by TOSHINDO PUBLISHING CO.,LTD
1-20-6, Mukougaoka, Bunkyo-ku, Tokyo, 113-0023, Japan

ISBN978-4-7989-0133-6 C3036 Copyright©2012 O. HASUMI

東信堂

現代日本の地域分化——センサス等の市町村別集計に見る地域変動のダイナミックス	蓮見音彦	三八〇〇円
地域社会研究と社会学者群像——社会学としての闘争論の伝統	橋本和孝	五九〇〇円
地域社会史としての社会史——ドラッグ・ディスコース・統治技術	佐藤哲彦	五六〇〇円
覚醒剤の社会史——ドラッグ・ディスコース・統治技術	佐藤哲彦	五六〇〇円
捕鯨問題の歴史社会学——近代日本におけるクジラと人間	渡邊洋之	二八〇〇円
新版 新潟水俣病問題——加害と被害の社会学	飯島伸子・舩橋晴俊編	三八〇〇円
新潟水俣病をめぐる制度・表象・地域	関礼子	五六〇〇円
新潟水俣病問題の受容と克服	堀田恭子	四八〇〇円
組織の存立構造論と両義性論——社会学理論の重層的探究	舩橋晴俊	二五〇〇円
自立支援の実践知——阪神・淡路大震災と共同・市民社会	似田貝香門編	三八〇〇円
〔改訂版〕ボランティア活動の論理——ボランタリズムとサブシステンス	西山志保	三六〇〇円
自立と支援の社会学——阪神大震災とボランティア	佐藤恵	三二〇〇円
個人化する社会と行政の変容——情報、コミュニケーションによるガバナンスの展容	藤谷忠昭	三八〇〇円
《大転換期と教育社会構造：地域社会変革の社会論的考察》		
第1巻 教育社会史——日本とイタリアと	小林甫	七八〇〇円
第1巻 現代的教養 I——生活者生涯学習の地域的展開	小林甫	近刊
第2巻 現代的教養 II——技術者生涯学習の生成と展望	小林甫	近刊
第3巻 学習力変革——地域自治と社会構築	小林甫	近刊
第4巻 社会共生力——東アジアと成人学習	小林甫	近刊
ソーシャルキャピタルと生涯学習	J・フィールド／矢野裕俊監訳	三二〇〇円
NPOの公共性と生涯学習のガバナンス	高橋満	二八〇〇円
都市社会計画の思想と展開《アーバン・ソーシャル・プランニングを考える》〈全2巻〉	橋本和孝・吉原直樹・藤田弘夫編著	二三〇〇円
世界の都市社会計画——グローバル時代の都市社会計画	橋本和孝・吉原直樹・藤田弘夫編著	二三〇〇円
移動の時代を生きる——人・権力・コミュニティ	大西仁・吉原直樹監修	三三〇〇円

〒113-0023 東京都文京区向丘1-20-6　TEL 03-3818-5521　FAX 03-3818-5514　振替 00110-6-37828
Email tk203444@fsinet.or.jp　URL:http://www.toshindo-pub.com/

※定価：表示価格（本体）＋税